Jean-Pierre Vernant

L'individu, la mort, l'amour

Soi-même et l'autre en Grèce ancienne

Gallimard

Jean-Pierre Vernant (1914-2007), professeur honoraire au Collège de France, est l'auteur des ouvrages classiques *Mythe et pensée chez les Grecs* (1965) et *Mythe et société en Grèce ancienne* (1974), tous deux parus aux Éditions François Maspéro. Il est, chez Gallimard, le coauteur avec Marcel Detienne de *La cuisine du sacrifice en pays grec* (Bibliothèque des Histoires, 1979).

AVANT-PROPOS

Qu'est-ce, pour un Grec de l'Antiquité, qu'être soi-même, par rapport aux autres et à ses propres yeux ? En quoi consiste, dans le contexte de la civilisation hellénique, l'identité de chacun ? Quel en est le fondement et quelles formes emprunte-t-elle ? Comment se manifeste le caractère singulier des individus au cours de la vie et qu'en subsiste-t-il dans l'au-delà de la mort ?

Même si je n'aborde directement ces questions que dans le dernier des dix essais dont ce volume est composé, tous gravitent autour d'une même interrogation. Par des voies diverses et comme en variant l'éclairage, ils tentent de cerner plus précisément le problème de soi face à l'autre, d'en élucider les implications, d'en mesurer aussi les enjeux pour qui cherche à comprendre la façon dont procède chaque culture pour doter l'individualité humaine d'un statut plus ou moins cohérent, socialement établi, avec un contenu, des frontières, des valeurs qui diffèrent suivant les temps et les lieux.

S'agit-il, dans mon travail, d'une préoccupation nouvelle qui aurait modifié la ligne des recherches engagées depuis un quart de siècle sur l'homme grec et son univers mental ? Oui et non. Au départ, dans les études de psychologie historique regroupées en 1965 sous le titre Mythe et pensée chez les Grecs j'avais consacré un chapitre aux aspects de la personne dans la religion grecque. Davantage, j'avais dans l'introduction esquissé le tableau de ce que devrait être, selon moi, une enquête systématique sur l'émergence, en Grèce, entre les VIIIe et

IVe siècles avant notre ère, sinon de la personne, du moins de certains des traits qui la différencient de ce que nous appelons aujourd'hui le moi. Continuité donc, voire retour en arrière ? Pas tout à fait. Un élément nouveau m'est apparu qui s'est imposé à moi au cours de mes recherches sur la figuration des dieux et la mémoire des morts. Ma réflexion sur l'expérience grecque d'un « soi-même » s'en est trouvée à la fois relancée et infléchie.

Dans une société de face à face, une culture de la honte et de l'honneur où la compétition pour la gloire laisse peu de place au sens du devoir et ignore celui du péché, l'existence de chacun est sans cesse placée sous le regard d'autrui. C'est dans l'œil de son vis-à-vis, dans le miroir qu'il vous présente que se construit l'image de soi. Il n'est pas de conscience de son identité sans cet autre qui vous reflète et s'oppose à vous, en vous faisant front. Soi-même et l'autre, identité et altérité vont de pair, se construisent réciproquement.

Parmi les formes diverses que l'autre a revêtues aux yeux des Grecs (les bêtes, les esclaves, les Barbares, les enfants, les femmes...) il en est trois que leur position extrême, dans le champ de l'altérité, désigne à l'enquêteur comme particulièrement significatives : la figure des dieux, la face de la mort, le visage de l'être aimé. Parce qu'ils marquent les frontières à l'intérieur desquelles s'inscrit l'individu humain, qu'ils soulignent ses limitations tout en éveillant, par l'intensité des émotions qu'ils suscitent, son désir de les dépasser, ces trois types d'affrontement à l'autre jouent comme des pierres de touche pour la mise à l'épreuve de l'identité telle que les Grecs l'ont comprise et assumée.

Dans une religion polythéiste les dieux, comme les hommes, sont des individus, mais immortels ; ils ignorent toutes les imperfections, les lacunes, les insuffisances qui constituent, chez les mortels, la nécessaire contrepartie, le prix à payer pour une forme individualisée d'existence. Si beau que soit un être humain son pauvre corps ne vaut jamais que comme un reflet obscurci, déficient, incertain du corps des dieux dans l'éclat inaltérable de leur splendeur. Pour être lui-même, dans la singularité de sa vie, il lui faut aussi, au miroir du divin, se mesurer à ce modèle inaccessible, cet au-delà auquel il ne saurait prétendre.

Autant rayonne d'aveuglante lumière le visage des dieux, autant s'enténèbre la face de la mort. Sous les traits de la Gorgone Méduse dont le regard pétrifie, le masque de la mort incarne le retour au chaos, la chute dans l'informe, la confusion d'un non-être où ne se distingue plus rien ni personne. Par quel biais, se demandera-t-on, une culture dont la religion n'a pas misé sur l'immortalité de l'âme, peut-elle conférer aux individus défunts un statut social tel qu'il assure à certains d'entre eux, dans les institutions et la mémoire collective, une éternelle survie en gloire.

Quand transporté d'amour un Grec regarde qui il aime, dans les yeux de son vis-à-vis c'est sa propre image qu'il voit comme en un miroir ou, pour reprendre les mots de Platon, dans l'aimé c'est soi-même qu'on aime. Dès lors, comment l'être humain peut-il se connaître, se retrouver, se rejoindre dans son identité sans du même coup se dédoubler, se séparer de soi, s'altérer en se poursuivant à travers le désir de l'autre ? Dans le jeu de reflets, auquel préside Éros, entre l'amant et l'aimé, le visage de l'individu ne se dévoile que pour se dérober. Il a perdu figure humaine : tantôt il resplendit d'une beauté divine, tantôt il disparaît, englouti dans les ténèbres, effacé à jamais, comme ces têtes encapuchonnées de nuit que chacun de nous est destiné à devenir, quand il partira dans l'Hadès.

L'immortalité, la mort, l'amour — est-il nécessaire de dire que vagabondant, dans ma démarche, d'un thème à l'autre j'ai retenu en chacun d'eux les seuls aspects qui pouvaient nourrir mon interrogation sur la construction grecque de l'identité individuelle : comment faire un soi-même avec de l'autre ?

Ces textes sont dédiés à toutes celles, à tous ceux, proches ou lointains, dont les recherches ont accompagné les miennes et qui sont présents dans ce livre.

Novembre 1988

I

Mortels et immortels :
le corps divin

Le corps des dieux. En quoi cette expression, pour nous, fait-elle problème ? Des dieux qui ont un corps, des dieux anthropomorphes, comme ceux des Grecs anciens, peut-on les tenir vraiment pour des dieux ? Six siècles avant le Christ, Xénophane déjà protestait, dénonçant la sottise des mortels qui croient pouvoir mesurer le divin à l'aune de leur propre nature : « Les hommes pensent que, comme eux, les dieux ont un vêtement, la parole et un corps [1]. » Un même corps pour les dieux et les hommes ? « Les Éthiopiens disent que leurs dieux ont le nez camus, la peau noire ; les Thraces qu'ils ont les yeux bleus et le cheveu roux [2]. » Tant qu'à faire, ironise Xénophane, pourquoi pas un corps de bête : « Si les bœufs, les chevaux, les lions avaient des mains pour dessiner et créer des œuvres comme font les hommes, les chevaux représenteraient les dieux à la semblance du cheval, les bœufs à celle du bœuf, et ils leur fabriqueraient un corps tel que chacun d'eux en possède lui-même [3]. »

1. Fr. 14, CLÉMENT, *Stromates*, V, 109, 2 = 170 dans G.S. KIRK et J. E. RAVEN, *The Presocratic Philosophers*, Cambridge, 1957, que nous citerons désormais KR.
2. Fr. 16, CLÉMENT, *Stromates*, VII, 22, 1 = 171 KR.
3. Fr. 15, CLÉMENT, *Stromates*, V, 109, 3 = 172 KR.

Sous le titre « Corps obscur, corps éclatant », ce texte a paru dans *Le Temps de la réflexion*, « Corps des dieux » (sous la dir. de Ch. Malamoud et J.-P. Vernant), VII, 1986, pp. 19-45.

C'est Clément d'Alexandrie qui nous rapporte, au IIe siècle de notre ère, dans les *Stromates,* ces propos du poète-philosophe grec ; Clément veut montrer que les plus sages des Anciens, par la lumière de la raison, ont su reconnaître la vanité du culte idolâtre et tourner en dérision les dieux d'Homère, ces fantoches inventés par les hommes à leur image, avec tous leurs défauts, leurs vices, leurs passions, leurs faiblesses.

Qu'un Père de l'Église, pour les besoins de sa polémique contre les « faux-dieux », utilise les critiques d'un philosophe païen prenant ses distances à l'égard des croyances communes d'une religion où la divinité apparaît parfois sous un jour trop humain, c'est de bonne guerre. Ce n'est sans doute pas la voie la plus sûre pour aborder comme il convient, c'est-à-dire en se plaçant dans le cadre même du polythéisme et en adoptant sa perspective, le problème du corps des dieux en Grèce ancienne.

Pour se représenter les dieux, les Grecs leur auraient-ils vraiment attribué la forme d'existence corporelle qui est propre à toutes les créatures périssables, vivant ici-bas, sur cette terre ? Poser la question en ces termes ce serait admettre, au départ, que « le corps » constitue pour les humains une donnée de fait, d'évidence immédiate, une « réalité » inscrite dans la nature et sur laquelle il n'y a pas lieu de s'interroger. La difficulté, dans le cas des Grecs, viendrait seulement de ce qu'ils semblent avoir projeté la notion de corps sur des êtres qui, en tant que divins, se situent en dehors de sa sphère d'application légitime puisqu'ils sont, par définition, surnaturels, qu'ils appartiennent à l'autre monde, à l'au-delà.

Mais on peut prendre aussi les choses de l'autre bout et faire porter l'enquête sur le corps lui-même, posé non plus comme un fait de nature, une réalité constante et universelle, mais comme une notion tout à fait problématique, une catégorie historique, « pétrie d'imaginaire », pour reprendre l'expression de Le Goff, et qu'il s'agit de déchiffrer chaque fois à l'intérieur d'une culture particulière, en définissant les fonctions qu'elle y assume, les formes qu'elle y revêt. La vraie question dès lors se formule : qu'était le corps pour les Grecs ?

L'illusion d'évidence que nous donne aujourd'hui le concept de corps tient pour l'essentiel à deux raisons   d'abord l'opposition tranchée qui s'est établie dans notre tradition d'Occident entre l'âme et le corps, le spirituel et le matériel. Ensuite et corrélativement, le fait que le corps, tout entier rabattu sur la matière, relève à nos yeux d'une étude positive, c'est-à-dire qu'il a acquis le statut d'un objet scientifique, défini en termes d'anatomie et de physiologie.

Les Grecs ont contribué à cette « objectivation » du corps de deux façons. Ils ont d'abord, dans des milieux de secte dont Platon reprend et transpose l'enseignement sur le terrain de la philosophie, élaboré une notion nouvelle de l'âme — âme immortelle que l'homme doit isoler, purifier pour la séparer d'un corps dont le rôle n'est plus alors que celui d'un réceptacle ou d'un tombeau. Ils ont ensuite poursuivi, à travers la pratique et la littérature médicales, une enquête sur le corps, en observant, décrivant, théorisant ses aspects visibles, ses parties, les organes internes qui le composent, leur fonctionnement, les humeurs diverses qui circulent en lui et qui commandent santé ou maladies.

Mais cette affirmation de la présence en nous d'un élément non corporel, apparenté au divin et qui est « nous-même », comme cette approche naturaliste du corps marquent dans la culture grecque plus qu'un tournant : une sorte de rupture.

Xénophane est à cet égard, en dépit de Clément, un bon témoin de ce qu'on pourrait peut-être, comme on le dit des plus anciens philosophes de la Grèce, appeler le corps préso-cratique. S'il brocarde la troupe hétéroclite et remuante des dieux homériques, pour proposer de la divinité une conception plus rigoureuse, plus épurée et qui n'est pas sans évoquer l'Être un et sphérique de Parménide, son élève selon certains[4], Xénophane ne dissocie pas radicalement la nature divine de la réalité corporelle. Pas plus qu'il ne postule l'existence d'un

---

4. ARISTOTE, *Métaphysique*, A 5, 986 b 21 = 177 KR ; DIOGÈNE LAËRCE, IX, 21-3 = 28 A 1 dans H. DIELS, *Die Fragmente der Vorsokratiker*, édité par W. Kranz, Berlin, 1954, que nous citerons DK.

dieu unique quand il écrit : « Un dieu, qui est le plus grand chez les dieux et les hommes », il n'affirme pas que les dieux n'ont pas de corps. Il soutient que le corps du dieu n'est pas semblable à celui des mortels. Dissemblable donc le corps du dieu, au même titre exactement qu'est dissemblable, en dieu, la pensée *(nóēma)* dont il est, bien sûr, abondamment pourvu[5]. Dissemblance de corps, dissemblance de pensée sont proclamées solidairement dans l'unité d'une seule et même formule qui soude l'un à l'autre le corps et la pensée dans leur commune différence d'avec les humains[6]. Le dieu, comme tout un chacun, voit, entend, comprend. Mais il n'a pas besoin pour autant d'organes spécialisés comme le sont nos yeux et nos oreilles. Le dieu est « tout entier » voir, ouïr comprendre[7]. Sans effort ni fatigue, il meut, il ébranle toute chose sans qu'il ait lui-même à bouger, sans avoir jamais à changer de place[8]. Pour creuser le fossé qui sépare le dieu de l'homme, Xénophane n'est pas conduit à opposer le corporel à ce qui ne le serait pas, à un immatériel, un pur Esprit ; il lui suffit d'accuser le contraste entre le constant et le changeant, l'immuable et le mobile, la perfection de ce qui demeure éternellement accompli dans la plénitude de soi et l'inachèvement, l'imperfection de ce qui est morcelé, dispersé, partiel, transitoire, périssable.

C'est qu'à l'âge archaïque la « corporéité » grecque ignore

---

5. Fr. 23, CLÉMENT, *Stromates*, V, 109, 1 = 173 KR.

6. « Ni pour le corps semblable aux mortels ni pour la pensée *(Oúti démas thnêtoîsin homoíios oudè nóēma).* » *(Ibid.)*

7. Fr. 24, SEXTUS, *Adv. math.*, IX, 144 = 175 KR. « Tout entier *(oûlos)* il voit, tout entier, il comprend, tout entier, il entend. »

8. Fr. 26 + 25, SIMPLICIUS, *Phys.* 23, 11 + 23, 20 = 174 KR. Le texte précise que, sans fatigue ni peine, sans bouger, le dieu ébranle toute chose par le « vouloir de son intellection *(nóou phrení)* ». L'association des termes *nóos* et *phrén* rappelle l'expression homérique *noeîn phresí*, avoir une pensée, un projet, dans ses *phrénes (Iliade*, IX, 600 et XXII, 235). Que sont les *phrénes* ? Une partie du corps : poumons ou membrane du cœur, et un lieu intérieur de pensée puisqu'on connaît par les *phrénes* ; mais aussi bien un lieu de sentiment ou de passion ; en effet le *thumós* : (ardeur, colère et aussi souffle, vapeur) peut être situé, comme l'intellection, dans les *phrénes (Iliade*, VIII, 202 ; XIII, 487 ; XXII, 475 ; XXIV, 321). Ajoutons que le *nóos*, l'intelligence en tant qu'elle perçoit, comprend ou projette, peut être elle-même localisée dans le *thumós (Odyssée*, XIV, 490).

encore la distinction âme-corps ; elle n'établit pas non plus
entre nature et surnature une coupure radicale. Le corporel
chez l'homme recouvre aussi bien des réalités organiques, des
forces vitales, des activités psychiques, des inspirations ou
influx divins. Le même mot peut se référer à ces différents
plans ; en revanche il n'y a pas un terme désignant le corps
comme unité organique servant de support à l'individu dans la
multiplicité de ses fonctions vitales et mentales. Le mot *sôma*,
qu'on traduit par corps, désigne originellement le cadavre,
c'est-à-dire ce qui reste de l'individu quand, déserté de tout ce
qui en lui incarnait la vie et la dynamique corporelle, il est
réduit à une pure figure inerte, une effigie, un objet de
spectacle et de déploration pour autrui, avant que, brûlé ou
enterré, il ne disparaisse dans l'invisible. Le terme *démas*,
employé à l'accusatif, désigne non le corps mais la stature, la
taille, la charpente d'un individu fait de parties assemblées (le
verbe *démô* signifie « élever une construction par rangées
superposées comme on fait pour un mur de briques »). Il
s'emploie en relation souvent avec *eîdos* et *phué* : l'aspect
visible, l'allure, la prestance de ce qui a bien poussé. *Khrôs*
n'est pas non plus le corps, mais l'enveloppe extérieure, la
peau, la surface de contact avec soi et avec l'autre, comme aussi
la carnation, le teint.

Tant que l'homme est vivant, c'est-à-dire habité de force et
d'énergie, traversé de pulsions qui le meuvent et l'émeuvent,
son corps est pluriel. C'est la multiplicité qui caractérise le
vocabulaire grec du corporel même quand il s'agit de l'exprimer dans sa totalité. On dira *guîa* : les membres, dans leur
souplesse, leur mobilité articulée, ou *mélea*, les membres
comme porteurs de force.

On pourra dire aussi *kára*, la tête, avec valeur métonymi-
que : la partie pour le tout. Même dans ce cas la tête n'est pas
équivalente au corps ; elle est une façon de dire l'homme lui-
même, comme individu. Dans la mort, les humains sont
appelés des « têtes », mais encapuchonnées de nuit, envelop-
pées de ténèbres, sans visage. Chez les vivants les têtes ont un
visage, une face, *prósôpon* ; ils sont là, présents devant vos yeux

comme vous en face des leurs. La tête, le visage c'est ainsi dans un être ce que d'abord on voit, ce qui transparaît de chacun sur sa face, ce qui l'identifie et le fait reconnaître dès lors qu'il est présent au regard d'autrui.

Quand il s'agit de dire le corps dans ses aspects de vitalité, d'élans, d'émotions comme de réflexion et de savoirs, on a une multiplicité de termes : *stêthos, êtor, kardía, phrén, prapídes, thumós, ménos, nóos,* dont les valeurs sont souvent très proches les unes des autres et qui désignent, sans les distinguer toujours précisément, des parties ou organes corporels (cœur, poumons, diaphragme, poitrine, entrailles) ; des souffles, des vapeurs ou des sucs liquides ; des sentiments, des pulsions, des désirs ; des pensées, des opérations concrètes de l'intelligence, comme saisir, reconnaître, nommer, comprendre [9]. Pour marquer cette intrication du physique et du psychique dans une conscience de soi qui est en même temps engagement dans les parties du corps, James Redfield écrit, de façon frappante, que chez les héros d'Homère « le moi intérieur n'est rien d'autre que le moi organique » [10].

Ce vocabulaire, sinon du corps, du moins des diverses dimensions ou aspects du corporel, constitue dans son ensemble le code permettant au Grec d'exprimer et de penser ses rapports avec lui-même, sa présence à soi plus ou moins grande, plus ou moins unifiée ou dispersée, selon les circonstances ; mais il connote également ses rapports avec autrui auquel le lient toutes les formes du paraître corporel : visage, taille, allure, voix, gestuelle, ce que Mauss appelle techniques du corps, pour ne pas parler de ce qui relève de l'odorat et du

---

9. Sur l'ensemble de ce vocabulaire et sur les problèmes qu'il soulève concernant la psychologie, la personne, la conscience de soi chez Homère, James REDFIELD a publié récemment une mise au point pénétrante, d'autant plus utile que le lecteur y trouvera, en note bibliographique, la liste des principaux ouvrages et articles traitant de ces questions. Son étude est intitulée : « Le sentiment homérique du Moi » ; elle a paru aux pages 93-111 de la revue *Le Genre humain*, n° 12, 1985, « Les usages de la nature ».

10. J. REDFIELD, *op. cit.*, p. 100 ; et encore : « la conscience organique est conscience de soi », p. 99 ; ou, en parlant du personnage de l'épopée : « sa conscience de soi est aussi conscience du moi en tant qu'organisme », p. 98.

toucher ; il englobe également les relations avec le divin, la surnature, dont la présence au-dedans de soi, dans et à travers son propre corps, comme les manifestations au-dehors, lors des apparitions ou épiphanies d'un dieu, s'expriment dans le même registre symbolique.

Poser le problème du corps des dieux ce n'est donc pas se demander comment les Grecs ont pu affubler leurs divinités d'un corps humain mais rechercher comment fonctionne ce système symbolique, comment le code corporel permet de penser la relation de l'homme et du dieu sous la double figure du même et de l'autre, du proche et du lointain, du contact et de la séparation, en marquant, entre les pôles de l'humain et du divin, ce qui les associe par un jeu de similitudes, de rapprochements, de chevauchements et ce qui les dissocie par effets de contraste, d'opposition, d'incompatibilité, d'exclusion réciproque.

De ce système symbolique codifiant les rapports à soi, à autrui, au divin, je voudrais retenir quelques traits pertinents pour notre problème.

Il s'agira, en gros, de déchiffrer tous les signes qui marquent le corps humain du sceau de la limitation, de la déficience, de l'incomplétude et qui en font un sous-corps. Ce sous-corps ne peut être compris que par référence à ce qu'il suppose : la plénitude corporelle, un sur-corps, celui des dieux. On examinera alors les paradoxes du corps sublimé, du sur-corps divin. En poussant à l'extrême toutes les qualités et valeurs corporelles qui se présentent chez l'homme sous une forme toujours diminuée, dérivée, défaillante, précaire, on est conduit à doter les divinités d'un ensemble de traits qui jusque dans leurs manifestations épiphaniques ici-bas, leur présence au milieu des mortels, les situent dans un au-delà inaccessible et leur font transgresser le code corporel au moyen duquel ils sont représentés dans leur relation aux humains.

Engagés dans le cours de la nature, la *phûsis*, qui au rythme des jours, des saisons, des années, des durées de vie propres à chaque espèce fait surgir, grandir et disparaître tout ce qui

vient à naître ici-bas[11], l'homme et son corps portent la marque
d'une infirmité congénitale ; comme un stigmate est imprimé
en eux le sceau de l'impermanent et du passager. Au même
titre que les plantes et que les autres créatures vivant sur la
terre, il leur faut, pour exister, passer par des phases successives de croissance et de déclin : après l'enfance et la jeunesse,
le corps mûrit et s'épanouit dans la force de l'âge puis, venue la
vieillesse, il s'altère, s'affaiblit, s'enlaidit, se dégrade avant de
s'abîmer à jamais dans la nuit de la mort.

Cette inconstance d'un corps livré aux vicissitudes du temps
qui coule sans retour fait des humains ces créatures que les
Grecs, pour les opposer à « ceux qui sont sans cesse »[12] — les
dieux dans la perpétuité de leur pleine présence — ont
baptisées du nom d'éphémères : des êtres dont la vie se déroule
au quotidien, au jour le jour, dans le cadre étroit, instable,
changeant d'un « maintenant » dont on ne sait jamais s'il aura
une suite ni ce qui le suivra.

Éphémère, le corps humain. Cela ne signifie pas seulement
qu'il est voué par avance, si beau, si fort, si parfait qu'il
paraisse, à la décrépitude et à la mort ; mais de façon plus
essentielle, que, rien en lui n'étant immuable, les énergies
vitales qu'il déploie, les forces physiques et psychiques qu'il
met en œuvre ne peuvent demeurer qu'un bref moment dans
leur état de plénitude. Elles s'épuisent dès lors qu'elles
s'exercent. Comme un feu qui se consume en brûlant et qu'on
doit alimenter sans cesse pour empêcher qu'il ne s'éteigne, le
corps humain fonctionne par phases alternées de dépense et de
récupération. Il n'agit pas selon une ligne continue, à un niveau
constant d'intensité mais par cycles, ponctués d'éclipses,

---

11. Cf. *Iliade*, VI, 146 sq. : « Telles les générations des feuilles, telles celles
des hommes ; les feuilles, tour à tour, c'est le vent qui les épand sur le sol et la
forêt verdoyante qui les fait naître quand survient la saison du printemps.
Ainsi des hommes : une génération naît à l'instant même où une autre
disparaît. »

12. Les dieux sont définis *hoì aeì óntes* : ceux qui sont toujours. Sur la
valeur de *aeí* et ses rapports avec l'*aión*, la continuité d'être qui caractérise la
vitalité divine, cf. É. BENVENISTE, « Expression indo-européenne de l'éternité », *Bulletin de la société de linguistique*, 38, fasc. 1, pp. 103-113.

d'arrêts ou d'effacements plus ou moins complets et durables. Le sommeil fait suite à la veille comme sa nécessaire contrepartie ; tout effort entraîne lassitude et exige un temps de repos ; quand le corps, dans quelque entreprise, est mis à la tâche, à la peine, il lui faut réparer une déperdition interne, une baisse de tonus que la faim bientôt manifeste et qui trouve dans la satiété du repas un remède tout provisoire. Si l'homme, pour survivre, doit ainsi sans fin se remettre à table et avaler la nourriture pour pallier la déperdition de ses forces, c'est qu'elles s'affaiblissent d'elles-mêmes à l'usage. Plus intense aura été l'ardeur de l'action, plus grave et difficile à surmonter la défaillance consécutive.

En ce sens, dans la vie des hommes, la mort ne se profile pas seulement comme le terme qui sans rémission borne l'horizon de leur existence. Chaque jour, à tout moment, elle est là, tapie dans la vie même comme la face cachée d'une condition d'existence où se retrouvent associés en un mélange inséparable les deux pôles opposés du positif et du négatif, de l'être et de sa privation : point de naissance sans trépas, d'éveil sans endormissement, de lucidité sans inconscience, de tension sans relâchement ; l'éclat de la beauté juvénile offre à son revers la laideur d'un corps défraîchi ; les actions, les pouvoirs, les forces dont le corps est le dépositaire et l'instrument ne peuvent se déployer qu'au prix des chutes d'énergies, des ratés, des impuissances qu'entraîne une faiblesse congénitale. Que *Thánatos*, Trépas, emprunte le masque de son frère jumeau, *Húpnos*, Sommeil, qu'il revête l'aspect de quelque autre de ses sinistres comparses : *Pónos, Limós, Gêras*, qui incarnent les malheurs humains de la fatigue, de la faim, du vieil âge (par leur mère *Núx*, Nuit la ténébreuse, ils sont tous enfants de même souche, issus comme Trépas lui-même de *Kháos*, la Béance originelle, le sombre Abîme primordial, quand rien encore n'existait qui ait forme, consistance et assise [13]) — c'est bien la mort, en personne ou par délégation, qui siège installée

---

13. Cf. HÉSIODE, *Théogonie*, 220 sq. et Clémence RAMNOUX, *La Nuit et les Enfants de la nuit dans la tradition grecque*, Paris, 1959 (rééd. 1986).

dans l'intimité du corps humain, comme le témoin de sa
précarité. Lié à toutes les puissances nocturnes de confusion,
de retour à l'indistinct et à l'informe, Trépas associé à la tribu
de ses proches, Sommeil, Fatigue, Faim, Vieillesse, dénonce le
défaut, l'incomplétude d'un corps dont ni l'aspect visible —
contours, éclat, beauté externes — ni les élans intérieurs —
désirs, sentiments, pensers et projets — ne sont jamais
parfaitement purs, c'est-à-dire radicalement coupés de cette
part d'obscurité et de non-être que le monde a héritée de son
origine « chaotique » et qui demeure jusque dans le cosmos
organisé auquel Zeus maintenant préside, étrangère au
domaine lumineux du divin, à sa constante, son inépuisable
vitalité.

Pour les Grecs archaïques le malheur des hommes ne vient
donc pas de ce que l'âme, divine et immortelle, se trouve chez
eux emprisonnée dans l'enveloppe d'un corps, matériel et
périssable, mais de ce que leur corps n'en est pas pleinement
un, qu'il ne possède pas, de façon entière et définitive, cet
ensemble de pouvoirs, de qualités, de vertus actives qui
confèrent à l'existence d'un être singulier la consistance, le
rayonnement, la pérennité d'une vie à l'état pur, totalement
vivante, une vie impérissable, parce que exempte de tout germe
de corruption, isolée de ce qui pourrait, du dedans ou du
dehors, l'obscurcir, la flétrir, l'anéantir.

S'ils appartiennent au même univers que les hommes, les
dieux forment une race différente : ils sont les *athánatoi*, les
non-mortels, les *ámbrotoi*, les non-périssables. Désignation
paradoxale puisque, pour les opposer aux humains, elle définit
négativement — par une absence, une privation — les êtres
dont le corps et la vie possèdent une entière positivité, sans
manque ni défaut. Paradoxe instructif dans la mesure où il
donne à entendre que, pour penser la vie et le corps divins, les
Grecs ont dû, comme référence obligée, partir de ce corps
défectueux, de cette vie mortelle dont ils faisaient chaque jour
eux-mêmes l'expérience. Partir du corps mortel, certes, mais
pour mieux s'en dégager, s'en démarquer par une série

d'écarts, de dénégations successives afin de constituer une sorte de corps épuré, une idéalité du corps, incarnant les efficiences divines, les valeurs sacrales qui vont dès lors apparaître comme la source, le fondement, le modèle de ce qui, sur cette terre, n'en constitue plus que le pauvre reflet, l'image affaiblie, déformée, dérisoire : ces fantômes de corps et de vie dont disposent les mortels au cours de leur brève existence.

Dans le corps humain, le sang est la vie. Mais quand il jaillit d'une blessure, qu'il se mêle, répandu sur le sol, à la terre et à la poussière[14], qu'il se fige et se corrompt, le sang dit la mort. Puisque les dieux sont vivants, sans doute ont-ils du sang au-dedans de leur corps. Pourtant, même s'il suinte d'une plaie ouverte, comme dans le cas d'Aphrodite qu'a évoqué Nicole Loraux, ce sang divin ne peut pas basculer du côté de la mort[15]. Un sang qui coule sans que la vie ne s'échappe avec lui, un sang sans hémorragie, toujours intact, incorruptible, bref un « sang immortel » *(ámbroton haîma)*, est-ce encore du sang ? Quand les dieux saignent, il faut bien dire que leur corps a du sang — mais à condition d'ajouter aussitôt que ce sang n'est pas vraiment du sang puisqu'en lui la mort n'est pas présente comme l'autre face de la vie. Saignant d'un sang qui n'en est pas un, les dieux apparaissent tout ensemble et aussi bien pourvus « d'un sang immortel » et « dépourvus de sang ».

Même balancement, même oscillation pour le repas. Les dieux vont à table comme les hommes. Or si les hommes sont mortels c'est que leur corps, habité d'une faim sans cesse renaissante, ne peut se passer, pour survivre, de manger. La vitalité et le sang des hommes sont nourris d'aliments qu'on peut définir, qu'il s'agisse de la viande, du pain, du vin, comme

---

14. Sur *tò lúthron*, le sang mêlé à la poussière, cf. J.-P. VERNANT, « Le pur et l'impur », dans *Mythe et Société en Grèce ancienne*, Paris, 1982 (1ʳᵉ éd. 1974), pp. 130-131.

15. Sur le jeu entre *brotós*, mortel, et *brótos*, le sang qui coule d'une blessure, et plus généralement sur la « vulnérabilité » du corps divin, cf. les analyses de Nicole LORAUX, « Le corps vulnérable d'Arès », dans *Le Temps de la réflexion*, « Corps des dieux », VII, 1986, pp. 335-354. Il n'y a rien à ajouter.

« pâture d'éphémères »[16] parce qu'ils sont eux-mêmes marqués par la mort, la décomposition, le pourri. La viande est la chair morte d'une bête égorgée au cours d'un sacrifice et que la vie, offerte aux dieux, a quittée, laissant le champ libre, dans la part réservée aux hommes (tout ce qui se mange) aux forces internes de corruption. Le pain représente la nourriture humaine par excellence, le symbole d'une vie civilisée ; les hommes sont les « mangeurs de pain » ; et « manger le pain », « vivre du fruit de la terre labourée », c'est une autre façon, pour les Grecs, de dire : être mortel. Si les Éthiopiens, aux confins du monde, dans cet îlot d'âge d'or où ils ont le privilège d'habiter restent d'entre tous les humains les plus proches encore des dieux par leur éclatante beauté physique, la bonne odeur qu'ils dégagent, leur exceptionnelle longévité, c'est que leur régime alimentaire ignore les céréales et qu'ils tiennent le blé pour une sorte de fumier[17]. Quant au vin, si déconcertante et ambiguë que soit cette boisson, il n'en reste pas moins que, travaillée par la fermentation, elle relève elle aussi, en quelque façon, du pourri.

Suivant la formule homérique, jouir d'une vie impérissable, posséder un sang immortel (ou n'avoir pas de sang) impliquent « ne pas manger le pain, ne pas boire le vin », à quoi il faut encore ajouter, pour être fidèle à Hésiode, ne pas toucher aux chairs de la victime sacrifiée, ne garder pour soi que le parfum des aromates brûlés sur l'autel, les effluves des os calcinés montant en fumée vers le ciel. Les dieux sont à jeun.

Dans ces conditions, pourquoi s'attabler au festin ? Première réponse : pour le plaisir. Ils s'assemblent en convives pour l'éclat de la fête, la joie rayonnante du banquet, non pour calmer leur appétit, ni rassasier leur estomac, remplir cette panse, cette *gastér*, qui fait le malheur de l'homme et le voue au

---

16. Cf. APOLLODORE, I, 6, 3, sur Typhon, devenu sans force et vaincu par Zeus pour avoir mangé les *ephêmeroi karpoi*, les fruits éphémères, au lieu de la drogue d'immortalité.

17. HÉRODOTE, III, 22, 19. Ayant appris ce qu'était et comment poussait le blé, l'Éthiopien Longue-vie *(makróbios)* observe « qu'il n'était point surpris si, se nourrissant de fumier *(kópros)*, ils [les Perses] vivaient peu d'années ».

trépas [18]. Deuxième réponse : comme il y a pâture d'éphémère, il existe une nourriture et une boisson d'immortalité. Qui en a l'usage ou réussit à se les procurer devient dieu, s'il ne l'est pas encore. Mais jaloux de leur avantage les divinités veillent à garder pour eux l'exclusivité d'une alimentation « ambroisienne » comme leur propre corps. Au sommet de l'Olympe, quand la table est dressée, les dieux sont donc tout à la fois ceux qui, nourris de nectar et d'ambroisie, mangent des mets d'immortalité et ceux dont le corps immortel, ignorant la faim, n'a nul besoin de manger.

Ces paradoxes ne sont pas bien méchants. Sous leur apparence contradictoire, les propositions qu'ils énoncent disent en réalité la même chose : ce que le corps humain recèle de positif comme vitalité, énergie, pouvoir, éclat — les dieux le possèdent, mais à l'état pur et sans restriction. Pour penser le corps divin dans sa plénitude et sa permanence il faut donc retrancher de celui des hommes tous les traits qui tiennent à sa nature mortelle et en dénoncent le caractère transitoire, précaire, inaccompli.

Aussi faut-il rectifier l'opinion commune suivant laquelle l'anthropomorphisme des dieux grecs signifie qu'ils sont conçus à l'image du corps humain. On dira plutôt à l'inverse : dans tous ses aspects actifs, toutes les composantes de son dynamisme physique et psychique, le corps de l'homme renvoie au modèle divin comme à la source inépuisable d'une énergie vitale dont l'éclat, quand il s'en vient pour un instant briller sur une créature mortelle, l'illumine, en un fugitif reflet, d'un peu de cette splendeur dont le corps des dieux est constamment revêtu [19]

Splendeur des dieux. C'est elle qui transparaît dans toutes les *dunámeis*, les puissances, que le corps manifeste tant que,

18. Sur la *gastḗr kakoergós*, la panse malfaisante, *stugerḗ*, odieux, *lugrḗ*, méprisable, *ouloménē*, funeste, cf. J.-P. Vernant, « A la table des hommes », dans M. DETIENNE et J.-P. VERNANT, *La Cuisine du sacrifice en pays grec*, Paris, 1979, p. 94 sq.

19. Cf. Elena CASSIN, *La Splendeur divine*, Paris, 1968.

rayonnant de jeunesse, de vigueur, de beauté, il est tel qu'il
doit être : « semblable à un dieu, pareil aux Immortels ».
Regardons, avec l'un des *Hymnes homériques*, les Ioniens sur
l'île de Délos se livrant, pour plaire à Apollon, à la danse, au
chant, à la lutte, aux jeux : « Qui surviendrait les croirait
immortels et exempts à jamais de vieillesse car il verrait leur
grâce à tous [20]. » La grâce, la *kháris* qui fait briller le corps d'un
éclat joyeux et qui est comme l'émanation même de la vie, le
charme qui incessamment s'en dégage — la *kháris*, donc, en
tout premier, mais avec elle la taille, la carrure, la prestance, la
vélocité des jambes, la force des bras, la fraîcheur de la
carnation, la détente, la souplesse, l'agilité des membres, — et
encore, non plus visibles à l'œil d'autrui mais saisis par chacun
au-dedans de lui-même dans son *stêthos*, son *thumós* ses
phrénes, son *nóos*, la fortitude, l'ardeur au combat, la frénésie
guerrière, l'élan de la colère, de la crainte, du désir, la maîtrise
de soi, l'intellection avisée, l'astuce subtile — telles sont
quelques-unes des « puissances » dont le corps est dépositaire,
qu'on peut lire sur lui comme les marques attestant ce qu'est
un homme et ce qu'il vaut.

Plutôt que comme la morphologie d'un ensemble d'organes
ajustés, à la façon d'une planche anatomique, ou que la figure
des particularités physiques propres à chacun, comme dans un
portrait, le corps grec, aux temps anciens, se donne à voir sur le
mode d'un blason faisant apparaître, en traits emblématiques,
les multiples « valeurs » — de vie, de beauté, de pouvoir —
dont un individu se trouve pourvu, dont il est titulaire et qui
proclament sa *timé* : sa dignité et son rang. Pour désigner la
noblesse d'âme, la générosité de cœur des hommes les
meilleurs, les *áristoi*, le grec dit *kalòs kágathos*, soulignant que
beauté physique et supériorité morale n'étant pas dissociables,
la seconde se peut évaluer au seul regard de la première. Par la
combinaison de ces qualités, puissances, valeurs « vitales », qui
comportent toujours, par leur référence au modèle divin, une
dimension sacrée et dont le dosage varie suivant les cas

---

20. *Hymne homérique à Apollon (I)*, 151-153.

individuels, le corps revêt la forme d'une sorte de tableau héraldique où s'inscrit et se déchiffre le statut social et personnel de chacun : l'admiration, la crainte, l'envie, le respect qu'il inspire, l'estime où il est tenu, la part d'honneurs auxquels il a droit — pour tout dire, sa valeur, son prix, sa place dans une échelle de « perfection » qui s'élève jusque vers les dieux campés en son sommet et dont les humains se répartissent, à divers niveaux, les étages inférieurs.

Deux ordres de remarques pour compléter ce schéma. Les premières concernent les frontières du corps. Le corps humain est, bien entendu, strictement délimité. Il se profile comme la figure d'un être distinct, séparé, avec son dedans et son dehors, la peau marquant la surface de contact, la bouche, l'anus, le sexe, les orifices assurant la communication avec l'extérieur. Mais il n'est pas pour autant clos sur lui-même, refermé, isolé, coupé du reste, comme un empire dans un empire. Au contraire il est fondamentalement perméable aux forces qui l'animent, accessible à l'intrusion des puissances vitales qui le font agir. Quand un homme s'éjouit, s'irrite, s'apitoie, souffre, s'enhardit ou ressent quelque émotion, il est habité par des pulsions qu'il éprouve au-dedans de lui-même, dans sa « conscience organique », mais qui, insufflées en lui par un dieu, le parcourent et le traversent à la façon d'un visiteur qui lui arrive du dehors. C'est en touchant les Ajax de son bâton que Poséidon « les emplit tous deux d'une fougue puissante (*méneos krateroîo*) ; il rend leurs membres agiles, les jambes d'abord puis, en remontant, les bras »[21]. *Ménos*, l'ardeur vitale, *alké*, la fortitude, *krátos*, le pouvoir de domination, *phóbos*, la crainte, *érōs*, l'élan du désir, *lússa*, la fureur guerrière, sont localisés dans le corps, liés à ce corps qu'ils investissent, mais en tant que « puissances » ils débordent et dépassent toute enveloppe charnelle singulière : ils peuvent la déserter comme ils l'ont envahie. De la même façon quand l'esprit d'un homme s'aveugle ou s'éclaire c'est le plus souvent un dieu qui intervient, dans l'intimité de son *nóos* ou de ses

21. *Iliade*, XIII, 59-61.

phrénes, pour lui inspirer l'égarement de l'erreur, *átē*, ou une sage résolution.

Les puissances qui, pénétrant le corps, opèrent sur sa scène intérieure pour le mouvoir et l'animer trouvent hors de lui, dans ce que l'homme porte ou manie : vêtements, protection, parure, armes, outils — des prolongements permettant d'élargir le champ de leur action et d'en renforcer les effets. Prenons un exemple. L'ardeur du *ménos* brûle dans la poitrine du guerrier; elle brille dans ses yeux; parfois, dans les cas exceptionnels où elle est portée à incandescence, comme chez Achille, elle flamboie au-dessus de sa tête. Mais c'est elle encore qui se manifeste dans l'éclat éblouissant du bronze dont le combattant est revêtu : montant jusqu'au ciel, la lueur des armes qui provoque la panique dans les rangs ennemis est comme l'exhalaison du feu intérieur dont le corps est brûlé. L'équipement guerrier, avec les armes prestigieuses qui disent la carrière, les exploits, la valeur personnelle du combattant, prolonge directement le corps du héros; il adhère à lui, s'apparente à lui, s'intègre à sa figure singulière comme tout autre trait de son armorial corporel[22].

Ce que les panoplies militaires sont au corps du guerrier, les fards, les onguents, les bijoux, les tissus chatoyants, les rubans de poitrine le sont à celui de la femme. La grâce, la séduction, l'appel du désir, inclus dans ces parures, en émanent comme des sortilèges dont l'effet sur autrui n'est pas différent de celui qu'exercent d'eux-mêmes les charmes du corps féminin.

Quand les dieux créent Pandora, la première femme, pour faire de cette « merveille à voir » le piège profond et sans issue où les mâles vont se prendre, ils fabriquent du même mouvement un corps de vierge et l'attirail vestimentaire qui rend ce corps « opératoire » : robe, voile, ceinture, colliers, dia-

22. Cf. la description d'Achille revêtant l'équipement guerrier qu'Héphaïstos lui a forgé : « Le divin Achille s'essaie dans ses armes : s'adaptent-elles bien à lui ? Ses membres glorieux y jouent-ils aisément ? Ce sont comme des ailes qui lui poussent alors et soulèvent le pasteur d'hommes. » (*Iliade*, XIX, 384-386, trad. P. Mazon, Paris, 1945.)

dème[23]... La vêture de Pandora s'intègre à son anatomie pour composer la physionomie corporelle d'une créature qu'on ne peut regarder sans l'admirer, sans l'aimer, parce qu'elle est, dans son paraître féminin, belle comme une déesse immortelle. La peau de lion dont Héraclès couvre ses épaules, l'arc d'Ajax, la javeline du Pélion dans la main d'Achille, le sceptre des Atrides dans celle d'Agamemnon, et, chez les dieux, l'égide sur la poitrine d'Athéna, le casque en peau de chien d'Hadès, la foudre que brandit Zeus, le caducée qu'agite Hermès — autant d'objets précieux, symboles efficaces des pouvoirs détenus, des fonctions exercées, et qui, servant de support ou de relais aux énergies internes dont est doté un personnage, comptent au nombre de ses « appartenances », à la façon de ses bras ou de ses jambes, et définissent avec les autres parties du corps sa configuration physique.

Il faut faire un pas de plus. L'apparence physique elle-même, dans ce qu'elle comporte à nos yeux de congénitalement fixé : taille, prestance, allure, carnation, éclat du regard, vivacité et élégance des mouvements — bref la beauté d'un individu peut être, à l'occasion, « versée » de l'extérieur sur le corps pour modifier son aspect, le revivifier, l'embellir. Ces « onctions » de jeunesse, de grâce, de force, d'éclat que les dieux réalisent parfois pour leurs protégés en les « revêtant » soudainement d'une beauté surnaturelle et que les soins de toilette, les bains, les applications d'huile opèrent à un niveau plus modeste, agissent, pour transfigurer le corps, par nettoyage et purification en le débarrassant de tout ce qui sur lui fait tache, le salit et le souille, l'enlaidit, l'avilit, le flétrit[24]. Rendu d'un coup méconnaissable comme s'il avait troqué ses vieilles loques sordides pour de somptueux habits, l'individu, enveloppé dans sa neuve vêture de force et de grâce, apparaît rayonnant de l'éclat d'une jeune vitalité.

23. HÉSIODE, *Théogonie*, 570-585 ; *Les Travaux et les Jours*, vv. 70-75.
24. Rentrent, bien entendu, dans le même cadre les soins réservés à la statue du dieu : lors de sa confection avec le choix d'un matériau incorruptible, rehaussé de pierres et de métaux précieux, pour la faire briller de mille feux ; durant son entretien, en remplaçant les parties vétustes et en l'enduisant d'huile pour accroître son éclat.

Ainsi d'Ulysse. Quand Nausicaa le découvre sur la grève où le flot l'a jeté, son corps nu, gâté par la mer, est affreux, horrible à voir *(smerdaléos)*[25]. Le héros se lave, se frotte d'huile, met des vêtements neufs. Athéna le fait « plus grand et plus fort, déroulant de son front les boucles de cheveux ». Quand Nausicaa de nouveau le regarde « il est rayonnant de charme et de beauté »[26]. Même scénario, même métamorphose dans la rencontre avec Télémaque. Ulysse est dans la cour, comme un vieux mendiant au corps flétri, chauve, les yeux éraillés[27]. Athéna, le touchant de sa baguette d'or, « lui rend sa belle allure et sa jeunesse » ; sa peau redevient brune, ses joues se remplissent, sa barbe aux bleus reflets lui repousse au menton. Quand il l'aperçoit, Télémaque, effrayé, détourne le regard craignant de voir un dieu. « Quel changement, mon hôte, confie-t-il à Ulysse. À l'instant je t'ai vu sous d'autres vêtements et avec une peau *(khrôs)* tout à fait différente. Ne serais-tu pas quelque dieu, maître du ciel[28] ? »

À ce subit embellissement du corps par exaltation de ses qualités positives, effacement de ce qui l'entache et l'obscurcit, répondent en contraste, dans le rituel du deuil et dans les sévices exercés sur le cadavre de l'ennemi, les procédures visant à souiller, enlaidir, outrager le corps. Il s'agit de détruire en lui toutes les valeurs qu'il incarnait, toutes les qualités vitales, esthétiques, sociales, religieuses dont il était porteur, de façon à l'avilir, le déshonorer en le renvoyant, privé de figure et d'éclat, au monde obscur de l'informe.

Penser la catégorie du corps, pour un Grec de ce temps, c'est donc moins déterminer exactement sa morphologie générale ou les formes particulières que la nature lui a données chez tel ou tel, mais plutôt, entre les pôles opposés du lumineux et du sombre, du beau et du laid, de la valeur et de la vilenie, le situer avec d'autant plus de rigueur que, sans position définitivement fixée, il lui arrive d'osciller entre les extrêmes, de passer de l'un

25. *Odyssée*, VI, 137.
26. *Od.*, VI, 227-237.
27. *Od.*, XIII, 429-435.
28. *Od.*, XVI, 173-183.

à l'autre. Non que l'individu, dans ce cas, ait changé de corps. Affreux ou splendide, c'est toujours le même que conserve Ulysse. Mais l'identité corporelle se prête à ces mutations subites, ces changements d'apparence. Le corps qui, jeune et fort, devient avec l'âge vieux et faible, qui, dans l'action, passe de la fougue à l'abattement peut aussi, quand les dieux y donnent la main, sans cesser d'être le même, monter ou descendre dans la hiérarchie des valeurs de vie dont il est le reflet et le témoin, depuis l'opprobre dans l'obscurité et la laideur jusqu'à la gloire dans l'éclat de la beauté.

Ce qui nous amène à formuler notre second ordre de remarques.

Les personnages de l'épopée sont souvent présentés, à l'heure du combat, parfaitement assurés de leur force, débordant de confiance et d'ardeur ou comme nous dirions aujourd'hui, en pleine forme, gonflés à bloc. Ils expriment ce sentiment de plénitude et de fermeté corporelles en disant que leur *ménos* est *átromon*[29], inébranlable, que pareil, dans son ardeur inflexible, « au fer flamboyant *(aíthōni sidérōi)* »[30] il demeure en eux *émpedon*[31], immuable. Héroïsme oblige ! En réalité, comme toute chose humaine, comme la force, la souplesse, la vélocité — l'ardeur du *ménos* est soumise à vicissitudes : elle se relâche, se trouble, s'affaiblit pour disparaître avec la mort ; les défunts forment, dans l'Hadès, la troupe des *amenēnà kárēna*, des têtes privées de *ménos*[32]. Avec l'âge, déjà, toutes les qualités physiques et psychiques qui font l'homme accompli quittent le corps, livrant le vieillard à la nostalgie de sa force perdue, de son ardeur éteinte : « Que n'as-tu ta force intacte *(bíē émpedos)* »[33], dit Agamemnon à Nestor qu'accable le poids des années, et le vieil homme, en litanie, exhale son regret de n'être plus ce qu'il était : « Ma

29. *Iliade*, XVII, 157.
30. *Il.*, XX, 372.
31. *Il.*, V, 527.
32. *Odyssée*, X, 521.
33. *Iliade* IV, 314.

force aujourd'hui n'est plus celle qui habitait mes membres souples. Ah ! si j'étais encore jeune, si ma vigueur était intacte *(bíē émpedos)* [34]. » Et encore : « Non, mes membres n'ont plus même assurance *(émpeda guîa)*, ni mes pieds ni mes bras ; on ne voit plus ceux-ci jaillir rapides, à droite et à gauche de mes épaules. Ah ! si j'étais encore jeune, si ma vigueur était intacte *(bíē émpedos)* [35]. »

Émpedos, telle est, en vérité, la nature du ciel d'airain, inébranlable au-dessus de nos têtes comme les dieux qui y ont résidence. Les héros ont beau dire : tout dans le corps humain, au contraire, se consume, se défait, dépérit. La racine *phthi*, des verbes *phthínō, phthíō, phthinúthō* traduit cet épuisement des forces vitales qui ne peuvent, avec le temps, que se flétrir. Pour se faire lui-même *émpedos* le héros ne saurait donc compter sur son corps ni sur rien qui s'y rattache. Quelles qu'aient été sa force, sa fougue, sa vaillance, il deviendra, lui aussi, le jour venu, une de ces têtes que le *ménos* a désertées. Son cadavre, son *sôma*, pourrirait en charogne si le rituel des funérailles, en consumant ses chairs sur le bûcher, ne l'avait auparavant expédié dans l'invisible, sa dépouille encore intacte et même, dans le cas du jeune guerrier tombé en héros au combat, dans la splendeur de sa beauté virile.

Son corps disparu, évanoui, que reste-t-il ici-bas du héros ? Deux choses. D'abord le *sêma*, ou *mnêma*, la stèle, le mémorial funéraire érigé sur son tombeau et qui rappellera aux hommes à venir, dans la suite des générations, son nom, son renom, ses exploits. Comme le dit l'*Iliade*, « une fois dressée sur la tombe d'un homme ou d'une femme morts, la stèle demeure immuable *(ménei émpedon)* » [36]. Témoin permanent donc de l'identité d'un être qui a sombré, avec son corps, dans une absence définitive — et même, semble-t-il, un peu plus qu'un témoin : dès lors que la stèle, au VIᵉ siècle, portera une représentation figurée du défunt ou qu'une statue funéraire, un *koûros*, une *kórē* sera érigée sur le tombeau —, le *mnêma* pourra apparaître

---

34. *Il.*, XI, 668-670.
35. *Il.*, XXIII, 627-629.
36. *Il.*, XVII, 434-435.

comme une sorte de substitut corporel exprimant dans une forme immuable les valeurs de beauté et de vie qu'un individu a incarnées le temps de sa brève existence. En second lieu et parallèlement au monument funéraire, le chant louangeur, mémoire fidèle des hauts faits. Sans cesse conservée et reprise dans la tradition orale, la parole poétique, en célébrant les exploits des guerriers d'antan, les arrache à l'anonymat de la mort où s'évanouit, dans la nuit de l'Hadès, le commun des hommes ; par leur constante remémoration au fil de la récitation épique, elle fait de ces disparus les « héros brillants » dont la figure, toujours présente à l'esprit des vivants, rayonne d'un éclat que rien ne peut flétrir : celui du *kléos áphthiton*, la « gloire impérissable » [37].

Le corps mortel doit faire retour, pour s'y abîmer, à cette nature à laquelle il appartient et qui ne l'a fait paraître que pour de nouveau l'engloutir. La permanence d'une beauté immortelle, la stabilité d'une gloire impérissable, c'est la culture qui a seule pouvoir de les édifier, dans ses institutions, en conférant à des créatures éphémères, disparues d'ici-bas, le statut de « beaux morts », de morts illustres [38]. Si les dieux sont immortels et impérissables, c'est qu'au contraire des humains leur être corporel possède par nature et au sein même de la nature cette constance de beauté et de gloire que l'imaginaire social s'efforce de fabriquer pour les mortels quand ils n'ont plus ni corps pour montrer leur beauté ni existence pour y gagner la gloire. Toujours vivants en force et en jeunesse, les dieux ont un sur-corps : un corps fait tout entier et à jamais de beauté et de gloire.

Dernière question qu'on ne peut éviter de poser sans prétendre y apporter réponse. Qu'est-ce qu'un sur-corps, comment se manifeste la splendeur du corps divin ?

D'abord, bien sûr, par ce qu'on peut appeler les effets de superlatif : magnification ou multiplication de toutes les

37. *Il.*, IX, 413.
38. Cf. *infra*, pp. 41-79.

valeurs qui, sur le corps humain, apparaissent par comparaison diminuées, mesquines, dérisoires. Les dieux sont beaucoup plus grands et « cent fois plus forts » que les hommes. Quand ils s'affrontent en corps à corps pour vider leur querelle sur le champ de bataille de Troie, c'est le monde entier qui vacille, ébranlé dans ses fondements : au fin fond de sa demeure souterraine, Hadès tressaute sur son trône et s'inquiète : la terre ne va-t-elle pas éclater dans les airs découvrant ce qu'elle cache en son sein, l'effroyable demeure de la mort et de la corruption[39] ? — Quand Apollon s'avance, précédant les Troyens, d'un simple coup de pied, en se jouant, il fait crouler l'immense talus que les Achéens ont construit pour protéger leurs nefs ; puis, sans effort, il jette à terre leur mur : « Comme un enfant, au bord de la mer, se fait avec le sable des jouets puérils qu'il s'amuse ensuite à abattre d'un coup de pied ou d'un revers de main, ainsi tu abats, Phoïbos, [...] ce qui avait coûté aux Argiens tant de peines et de misères[40]. » — À Calypso qui se pique de ne le céder en rien, pour la beauté du corps et de l'apparence *(démas, eîdos)* à l'épouse humaine qu'Ulysse brûle d'aller retrouver, le héros répond qu'en effet, auprès de la déesse, Pénélope, si parfaite qu'elle soit, paraîtrait par comparaison « inférieure d'allure et de taille *(eîdos, mégethos),* car ce n'est qu'une mortelle et tu échappes à la mort et à la vieillesse *(athánatos, agérōs)* »[41].

Mais la différence entre le corps des dieux et celui des hommes n'est pas pour l'essentiel de l'ordre du plus ou du moins. La façon dont les dieux se manifestent aux mortels quand ils décident d'intervenir en personne dans leurs affaires varie grandement suivant qu'il s'agit de puissances dont le statut implique, comme pour Hadès, qu'elles demeurent

---

39. *Iliade*, XX, 54-65.
40. *Il.*, XV, 361-365 (trad. P. Mazon, Paris, 1949).
41. *Odyssée*, V, 217-218. De la même façon, à Alkinoos qui se demande si Ulysse ne serait pas un dieu venu les visiter, lui et son peuple, Ulysse répond : « N'aie pas cette pensée. Je n'ai rien de commun, ni la stature ni la prestance *(démas, phuē)* avec les Immortels, maîtres du vaste ciel ; je ne suis qu'un simple mortel » (VII, 208-210).

toujours cachées et invisibles aux yeux des humains, ou de dieux sujets à apparition, pendant le jour, comme Pan et les Nymphes, ou au cours de la nuit, en rêve, comme Asclépios — ou de dieux qui se plaisent normalement à la compagnie et au commerce des humains, comme Hermès —, de dieux enfin qui surgissent à l'improviste, au gré de leur fantaisie, comme Dionysos, pour faire reconnaître leur présence dans une impérieuse et déroutante épiphanie. La nature de nos documents ajoute à cette diversité : les apparitions divines ne se présentent pas suivant un scénario analogue ni n'obéissent au même modèle dans un récit épique, un hymne religieux, une scène tragique.

On peut pourtant risquer un schéma typologique des formes que revêt l'apparence corporelle des divinités. La gamme des possibles s'échelonne entre l'incognito complet du dieu et sa révélation en majesté. L'incognito est de deux sortes. Le dieu peut se dissimuler en revêtant son corps de brume, en l'enveloppant dans une nuée pour qu'il soit (ou demeure) invisible. Maître de la situation, il agit avec d'autant plus de puissance et d'efficacité que les spectateurs, aveugles à sa présence, ne voient ni ne comprennent rien de ce qui s'opère sous leur nez. Quand Aphrodite, pour sauver Pâris du coup que Ménélas s'apprête à lui porter, le fait disparaître du champ clos où se mesurent les deux hommes et le dépose dans la chambre d'Hélène, personne, Grec ou Troyen, n'y a vu que du feu. Pâris repose déjà au côté de sa belle que les guerriers grecs sont encore à chercher, dans les rangs ennemis, où diable le Troyen a bien pu se cacher [42].

Les dieux ont donc un corps qu'ils peuvent, à volonté, rendre (ou laisser) totalement invisible aux yeux des mortels sans qu'il cesse pour autant d'être un corps. La visibilité qui définissait la nature du corps humain en tant qu'il a nécessairement une forme *(eîdos)*, une carnation colorée *(khroiế)*, une enveloppe de peau *(khrốs)*, prend pour les dieux un sens tout autre : c'est la divinité qui, pour manifester sa présence, choisit de se rendre visible sous la forme d'*un* corps, plutôt que de *son* corps. Du point de vue divin, l'antinomie visible-invisible n'est plus entièrement pertinente. Même dans le cadre d'une épiphanie, le corps du dieu peut apparaître parfaitement visible et reconnaissable pour un des spectateurs, tout en restant, dans le même lieu et au même instant, entièrement dissimulé au regard des autres. Achille, devant l'armée grecque assemblée, balance en son cœur pour savoir s'il va tirer le glaive et frapper Agamemnon. Athéna aussitôt s'élance du haut du ciel. Elle s'arrête derrière le fils de Pélée, lui met la main sur ses blonds cheveux, « visible pour lui seul ; nul autre ne la voit. [...] Le héros se retourne et aussitôt reconnaît Pallas Athénè » [43].

Le second type d'incognito consiste pour la divinité à donner à son corps une apparence strictement humaine. Ce truc, tant de fois employé, a pourtant ses limites. Si bien camouflé que soit le dieu sous la peau d'un personnage mortel, quelque chose parfois cloche qui trahit ce que la présence divine, même déguisée, comporte d'étrange et de déconcertant dans son altérité. Surgi de la mer, Poséidon s'est donné la stature et la voix du devin Chalcas. Il s'approche des deux Ajax, les exhorte, leur redonne confiance par ses propos et par l'ardeur qu'il fait monter en leur poitrine. Sa mission accomplie, il se retourne et part. Mais le fils d'Oïlée n'est pas dupe. C'est un dieu, confie-t-il à son compagnon, qui nous est venu sous les traits de Chalcas : « Non, ce n'est pas Chalcas, le devin. J'ai, par-derrière, sans peine, reconnu, alors qu'il s'éloignait, la trace de ses pieds et de ses jambes. Les dieux sont reconnaissables [44]. » On décèlerait donc un dieu à ses traces, comme un chasseur reconnaît les marques du gibier qu'il poursuit. C'est sans doute qu'en dépit du déguisement l'empreinte que le dieu laisse en marchant sur le sol révèle le caractère anomique, paradoxal, prodigieux d'un corps

43. *Il.*, I, 197-200 (trad. P. Mazon, Paris, 1949). Sur l'ensemble de l'épisode et sur les problèmes que pose, dans le texte même de l'*Iliade*, l'apparition d'Athéna, cf. l'excellente analyse de Pietro PUCCI, « Epifanie testuali nell' Iliade », *Studi italiani di filologia classica*, LXXVIII (1985), pp. 170-183.

44. *Iliade*, XIII, 70-72.

« autre » puisque, tout en s'efforçant de n'avoir l'air de rien, il
se révèle en même temps le plus lourd et le plus léger. Quand
Athéna monte sur son char, la caisse sonne et croule sous le
poids. Mais la même déesse, quand elle bondit d'un lieu à un
autre ne touche pas même terre dans son déplacement.
Poséidon s'est éloigné des deux Ajax sous l'apparence humaine
de Chalcas et en mimant son pas, mais sa démarche était
pareille à celle « d'un faucon à l'aile prompte qui se jette à
travers la plaine à la poursuite d'un oiseau » [45]. Le corps divin,
de toute la masse concentrée de son être, pèse aussi lourd que
les statues de marbre ou de bronze qui le localisent dans son
temple : il n'en est pas moins aérien, éthéré, impalpable, léger
comme un rai de lumière.

Pour n'être pas reconnus quand ils se sont mêlés à la foule
des combattants, les dieux prennent donc la précaution de jeter
sur les yeux des guerriers un brouillard qui les empêche de
distinguer le divin de l'humain. Pour soutenir Diomède,
Athéna ne se contente pas de lui insuffler une fougue trois fois
égale à son ardeur ordinaire, de lui assouplir les jambes, puis
les bras, et tout le corps de bas en haut : elle écarte de ses yeux
la nuée qui les couvrait pour qu'il sache discerner s'il a devant
lui un dieu ou un homme et ne se risque pas à combattre en
face les divinités immortelles.

En couvrant les yeux des hommes, ce bandeau d'obscurité
qui leur fait confondre mortels et immortels n'a pas que
l'inconvénient de leur dissimuler la présence divine. Il les
protège aussi bien car voir les dieux en face, tels qu'ils sont
authentiquement dans leur corps découvert, dépasse de beaucoup les forces humaines. Regarder Artémis ou Athéna au
bain, dénudées, c'est une expérience qu'Actéon paie de sa vie,
Tirésias de ses yeux. On comprend qu'après avoir, mortel,
dormi avec une immortelle, Aphrodite, sans savoir clairement
qu'il s'agissait d'une déesse *(ou sáphra eidôs)* [46], Anchise, à son
réveil, prenne peur en apercevant la divine, dont la tête touche

---

45. *Il.*, XIII, 62-65.
46. *Hymne homérique à Aphrodite (I)*, 167.

le faîte de la salle, le corps paré de ses plus beaux atours, les joues « brillantes d'une beauté immortelle *(kállos ámbroton)* »[47]. Il lui suffit de voir « le col et les beaux yeux d'Aphrodite » pour que, terrorisé, il détourne aussitôt son regard, se cache le visage sous les couvertures et implore pitié[48] : que la déesse l'épargne, qu'il ne soit pas rendu *amenēnós*, privé à jamais de *ménos*, du feu de son ardeur vitale, pour s'être approché d'une flamme trop brillante. Métanire, elle aussi, sent ses genoux fléchir et demeure muette, prostrée, épouvantée quand Déméter, rejetant son aspect de vieille femme, se montre à elle en majesté : haute et noble de taille, rayonnante de beauté, exhalant un parfum délicieux. « Le corps immortel de la déesse répandait au loin sa clarté ; ses blonds cheveux descendaient sur ses épaules et la forte demeure s'illumina comme l'eût fait un éclair foudroyant[49]. »

Le corps des dieux brille d'un éclat si intense qu'aucun œil humain ne le peut supporter. Sa splendeur aveugle. Son rayonnement le dérobe à la vue par excès de clarté comme l'obscurité rend invisible par défaut de lumière. Entre les ténèbres d'une mort où ils doivent finalement se perdre et la pure luminosité du divin qui leur demeure inaccessible, les hommes vivent dans un monde moyen, partagé de jour et de nuit, avec leur corps périssable se dessinant en clair à la lumière du soleil, avec leurs yeux mortels faits pour reconnaître ce qui, par un mélange d'ombre et d'éclairage, présente une forme précise, avec son contour, sa couleur, son relief. Le paradoxe du corps divin est que, pour apparaître aux mortels, il doit cesser d'être lui-même, se vêtir de brume, se déguiser en homme, prendre forme d'oiseau, d'étoile, d'arc-en-ciel ou, si le

---

47. *Ibid.*, 172-175.
48. *Ibid.*, 181-190.
49. *Hymne homérique à Déméter (I)*, 275-280. Les bêtes elles-mêmes réagissent à la terrible étrangeté d'une présence divine : dans la cabane d'Eumée, Athéna se tient debout, devant la porte, sous les traits d'une grande et belle femme, experte en habiles travaux. Elle est visible aux yeux d'Ulysse, Télémaque lui fait face sans l'apercevoir ; mais les chiens, comme Ulysse, ont perçu la déesse : sans aboyer, en grognant, ils se réfugient, apeurés, dans un coin du logis. *Odyssée*, XVI, 157-163.

dieu choisit de se faire voir en majesté, ne laisser filtrer de sa taille, sa stature, sa beauté, son éclat, que ce petit brin de splendeur suffisant pour frapper le spectateur de *thambós*, de stupeur, pour le plonger dans un état de crainte révérencielle. Mais se montrer tels qu'ils sont, ouvertement, en pleine clarté, *enargeîs*, les dieux n'accordent à aucun mortel cette terrible faveur[50]. Héraclès lui-même, qui voulait à toute force voir Zeus, n'a pu regarder la face du dieu Zeus « qui ne voulait pas être vu par lui » a masqué sa face d'une dépouille animale[51].

Plus qu'aucune autre partie du corps, la face révèle comme un miroir, ce qu'est et ce que vaut un individu. Quand un être humain disparaît dans la mort, il perd la face en même temps que la vie. Les morts, têtes recouvertes de ténèbres, noyées d'ombre, sont « sans visage » comme ils sont « sans *ménos* ».

Montrer son visage à découvert, ce serait, pour le dieu, se livrer lui-même : le face à face implique entre partenaires qui se regardent dans les yeux une relation de parité. Détourner le regard, baisser les yeux à terre, se cacher la tête : les mortels n'ont pas d'autre solution pour reconnaître leur indignité et éviter le risque d'affronter l'incomparable, l'insoutenable splendeur du visage divin.

Corps invisible dans son rayonnement, visage qui se dérobe au face à face : plus encore qu'elle ne révèle l'être du dieu, l'apparition le dissimule sous les déguisements multiples d'un « paraître » adapté à la faible vue des humains. Si le corps des dieux peut prendre tant de formes, c'est qu'aucune n'est en mesure d'enfermer en elle une puissance qui les déborde toutes et qui s'appauvrirait en s'identifiant à une des figures que lui prête son apparence. Peu importe qu'Athéna, dans la partie

---

50. *Iliade*, XX, 131 ; *Odyssée*, XVI, 161. Si Alkinoos, dans son île de Phéacie, peut affirmer que les gens de son peuple ont vu cent fois dans le passé les dieux leur apparaître *enargeis* — en chair et en os —, c'est que contrairement aux autres hommes, les Phéaciens, comme les Cyclopes et les Géants, sont de même origine, de même famille que les dieux, qui n'ont donc pas besoin de « se cacher d'eux » (*Odyssée*, VII, 201-205).

51. HÉRODOTE, II, 42.

qu'elle engage avec Ulysse pour châtier les prétendants, commence par l'aborder sous l'aspect d'un très jeune garçon, menant paître ses bêtes[52], pour ne prendre qu'un peu plus tard ses traits de grande et belle femme[53]. Garçon ou fille, le corps visible d'Athéna manque également à exprimer ce qu'est authentiquement la déesse, à désigner ce corps invisible fait d'énergie, de force, de vitalité impérissables et, dans le cas de la déesse, d'une souveraine maîtrise dans l'art de l'intelligence rusée, des stratagèmes ingénieux, des savoir-faire habiles, des subtils mensonges : toutes capacités qui lui appartiennent en propre, qui constituent son apanage et définissent son pouvoir chez les dieux comme elles sont le lot et la gloire d'Ulysse chez les hommes. Face à une déesse qui se plaît à « prendre toutes les formes »[54], le seul critère authentique dont dispose le héros, si malin qu'il soit, pour s'assurer qu'il a bien devant lui Athéna en personne, c'est de constater qu'au jeu des ruses, des roublardises, des discours fallacieux, il n'est pas de taille à lutter et qu'il lui faut céder le pas devant celle qui, dans l'Olympe divin, est l'intelligence incarnée[55].

Une des fonctions du corps humain consiste à localiser précisément chaque individu, à lui assigner une place et une seule dans l'étendue. Le corps des dieux n'échappe pas moins à cette limitation qu'à celle des formes. Les dieux sont en même temps ici et ailleurs, sur la terre où ils se manifestent en y exerçant leur action et dans le ciel où ils résident. Quand il s'en vient s'asseoir à la table des Éthiopiens, pour y banqueter en commun avec eux aux pays du Soleil levant et du Soleil couchant, Poséidon du même mouvement se transporte aux deux extrémités opposées de la terre[56]. Certes, chaque dieu a son domaine d'action particulier auquel l'attache le type de pouvoir dont il a la charge : le monde souterrain pour Hadès,

52. *Odyssée*, XIII, 221.
53. *Od.*, XIII, 288.
54. *Od.*, XIII, 312-314. « Déesse, déclare Ulysse à Athéna, quel mortel, quelque habile qu'il soit, pourrait te reconnaître aussitôt rencontrée : tu prends toutes les formes. »
55. *Od.*, XIII, 295-299.
56. *Od.*, I, 22-25.

les profondeurs marines pour Poséidon, les terres cultivées pour Déméter, les bois, les forêts, les zones sauvages des pourtours pour Artémis. Les dieux ne jouissent donc pas d'une ubiquité absolue pas plus qu'aucun d'entre eux ne possède omniscience ni toute-puissance. Mais par leur vitesse de déplacement, aussi rapide que la pensée, ils se jouent des contraintes qu'impose l'extériorité des parties de l'espace comme, par l'indépendance dont ils jouissent à l'égard des cycles naturels et de leurs phases successives, ils ignorent l'extériorité des parties du temps les unes par rapport aux autres. Leur vitalité corporelle s'étend d'un seul élan à travers le passé, le présent, l'avenir, comme elle déploie ses énergies jusqu'aux derniers confins de l'univers.

Si la nature des dieux paraît ainsi démentir, autant qu'exalter, tous les traits qui définissent le corporel dans l'existence humaine, pourquoi parler du corps des dieux ? D'abord parce que les Grecs, pour penser un être, quel qu'il soit, n'ont pas d'autres moyens, à l'époque archaïque, que de l'exprimer dans le cadre du vocabulaire corporel. Quitte à en biaiser le code par des procédures de distorsion, de dénégation qui conduisent à le contredire dans le moment même où on l'emploie. Les dieux, avons-nous observé, ont un sang qui n'en est pas ; ils mangent des aliments d'immortalité tout en restant à jeun ; ils dorment aussi parfois sans que leur œil jamais ne se ferme ni que ne s'assoupisse entièrement leur vigilance[57]. Ne devrions-nous pas ajouter : ils ont un corps qui n'est pas un corps ?

---

57. L'œil de Zeus est toujours ouvert, sa vigilance est sans défaut. Typhon, cependant, profite de ce que Zeus est endormi pour tenter de lui voler la foudre. Mal lui en prend : avant qu'il ait pu mettre la main sur l'arme de souveraineté, le regard de Zeus l'a déjà foudroyé. Sur le sommeil des dieux comme substitut de leur mort impossible, on évoquera le cas de Cronos, plongé, selon certaines traditions, dans le sommeil et les rêves depuis que Zeus l'a détrôné ; on pensera surtout au *kakòn kôma*, à la cruelle torpeur qui, tout au long d'une grande année, enveloppe les dieux fautifs, coupables de parjure, les « cache » *(kalúptei)* comme la mort fait des humains. Pour eux, plus de conseil, plus de banquet, plus d'ambroisie ni de nectar, plus de contact, de communication, de paroles échangées avec les autres divinités : sans être morts, puisque immortels, les coupables sont mis entre parenthèses, hors jeu (HÉSIODE, *Théogonie*, 793-804).

Nous le pourrions à condition de préciser que dans le système religieux traditionnel le pas n'est jamais franchi qui, consommant la rupture entre divin et corporel, trancherait du même coup cette continuité qu'établit, des dieux aux humains, la présence des mêmes valeurs vitales, des mêmes qualités de force, d'éclat, de beauté, dont le corps porte le reflet, chez les mortels comme chez les immortels.

Au reste, toutes les opérations du culte supposent une incorporation du divin : comment les hommes pourraient-ils instaurer avec les dieux un commerce régulier d'échanges, où hommages et bienfaits s'équilibrent, sans que les Immortels soient rendus présents à ce monde-ci, sous une forme visible, précise, en tel lieu et à tel moment ?

Mais une autre raison, qui tient à la nature même du polythéisme, doit être prise en compte. Pour les Grecs, le monde divin est organisé en société de l'au-delà, avec ses hiérarchies de rang, son échelle de grades et de fonctions, sa répartition de compétences et de pouvoirs spécialisés ; il regroupe donc une multiplicité de figures divines singulières, ayant chacune sa place, son rôle, ses privilèges, ses marques d'honneur, son mode d'action particulier, son domaine d'intervention réservé : en bref, une identité individuelle.

Or, l'identité individuelle comporte deux volets : un nom, un corps. Le nom propre est cette marque sociale particulière qui est attribuée à un sujet pour consacrer sa singularité au sein de l'espèce à laquelle il appartient. Les choses, les animaux, de façon générale, n'ont pas de nom propre. Tous les hommes en ont un, en tant qu'hommes, parce que tous, même les plus obscurs, ont une forme individuelle d'existence. Comme Alkinoos le rappelle à Ulysse en l'invitant à dire qui il est : « Jamais on ne vit qu'un homme fût sans nom ; qu'on soit noble ou vilain, chacun en reçoit un, le jour de sa naissance [58]. » De même, le corps est ce qui donne à un sujet son identité, en le distinguant, par son apparence, sa physionomie, ses vêtements, ses insignes, de tout autre de ses semblables. Comme les

---

58. *Odyssée*, VIII, 552-554 (trad. V. Bérard, Paris, 1924).

hommes, les dieux ont un nom propre ; comme eux aussi ils ont un corps, c'est-à-dire un ensemble de traits repérables qui les font reconnaître en les différenciant des autres puissances surnaturelles auxquelles ils sont associés.

Un monde divin multiple, divisé par conséquent au-dedans de lui-même par la pluralité des êtres qui le composent ; des dieux dont chacun, ayant son nom propre, son corps singulier, connaît une forme d'existence limitée et particulière : cette conception n'a pas manqué de susciter, dans certains courants religieux marginaux, dans des milieux de secte et chez des philosophes, interrogations, réserves ou refus. Ces réticences, qui se sont exprimées de façons fort diverses, procèdent d'une même conviction : la présence du mal, du malheur, de la négativité dans le monde tient au processus d'individuation auquel il a été soumis et qui a donné naissance à des êtres séparés, isolés, singuliers. La perfection, la plénitude, l'éternité sont les attributs exclusifs de l'Être totalement unifié. Toute fragmentation de l'Un, tout éparpillement de l'Être, toute distinction de parties signifient que la mort entre en scène avec l'apparition conjointe d'une multiplicité d'existences indivi-dualisées et de la finitude qui nécessairement borne chacune d'elles. Pour accéder à la non-mort, pour s'accomplir dans la permanence de leur perfection, les dieux de l'Olympe devraient donc renoncer à leur corps singulier, se fondre dans l'unité d'un grand dieu cosmique ou s'absorber dans la personne du dieu morcelé, puis réunifié par Apollon, du Dionysos orphique, garant du retour à l'indistinction primor-diale, de la reconquête d'une unité divine qui doit être retrouvée, après avoir été perdue[59].

En rejetant catégoriquement cette perspective pour placer l'accompli, le parfait, l'immuable, non dans la confusion de l'unité originelle, dans l'obscure indistinction du chaos, mais à l'inverse, dans l'ordre différencié d'un cosmos dont les parties et éléments constitutifs se sont peu à peu dégagés, délimités,

---

59. Sur ce thème, cf. Guilia Sissa, « Dionysos : Corps divin, corps divisé », *Le Temps de la réflexion*, « Corps des dieux », VII, 1986, pp. 355-372.

mis en place et où les puissances divines, d'abord incluses dans
de vagues forces cosmiques, ont pris, à la troisième génération,
leur forme définie et définitive de dieux célestes, vivant dans la
lumière constante de l'éther, avec leur personnalité et leur
figure particulières, leurs fonctions articulées les unes aux
autres, leurs pouvoirs s'équilibrant et s'ajustant sous l'autorité
inébranlable de Zeus, la *Théogonie* orthodoxe d'Hésiode
donne à la nature corporelle des dieux son fondement théolo-
gique : si les dieux possèdent plénitude, perfection, inaltérabi-
lité, c'est qu'au terme de ce progrès qui a conduit à l'émergence
d'un cosmos stable, organisé, harmonieux, chaque personne
divine a désormais son individualité clairement fixée.

L'être divin, c'est celui qui, doté d'une existence singulière
comme celle des hommes, ne connaît pourtant ni la mort ni
rien de ce qui lui est associé, parce que, dans sa singularité
même, il a valeur d'essence générale intemporelle, de puissance
universelle inépuisable. Aphrodite est *une* beauté, cette déesse
particulière que son aspect rend reconnaissable entre toutes.
Quand Pâris a devant les yeux Aphrodite, Athéna, Héra, c'est
en comparant, en confrontant le corps des trois déesses, en
repérant leurs différences, que le futur séducteur d'Hélène
peut deviner les pouvoirs et les privilèges qui appartiennent à
chacune et dont ne manquera pas de le gratifier celle dont il
aura su, en lui accordant son suffrage, se gagner les faveurs. S'il
choisit Aphrodite, pour lui donner la palme, c'est que cette
toute belle est aussi *la* Beauté, ce par quoi tout individu dans le
monde, qu'il soit bête, homme ou dieu, est rendu beau et
désirable. Dans son éclat, le corps de la déesse est la puissance
même d'Éros, en tant que force universelle. Zeus n'est pas non
plus seulement un roi, celui des dieux ; il est la Royauté elle-
même. Pas un monarque qui ne tienne de lui son pouvoir, qui
n'exerce à travers lui ses fonctions et ne reçoive de lui, par
délégation, les honneurs et la gloire réservés au maître
suprême. En Zeus, la puissance de souveraineté trouve comme
son point d'ancrage dans la figure singulière en qui elle se fixe
et s'incarne.

La splendeur, la gloire, l'éclat rayonnant d'une royauté

cosmique permanente, indestructible, que rien ni personne ne
pourra jamais ébranler, ont désormais une forme et un corps,
même si la première échappe aux limitations de la forme, si le
second est au-delà du corps.

Le sur-corps divin, par bien des aspects, évoque et frôle le
non-corps. Il pointe vers lui ; il ne le rejoint jamais. S'il
basculait de ce côté, s'il se faisait absence de corps, rejet du
corps, c'est l'équilibre même du polythéisme grec qui serait
rompu, dans sa constante, sa nécessaire tension entre l'obscurité dont est pétri le corps apparent des humains et l'éclatante
lumière dont resplendit, invisible, le corps des dieux.

II

La belle mort
et le cadavre outragé

Il meurt jeune, celui que les
dieux aiment.

(Ménandre)

Au pied des murs de Troie qui l'ont vu fuir, éperdu, devant
Achille, Hector est maintenant arrêté. Il sait qu'il va périr.
Athéna l'a joué ; tous les dieux l'ont abandonné. Le destin de
mort *(moîra)* déjà a mis la main sur lui. Mais s'il n'est plus en
son pouvoir de vaincre et de survivre, il dépend de lui
d'accomplir ce que commande, à ses yeux comme à ceux de ses
pairs, sa condition de guerrier : transformer sa mort en gloire
impérissable, faire du lot commun à toutes les créatures
sujettes au trépas un bien qui lui soit propre et dont l'éclat lui
appartienne à jamais. « Non, je n'entends pas mourir sans lutte
ni sans gloire *(akleiôs)* ni sans quelque haut fait dont le récit
parvienne aux hommes à venir *(essoménoisi puthésthai)*[1]. »
Pour ceux que l'*Iliade* appelle *anéres (ándres)* : les hommes
dans la plénitude de leur nature virile, à la fois mâles et
courageux, il est une façon de mourir au combat, dans la fleur
de l'âge, qui confère au guerrier défunt, comme le ferait une

1. *Iliade*, XXII, 304-305 ; cf. déjà XXII, 110.

Publié dans *La Mort, les Morts dans les sociétés anciennes* (sous la dir. de G.
GNIOLI et J.-P. VERNANT), Cambridge et Paris, 1982, pp. 45-76.

initiation, cet ensemble de qualités, de prestiges, de valeurs, pour lesquels, tout au long de leur vie, l'élite des *áristoi*, des meilleurs, entrent en compétition. Cette « belle mort » *(kalòs thánatos)* pour lui donner le nom dont la désignent les oraisons funèbres athéniennes[2], fait apparaître, à la façon d'un révélateur, sur la personne du guerrier tombé dans la bataille l'éminente qualité d'*anè agathós*[3], d'homme valeureux, d'homme de cœur. À celui qui a payé de sa vie son refus du déshonneur au combat, de la honteuse lâcheté, elle assure un indéfectible renom. La belle mort, c'est aussi bien la mort glorieuse *(eukleès thánatos)*. Pour toute la durée des temps à venir elle fait accéder le guerrier disparu à l'état de gloire ; et l'éclat de cette célébrité, *kléos*, qui s'attache désormais à son nom et à sa personne, représente comme le terme ultime de l'honneur, son extrême pointe, l'*areté* accomplie. Par la belle mort, l'excellence *(areté)* cesse d'avoir sans fin à se mesurer à autrui, à s'éprouver en s'affrontant. Elle se réalise d'un coup et à jamais dans l'exploit qui met fin à la vie du héros.

Tel est bien le sens du destin d'Achille, personnage à la fois exemplaire et ambigu, en qui s'inscrivent toutes les exigences mais aussi toutes les contradictions de l'idéal héroïque. Si Achille semble pousser jusqu'à ses dernières conséquences — jusqu'à l'absurde — la logique de l'honneur, c'est qu'il se situe en quelque façon au-delà des règles ordinaires de ce jeu. Comme il l'explique lui-même, deux destins se sont dès sa naissance offerts à lui, pour le mener là où toute existence humaine trouve son terme, deux destins qui s'excluaient

---

2. Nicole LORAUX, dans sa thèse intitulée *L'Invention d'Athènes*, Paris, La Haye, Berlin, 1981, a étudié le thème de la belle mort dans l'oraison funèbre athénienne. Le présent travail lui doit beaucoup. Elle a publié sur le même sujet plusieurs articles : « Marathon ou l'histoire idéologique », *Revue des études anciennes*, LXXV (1973), pp. 13-42 ; « Socrate, contrepoison de l'oraison funèbre », *L'Antiquité classique*, XLIII (1974), pp. 112-211 ; « HBH et ANΔPEIA : deux versions de la mort du combattant athénien », *Ancient Society*, VI (1975), pp. 1-31 ; « La " belle mort " spartiate », *Ktèma*, II (1977), pp. 105-120.

3. Sur l'emploi d'*agathós*, en valeur absolue, sans autre qualificatif, chez Homère, cf. *Il.*, XXI, 280 et les remarques de W. J. VERDENIUS, « Tyrtaeus 6-7 D. A commentary », *Mnemosyne*, XXII (1969), p. 338.

rigoureusement[4]. Ou bien la gloire impérissable du guerrier (*kléos áphthiton*), mais la vie brève ; ou bien une longue vie chez soi, mais l'absence de toute gloire. Achille n'a pas eu même à faire son choix ; il s'est trouvé d'emblée incliné du côté de la vie brève. Voué par avance — on pourrait dire par nature[5] — à la belle mort, il est de son vivant comme imprégné déjà par l'aura de la gloire posthume à laquelle il a toujours été promis. C'est pourquoi il ne lui est pas possible, dans l'application du code de l'honneur, de transiger, de composer, d'accepter suivant les circonstances et les rapports de force, sinon les lâches compromis, du moins les nécessaires accommodements sans lesquels le système n'est plus en état de fonctionner. Pour Achille, toute offense, d'où qu'elle vienne, si haute la position qui en élève l'auteur au-dessus de lui dans la hiérarchie sociale, est également insupportable et inexpiable ; toute excuse, toute amende honorable, si satisfaisante qu'elle puisse paraître pour son amour-propre par l'ampleur et le caractère public de la réparation, demeure vaine et inefficace. Pareil à un crime de lèse-majesté, l'affront fait à Achille ne peut être payé, à ses yeux, que par un abaissement total et définitif du coupable. Cet extrémisme de l'honneur fait d'Achille un être en marge, retranché dans la solitude hautaine de son courroux. Les autres Grecs condamnent dans cet excès un égarement de l'esprit, une forme de l'Erreur personnifiée, de l'*Átē*[6]. Agamemnon reproche au héros de pousser à ce point l'esprit de compétition qu'il se veut toujours, partout et en tout, le premier, de n'avoir par conséquent en tête que rivalité, querelle, combat[7] ; Nestor lui fait grief de ne pas respecter dans sa conduite l'ordre normal des préséances, d'aller jusqu'à se mesurer de front avec un roi qui tient de Zeus, en même temps que le sceptre, la puissance et

4. *Il.*, IX, 410 sqq.
5. Dès le premier chant Achille déclare : « Ô mère, puisque tu m'as enfanté pour une vie brève, que Zeus Olympien [...] me donne au moins la gloire. » Et Thétis, comme en écho, lui répond : « Ton destin, au lieu de longs jours, ne t'accorde qu'une vie brève. » (*Il.*, I, 352-353 et 415-416 ; cf. aussi XIX, 329 et 421.)
6. *Il.*, IX, 510-512.
7. *Il.*, I, 288 et 177.

le commandement, le droit à de plus grands honneurs[8] ;
Ulysse, Phénix, Ajax, Patrocle même, déplorent sa raideur
intraitable, son ressentiment farouche, son cœur inhumain et
sauvage, sourd à la pitié, insensible aux prières, aux supplica-
tions des amis comme aux excuses et aux réparations dont il
devrait se satisfaire. Achille serait-il donc étranger à l'*aidōs*, ce
sentiment de réserve et de retenue qui agit à la façon d'un frein,
dans les deux sens, vers le haut et vers le bas, pour maintenir un
équilibre dans les situations où la disparité de rang, la
disproportion de force rendent impossible une franche compétition sur pied d'égalité ? L'*aidōs*, c'est cette timidité respec-
tueuse qui tient le plus faible à distance du plus puissant, et qui,
exprimant de façon ouverte l'infériorité d'un des protago-
nistes, le place à la discrétion de l'autre pour que, désarmé par
cette attitude soumise, il prenne l'initiative d'établir un rapport
d'amitié, de *philía*, en accordant à celui qui se met ainsi sous sa
protection la part d'honneur qui lui revient. Mais c'est aussi, à
l'inverse, le renoncement à la violence et à l'agressivité du plus
fort à l'égard du plus faible dès lors que, rendu à sa merci, il ne
se pose plus en rival ; c'est la réconciliation de l'offensé avec
celui qui, en acceptant de s'humilier, de s'abaisser soi-même
par l'offre de réparation, reconnaît publiquement la *timē* qu'il
avait d'abord outragée ; c'est enfin l'abandon de la vengeance et
le rétablissement de l'amitié entre deux groupes quand, après
un meurtre, le prix du sang représentant la valeur de la victime,
sa *timē*, a été, par composition, acquitté à ses proches[9].

Devant l'assemblée des dieux, Apollon pourra, lui aussi,
accuser Achille, en même temps que d'avoir quitté toute pitié,
d'ignorer l'*aidōs*[10].

Cependant, la portée de ces indications n'est pas pour
l'essentiel d'ordre psychologique. Elles concernent moins un
trait particulier du caractère d'Achille que les ambiguïtés de sa

8. *Il.*, I, 278.
9. En IX, 632 sqq., Ajax oppose au cœur inflexible d'Achille l'heureuse
disposition de ceux qui acceptent, même pour un enfant mort, le prix du sang,
poinē, et la composition, l'*aidesis*.
10. *Il.*, XXIV, 44.

position, l'équivoque de son statut dans le système de valeurs propre à la tradition épique. Il y a en effet, dans l'attitude et le comportement d'Achille, un aspect paradoxal qui déconcerte si l'on s'en tient à la psychologie du personnage. Achille est absolument convaincu de sa supériorité en matière de performance guerrière et, dans l'échelle des qualités qui font l'homme accompli, la valeur au combat occupe, pour lui comme pour ses compagnons engagés dans la lutte, une place du plus haut rang. Il n'est pas d'autre part un seul Grec — pas plus qu'aucun Troyen — qui ne partage la conviction d'Achille et ne reconnaisse en lui le modèle incontesté de l'*areté* guerrière [11]. Cependant, cette confiance en soi appuyée sur un consensus unanime chez autrui, loin de lui procurer assurance et sécurité, va de pair avec une susceptibilité ombrageuse et une véritable hantise de l'humiliation.

Certes, en lui enlevant Briséis, Agamemnon inflige à Achille un affront qui atteint le guerrier au point sensible. Il le dépouille de son *géras*, c'est-à-dire de la part d'honneur dont on l'avait gratifié sur le butin commun. Un *géras* est un privilège exceptionnel, une prestation accordée à titre spécial, en reconnaissance d'une supériorité, soit de rang et de fonction — c'est le cas d'Agamemnon —, soit de valeur et d'exploit — c'est le cas d'Achille. En dehors de l'avantage matériel qu'il procure, le *géras* vaut comme marque de prestige, consécration d'une suprématie sociale : à tout un chacun ce qui est tiré au sort en parts égales, mais à l'élite, et à l'élite seule, en surplus, le *géras*. Confisquer le *géras* d'Achille, c'est donc d'une certaine façon lui dénier cette excellence au combat, cette qualité héroïque que chacun s'accorde à lui reconnaître. Et le silence — même teinté de réprobation — que gardent à l'assemblée les guerriers grecs devant la conduite de leur prince les associe à un outrage dont ils devront, avec lui, payer les conséquences. Cependant, dans la réaction d'Achille, plusieurs traits font difficulté. Agamemnon ne cherche pas à l'offenser personnelle-

---

11. *Il.*, II, 768-769, où c'est l'aède lui-même qui énonce comme une vérité objective la supériorité d'Achille.

ment et à aucun moment, même au plus fort de la querelle, il ne conteste son éminente valeur guerrière. Au nom de l'intérêt commun, Achille demande au roi de renoncer à Chryséis, sa part d'honneur : pour détourner la peste du camp grec, il faut rendre la jeune fille au prêtre d'Apollon, son père. Agamemnon veut bien y consentir à condition qu'on lui donne un *géras* de rechange pour qu'il ne soit pas seul, lui le souverain, à demeurer *agérastos*, privés de *géras* [12]. Sinon, il lui faudra se payer sur le *géras* du voisin, qu'il s'agisse d'Ajax, d'Ulysse ou d'Achille, peu importe — et il voit d'ici leur fureur [13]. C'est alors qu'Achille éclate, et sa colère révèle les vraies raisons du différend qui oppose les deux hommes. Pour Achille, il n'y a pas de commune mesure entre la *timế* qui s'attache à la dignité royale, cette *timế* magnifiée par Nestor comme venant de Zeus [14], et celle que le guerrier s'acquiert en peinant sans relâche « au premier rang » des combattants, là où le risque est total. À ses yeux, Agamemnon, dans cette guerre qui est surtout la sienne et celle de son frère, laisse à d'autres le soin de payer à tout moment de leur personne au cœur de la mêlée ardente : demeurant à l'arrière *(ópisthe ménōn)* [15], à l'abri du camp, près des fines nefs, il n'est pas homme à s'aventurer avec les *áristoi* dans une embuscade, ni à s'engager comme champion dans un duel sans merci : « Tout cela, affirme Achille s'adressant à Agamemnon, te semble la mort *(tò dé toi kễr eídetai eînai)* [16]. » Celui qui, d'entre les rois, est le plus roi de tous *(basileútatos)*, n'a donc pas pour autant franchi cette ligne de partage qui sépare le commun des hommes de l'univers proprement héroïque, cet univers où le combattant, en acceptant d'avance la vie brève, s'est voué tout ensemble et du même mouvement, à la guerre, à l'exploit, à la gloire et à la mort. Pour qui adopte la perspective chevaleresque propre à Achille,

12. *Il.*, I, 119.
13. *Il.*, I, 138-139 ; cf. 145-146.
14. *Il.*, I, 278-279.
15. *Il.*, IX, 332 ; cf. I, 227-229.
16. *Il.*, I, 228 ; jugement analogue de Diomède à l'égard d'Agamemnon en IX, 30-50.

c'est, dans l'épreuve d'honneur, sa propre vie qui est à chaque fois l'enjeu de la compétition[17]. Et puisque, avec cette mise, l'échec signifie qu'on perd tout en une fois et à jamais, qu'on perd l'existence elle-même, le succès doit rapporter aussi une valeur qui, étant d'un autre ordre, n'est pas mesurable à l'aune des distinctions et des hommages ordinaires. La logique de l'honneur héroïque est celle du tout ou rien ; elle joue en dehors et au-dessus des hiérarchies de rang. Si Achille n'est pas reconnu comme le premier et, d'une certaine façon, le seul, il se sent réduit à zéro. Aussi, dans le moment même où il se proclame, sans être ouvertement contredit, *áristos Achaiõn*, le meilleur des Grecs, où il se vante d'avoir porté dans le passé tout le poids de la guerre et de constituer pour l'avenir le seul rempart contre l'assaut troyen, peut-il se présenter non seulement comme déshonoré par l'offense qui lui a été faite (*átimos*)[18] mais, s'il passait l'éponge, comme le dernier des lâches, un moins que rien (*outidanós*)[19], une épave, errant sans statut ni racine, une sorte de non-personne[20]. Entre la gloire impérissable à laquelle il est prédestiné et le dernier degré de l'opprobre, il n'est pas de rang intermédiaire où Achille puisse trouver sa place. Toute offense à sa dignité provoque un effet de bascule d'un extrême à l'autre parce que ce qui est atteint à travers lui, c'est une valeur qu'il faut accepter sans réserve, sans comparaison, sous peine de la déprécier tout entière. Faire affront à Achille revient à mettre sur le même plan le lâche et le preux, à leur accorder, comme il le dit, même *timé*[21]. C'est donc dénier à l'exploit héroïque sa fonction de critère absolu, ne pas y voir la pierre de touche de ce qu'un homme vaut ou ne vaut pas.

Ainsi s'explique l'échec d'Ulysse, de Phénix et d'Ajax dans la mission qui leur a été confiée pour fléchir la résolution du fils de Pélée et le convaincre de renoncer à sa colère. Même s'ils

17. *Il.*, IX, 322.
18. *Il.*, I, 171 et 356.
19. *Il.*, I, 293.
20. *Il.*, IX, 648.
21. *Il.*, IX, 319.

usent des mêmes mots, Achille ne parle pas la même langue
que les ambassadeurs qu'on a dépêchés auprès de lui. Au nom
d'Agamemnon revenu à de meilleurs sentiments, ils lui propo-
sent le maximum, et au-delà, de ce qu'un roi peut offrir en la
circonstance : Briséis d'abord, qu'il est prêt à rendre telle qu'il
l'avait prise, en jurant n'avoir pas dormi avec elle ; des trépieds,
de l'or, des bassins, des chevaux, des femmes comme servantes
et concubines ; la meilleure part du butin, si Troie est
conquise ; pour épouse, enfin, une de ses propres filles, au
choix, avec la plus riche dot et, pour accompagner ce mariage
qui ferait d'Achille son gendre, la souveraineté sur sept villes
de son domaine. Achille refuse. S'il acquiesçait, il se placerait
sur le terrain même de son adversaire. Ce serait admettre que
ces biens, apanages de la *timé* du roi, signes de son pouvoir sur
autrui et des privilèges qui accompagnent son statut, parviennent, par leur seule accumulation, à faire le poids en face de la
valeur authentique, à contrebalancer ce qu'Achille et lui seul
apporte à l'armée achéenne. Par tout ce qu'ils représentent, ces
cadeaux lui sont odieux [22], l'excès même de la magnificence
apparaît comme une dérision pour celui qui, quand il s'engage
dans le combat, met en jeu à chaque moment, non des moutons,
des bœufs, des trépieds ou de l'or, mais sa propre vie, sa vie
périssable, sa *psukhé* [23] ; les richesses d'Agamemnon et tous les
trésors que recèle le monde sont de ceux qu'on peut toujours
acquérir, échanger, reprendre une fois perdus, se procurer
d'une façon ou d'une autre. Tout autre est le prix que le
guerrier consent à payer pour accéder à la valeur : « La vie
d'un homme ne se retrouve pas : elle ne se laisse ni enlever ni
saisir du jour où elle est sortie de l'enclos de ses dents [24]. »
C'est cette vie — c'est-à-dire lui-même, dans sa dimension
héroïque — qu'Achille mettait au service de l'armée ; c'est elle
qu'Agamemnon a insultée en traitant le héros comme il l'a fait.
Quelle richesse, quelle marque d'honneur, quelle distinction
sociale auraient aux yeux d'Achille pouvoir de racheter une

22. *Il.*, IX, 378.
23. *Il.*, IX, 322.
24. *Il.*, IX, 408-409.

psukhế que rien au monde ne saurait plus équivaloir *(ou gàr emoì psukhễs antáxion)*[25] dès lors que, en la risquant sans crainte en chacune de ces rencontres dont Agamemnon se garde comme de la mort, il l'a vouée par avance au *kléos*, à la gloire suscitée par l'exploit.

Après Ulysse, le vieux Phénix aura beau plaider devant Achille que, s'il cède aux présents suivant l'usage et la raison, s'il rejoint le combat, les Achéens « lui en paieront reconnaissance comme à un dieu », mais que, s'il refuse, il n'obtiendra plus jamais d'eux égal honneur *(oukéth' homỗs timễs éseai)*[26], devrait-il, en rentrant aux derniers jours dans la bataille, les libérer enfin du fardeau de la guerre. Peine perdue. La coupure est maintenant bien nette dans l'esprit d'Achille entre deux gloires, deux honneurs : il y a la *timế* ordinaire, cette louange de l'opinion publique, prête à le célébrer, à le récompenser princièrement, comme elle le fait du roi, à condition qu'il cède ; il y a cette autre *timế*, cette gloire impérissable que lui réserve son destin s'il demeure le même qu'il a toujours été. Pour la première fois, Achille rejette clairement l'hommage des Achéens, qu'il paraissait rechercher plus que tout. De cette *timế*, répond-il à Phénix, il n'a pas le besoin *(oú tí me taútēs khreỗ timễs)*[27], pas plus qu'il ne fait cas d'Agamemnon et de ses offres ; il s'en soucie comme d'un cheveu[28] ! Il ne se préoccupe d'être honoré que par le destin de Zeus *(Diòs aîsa)*[29], ce destin de prompte mort *(ōkúmoros)*[30], que sa mère Thétis avait auparavant évoqué en ces termes : « Ton destin *(aîsa)* au lieu de longs jours ne t'accorde qu'une vie brève. » Mais la prompte mort, quand elle est assumée, possède sa contrepartie : la gloire immortelle, celle que chante la geste héroïque.

Cette tension, que le refus d'Achille met en pleine lumière, entre le besoin d'être socialement reconnu pour se sentir

25. *Il.*, IX, 401.
26. *Il.*, 605.
27. *Il.*, IX, 607-608.
28. *Il.*, IX, 378.
29. *Il.*, IX, 608 : *phroneỗ dè tetimễsthai Diòs aísēi.*
30. *Il.*, I, 417 et XVIII, 95.

exister — l'honneur ordinaire — et les exigences plus hautes de
l'honneur héroïque (on veut aussi être reconnu, mais comme
un être à part, situé sur un autre plan, et que célébreront les
« hommes à venir »), apparaît en filigrane dans les contextes
où les deux types d'honneur sont pourtant rapprochés au point
de sembler confondus.

Il en est ainsi des propos qu'au XIIᵉ chant de l'*Iliade*
Sarpédon tient à Glaucos pour l'exhorter à prendre la tête des
Lyciens dans l'attaque du mur édifié par les Grecs. Pourquoi,
lui demande-t-il, nous fait-on hommage, chez nous, en Lycie,
de tous les privilèges et de tous les honneurs qui reviennent à
un roi, pourquoi nous regarde-t-on comme si nous étions des
dieux ? N'est-ce pas que nous nous sentons, en contrepartie,
obligés de nous placer toujours dans la bataille aux premiers
rangs des Lyciens *(Lukíoisi metà prôtoisin)*, de sorte que
chacun d'eux peut proclamer : « Ils ne sont pas sans gloire
(akleées), les rois qui commandent dans notre Lycie [...], ils
combattent au premier rang[31]. » Fils de Zeus, comme Achille
est fils de Thétis, Sarpédon est dans le camp troyen un de ces
guerriers que sa qualité de vaillance, son comportement au
combat assimilent à un lion, quand le fauve, pour assouvir la
faim qui le tenaille, ne connaît plus rien que la proie convoitée.
Peu lui importe que le troupeau soit à l'abri d'une bergerie bien
close, défendue par des bergers, armés d'épieux et assistés de
chiens. Si son cœur le pousse à l'attaque, rien ne le fera
renoncer. De deux choses l'une alors : ou bien il s'empare de sa
proie, envers et contre tous, ou bien il tombe frappé d'une
javeline[32]. Même cœur chez Sarpédon prêt à assaillir le mur qui
protège les Grecs et derrière lequel l'attend la mort. Sans
hésiter il enfonce le parapet et plonge dans la mêlée. Lorsqu'il
voit ses compagnons fuir devant Patrocle, revêtu des armes
d'Achille et tout à la fureur du carnage, il leur fait honte ; il
affirme bien haut sa décision d'aller, quant à lui, au devant de
cet homme, sous le bras de qui nous savons que son destin est

31. *Il.*, XII, 315-321.
32. *Il.*, XII, 305-306.

de périr[33]. Il l'affronte pour le « connaître », savoir quel il est, c'est-à-dire pour jauger, à travers l'épreuve du duel à mort, sa « valeur » de combattant[34]. Cette attitude — sans parler de l'affection dont l'entoure Zeus et du traitement privilégié que les dieux réservent à sa dépouille — rapproche Sarpédon d'Achille ; ils se rattachent l'un et l'autre à la même sphère d'existence héroïque et partagent une conception radicale de l'honneur.

Cependant, si l'on en croit Sarpédon, une entière réciprocité semble établie entre le statut de roi et l'excellence du guerrier, entre la *timé* qui est due au premier et le *kléos* auquel aspire le second. Combattre au premier rang, comme le font Achille et Sarpédon, tels seraient en effet le fondement et la justification des prérogatives royales ; de sorte qu'on pourrait dire aussi bien que pour être roi, il faut se montrer héroïque, et que pour se montrer héroïque, il faut être né roi. Cette vision optimiste, qui unifie en un même ensemble les multiples aspects de la prééminence sociale et de la valeur personnelle, répond aux ambiguïtés du vocabulaire homérique où les mêmes termes — *agathós, esthlós, areté, timé* — se rapportent, suivant les contextes, à la haute naissance, à l'opulence, au succès dans les entreprises, à la bravoure guerrière, au renom, sans les distinguer nettement[35].

Et pourtant, dans les propos mêmes de Sarpédon, se laisse reconnaître, tracée d'un trait léger, cette cassure qui, dans le cas d'Achille, séparait suivant une ligne de démarcation brutale l'existence héroïque avec ses aspirations, ses exigences, son idéal propres, et la vie ordinaire, régie par le code social de l'honneur. Après avoir laissé entendre que tous les avantages concédés au roi, bonne chère, bonnes terres, bon vin, places

33. *Il.*, XVI, 434.

34. *Il.*, XVI, 423 : *óphra daeïō hós tis hóde kratéei* ; même attitude d'Hector à l'égard de Diomède en VIII, 532 et 535 ; en III, 58, Hector exhorte Pâris à affronter Ménélas pour « savoir ce qu'il vaut ».

35. On se réfère sur ce point aux travaux, désormais classiques, de A. W. H. ADKINS, par exemple à *Moral Values and Political Behaviour in Ancient Greece*, Londres, 1972, pp. 12-16.

d'honneur, renom, sont comme le prix payé aux hommes de
guerre pour les services que rend leur exceptionnelle vaillance
sur le champ de bataille, Sarpédon ajoute une remarque qui, en
dévoilant la véritable dimension de l'exploit héroïque, met à
bas toute son argumentation antérieure : « Si échapper à cette
guerre, déclare-t-il, nous permettait de vivre ensuite éternellement à l'abri de la vieillesse et de la mort, ce n'est certes pas
moi qui combattrais au premier rang, ni qui t'expédierais vers
la bataille où l'homme acquiert la gloire [...] Mais, puisque
aucun mortel ne peut échapper au trépas, allons-y, que nous
donnions la gloire à un autre, ou que lui nous la donne [36]. » Ce
ne sont donc ni les avantages matériels, ni la primauté de rang,
ni les marques d'honneur qui ont pouvoir de décider un
homme à engager sa *psukhê* dans les duels sans merci où se
conquiert la gloire. S'il ne s'agissait que de gagner ces biens
dont on jouit durant la vie, et qui vous quittent avec elle, on ne
trouverait pas un seul guerrier, au dire de Sarpédon, qui ne se
défilerait au moment où il lui faudrait risquer, en jouant sa vie,
de tout perdre en même temps qu'elle. La vraie raison de
l'exploit héroïque est ailleurs ; elle ne relève pas de calculs
utilitaires ni du besoin de prestige social ; elle est d'ordre,
pourrait-on dire, métaphysique ; elle tient à la condition
humaine que les dieux n'ont pas faite seulement mortelle, mais
soumise, comme toute créature ici-bas, après la floraison et
l'épanouissement de la jeunesse, au déclin des forces et à la
décrépitude de l'âge. L'exploit héroïque s'enracine dans la
volonté d'échapper au vieillissement et à la mort, quelque
« inévitables » qu'ils soient, de les dépasser tous les deux. On
dépasse la mort en l'accueillant au lieu de la subir, en en faisant
le constant enjeu d'une vie qui prend ainsi valeur exemplaire et
que les hommes célébreront comme un modèle de « gloire
impérissable ». Ce que le héros perd en honneurs rendus à sa

---

36. *Il.*, XII, 322-328. Même thème chez CALLINOS, fr. 1, 12-15 (Edmonds) ;
chez PINDARE, *Olympiques*, I, 81 sq. : « Puisqu'il faut mourir, pourquoi
s'asseoir dans l'ombre et consommer en vain une vieillesse ignorée, loin de
toute beauté ? » ; chez Lysias, *Oraison funèbre*, 78.

personne vivante, quand il renonce à la longue vie pour choisir la prompte mort, il le regagne au centuple dans la gloire dont est auréolé, pour tous les temps à venir, son personnage de défunt. Dans une culture comme celle de la Grèce archaïque, où chacun existe en fonction d'autrui, sous le regard et par les yeux d'autrui, où les assises d'une personne sont d'autant mieux établies que s'étend plus loin sa réputation, la vraie mort est l'oubli, le silence, l'obscure indignité, l'absence de renom [37]. Exister, au contraire, c'est — qu'on soit vivant ou qu'on soit mort — se trouver reconnu, estimé, honoré ; c'est surtout être glorifié : faire l'objet d'une parole de louange, d'un récit qui relate, sous forme d'une geste sans cesse reprise et répétée, un destin admiré de tous. En ce sens, par la gloire qu'il a su s'acquérir en vouant sa vie au combat, le héros inscrit dans la mémoire collective du groupe sa réalité de sujet individuel, s'exprimant dans une biographie que la mort, en l'achevant, a rendue inaltérable. À travers le champ public des exploits où il s'est mis lui-même tout entier, il continue, par-delà le trépas, d'être présent à sa façon dans la communauté des vivants. Devenue légendaire, sa figure forme, associée à d'autres, la trame permanente d'une tradition que chaque génération doit apprendre et faire sienne pour accéder pleinement, par la culture, à l'existence sociale.

Dépassant les honneurs ordinaires, les dignités d'état, éphémères et relatifs, aspirant à l'absolu du *kléos áphthiton*, l'honneur héroïque suppose l'existence d'une tradition de poésie orale, dépositaire de la culture commune et faisant fonction, pour le groupe, de mémoire sociale. Dans ce qu'il est convenu d'appeler, pour faire bref, le monde d'Homère, honneur héroïque et poésie épique sont indissociables : il n'est de *kléos* que chanté, et le chant poétique, quand il ne célèbre pas la race des dieux, n'a pas d'autre objet que d'évoquer les *kléa andrôn*, les hauts faits glorieux accomplis par les hommes d'antan, d'en perpétuer le souvenir en les rendant aux audi-

37. Cf. M. DETIENNE, *Les Maîtres de vérité dans la Grèce archaïque*, Paris, 1967, pp. 20-26.

teurs plus présents que leur pauvre existence quotidienne[38]. La vie brève, l'exploit, la belle mort ne prennent sens que dans la mesure où, trouvant place dans un chant prêt à les accueillir pour les magnifier, ils confèrent au héros lui-même le privilège d'être *aoídimos*, sujet de chant, digne d'être chanté. C'est à travers la transposition littéraire du chant épique que le personnage du héros acquiert cette stature, cette densité d'existence de cette pérennité qui, seules, peuvent justifier l'extrême rigueur de l'idéal héroïque et les sacrifices qu'il impose. Dans l'exigence d'un honneur au-delà de l'honneur, il y a donc une dimension « littéraire ». Non que l'honneur héroïque soit une pure convention de style et le héros un personnage entièrement fictif. L'exaltation de la « belle mort » à Sparte et à Athènes, en plein âge classique, montre le prestige que l'idéal héroïque a gardé et son impact sur les mœurs jusque dans des contextes historiques aussi éloignés du monde d'Homère que celui de la Cité. Mais, pour que l'honneur héroïque demeure vivant au cœur d'une civilisation, pour que tout le système de valeurs reste comme marqué de son sceau, il faut que la fonction poétique, plus qu'objet de divertissement, ait conservé un rôle d'éducation et de formation, que par elle et en elle se transmette, s'enseigne, s'actualise dans l'âme de chacun cet ensemble de savoirs, de croyances, d'attitudes, de valeurs dont est faite une culture. C'est seulement la poésie épique, par son statut et sa fonction, qui peut conférer au désir de gloire impérissable dont le héros est habité cette assise institutionnelle et cette légitimation sociale sans lesquelles il ne s'agirait plus que d'une fantaisie subjective. On s'est étonné parfois d'une ambition de survie qui se réduisait, croyait-on, à une immortalité « littéraire ». C'était méconnaître les différences qui séparent la personne et la culture grecques archaïques des nôtres. Entre la personne ancienne — cette personne pour autrui, entée sur l'opinion publique —, l'épopée, jouant

---

38. HÉSIODE, *Théogonie*, 100. Cf. M. DETIENNE, *op. cit.*, pp. 21-23. On se référera aussi au beau livre de James M. REDFIELD, *Nature and Culture in the Iliad. The Tragedy of Hector*, Chicago-Londres, 1975, p. 30 sq. (trad. franç. A. Lévi, Paris, 1984). Notre étude lui doit beaucoup.

son rôle de *paideía* par l'exaltation du héros exemplaire, et la volonté de survivre en « gloire impérissable », il y a les mêmes relations structurelles qu'entre la personne d'aujourd'hui — le moi intériorisé, unique, séparé —, l'avènement de genres littéraires « purs » comme le roman, l'autobiographie, le journal intime, et l'espoir de survie sous forme d'une âme singulière immortelle.

De tous les personnages mis en scène par l'*Iliade*, Achille est le seul qui nous soit décrit s'adonnant au chant poétique [39]. Au moment où l'ambassade dépêchée par Agamemnon arrive à hauteur du camp des Myrmidons, Achille est dans sa tente. S'accompagnant sur la cithare, il chante pour lui-même et pour Patrocle, assis silencieux en face de lui. Qu'est-ce qu'Achille, en de telles circonstances, prend plaisir à chanter ? Cela même que les aèdes, et Homère en premier, chantent dans les poèmes comme l'*Iliade* : il chante les exploits des héros (*áeide d'ára kléa andrôn*) [40]. Le modèle du guerrier héroïque, celui qui, en choisissant la vie brève et la gloire impérissable, incarne une si haute idée de l'honneur qu'il va, en son nom, rejeter avec les présents du roi la *timé* de ses compagnons d'armes, est aussi celui que la grande geste épique figure, en ce moment décisif de sa carrière, chantant lui-même la geste des héros. Artifice littéraire, procédé « en abyme », bien sûr [41] ! Mais la leçon de l'épisode est claire : les exploits d'Achille, célébrés par Homère dans l'*Iliade*, pour exister pleinement aux yeux du héros qui les veut accomplir, doivent se refléter, se prolonger dans un chant qui consacre leur gloire. En tant que personnage héroïque, Achille n'a d'existence pour lui-même que dans le miroir du chant qui lui renvoie sa propre image, et qui la lui renvoie sous forme de *kléa*, de ces exploits auxquels il a choisi

39. Cf. P. VIDAL-NAQUET, « L'*Iliade* sans travesti » en préface à l'*Iliade* selon la trad. de P. Mazon dans la collection « Folio », Paris, 1975, p. 32.
40. *Il.*, IX, 189.
41. Sur un procédé de même ordre, avec un sens différent, dans l'*Odyssée*, cf. F. FRONTISI-DUCROUX, « Homère et le temps retrouvé », *Critique*, n° 348, mai 1976, p. 542. À Achille chantant la geste héroïque répond Hélène la figurant sur le tissu : III, 125 et VI, 357-358.

de sacrifier sa vie pour devenir à jamais cet Achille que chante Homère dans l'*Iliade*, et que tous les Grecs chanteront après lui.

Dépasser la mort, c'est aussi échapper à la vieillesse. Mort et vieil âge vont de pair pour les Grecs[42]. Devenir vieux, c'est voir peu à peu le tissu de la vie, en soi, se défaire, se corrompre, rongé par cette même puissance de destruction, cette kère, qui conduit au trépas. *Hēbēs ánthos*, dit Homère, formule dont on a montré que, reprise et développée par les poètes élégiaques et lyriques, elle a inspiré très directement la rédaction des épitaphes funéraires, à la louange des guerriers ravis dans « la fleur de la jeunesse », c'est-à-dire morts au combat[43]. Comme la fleur se fane, les valeurs à travers lesquelles la vie se manifeste : vigueur, grâce, agilité, quand elles ont illuminé un homme de leur éclat durant sa « brillante jeunesse » *(aglaòs hébē)*, au lieu de demeurer en sa personne fermes et stables, se flétrissent bientôt et s'évanouissent dans le néant. La fleur de l'âge — quand on est dans la pleine maturité de sa force vitale —, c'est cette frondaison printanière dont, à l'hiver de sa vie, avant même de descendre au tombeau, le vieillard déjà se trouve dépouillé[44]. Tel est le sens du mythe de Tithôn. A quoi pouvait servir de le rendre immortel si on ne le préservait aussi du vieillissement ? Plus avisé, Sarpédon s'adressant à Glaucos rêve d'être soustrait à la fois au vieil âge et à la mort, de se

42. Mimnerme, 2, 5-7 (Edmonds).

43. Cf. N. LORAUX, « HBH et ANΔPEIA : deux versions de la mort du combattant athénien », art. cité n. 2. Nicole Loraux écrit : « Lorsqu'elle célèbre l'*aretē* d'un combattant, toute épitaphe versifiée a tendance à recourir aux formules de l'épopée dont *aglaòn hēbēn ólesan* n'est qu'un exemple parmi d'autres au *dēmósion sēma* » (p. 24). Concernant l'emploi de la formule : « il a (ils ont) perdu la brillante jeunesse », pour évoquer la mort sur le champ de bataille, elle note : « une telle continuité, de l'épitaphe aristocratique, louant un individu, à l'épitaphe collective et démocratique du *dēmósion sēma*, mérite qu'on s'y attarde, car elle suggère la permanence d'une certaine représentation du mort comme jeune » (p. 20).

44. Sur l'association de la jeunesse combattante et du printemps, cf. N. LORAUX, art. cit., pp. 9-12, qui rappelle l'oraison funèbre de Périclès (sans doute l'épitaphios de Samos) où l'homme d'État athénien comparait la jeunesse, que la mort au combat avait ravie à la Cité, au printemps retranché de l'année (ARISTOTE, *Rhétorique*, I, 7, 1365a 31-33 et III, 10, 141a 1-4).

retrouver *agéraos* autant qu'*athánatos*[45] ; c'est alors, mais alors seulement, qu'on pourrait dire de l'exploit guerrier que le jeu n'en vaut pas la chandelle. Car le pauvre Tithôn, s'enfonçant chaque jour davantage dans la sénilité n'est plus, au réduit céleste où Éôs a dû le reléguer, qu'un spectre de vivant, un cadavre animé ; son vieillissement sans fin le voue à une illusion d'existence que la mort a entièrement détruite du dedans[46].

Tomber sur le champ de bataille détourne du guerrier cet inexorable déclin, cette détérioration de toutes les valeurs qui composent l'*areté* virile. La mort héroïque saisit le combattant quand il est à son faîte, son *akmé*, homme accompli déjà (*anér*), parfaitement intact, dans l'intégrité d'une puissance vitale pure encore de toute décrépitude. Aux yeux des hommes à venir dont il hantera la mémoire, il se trouve, par le trépas, fixé dans l'éclat d'une jeunesse définitive. En ce sens, le *kléos áphthiton* que conquiert le héros par la vie brève lui ouvre aussi l'accès à une inaltérable jeunesse. Comme Héraclès doit passer par le bûcher de l'Oeta pour épouser Hébè et se qualifier ainsi comme *agéraos* (Hésiode, *Théogonie*, 955), c'est la « belle mort » qui fait le guerrier tout ensemble *athánatos* et *agéraos*. Dans la gloire impérissable où l'introduit le chant de ses exploits, il ignore le vieil âge, comme il échappe, autant que peut un homme, à l'annihilation de la mort.

Ce thème du guerrier s'assurant pour toujours la jeunesse dans le moment où il accepte de perdre la vie au combat se retrouve, diversement modulé, dans la rhétorique de l'oraison funèbre athénienne. Mais, comme le note Nicole Loraux, c'est dans l'épopée qu'il faut chercher son origine ; quand Athènes l'utilise pour célébrer, lors de funérailles publiques, ceux qui par esprit civique sont au cours de l'année tombés pour la

---

45. *Il.*, XII, 323 ; cf. VIII, 539.
46. *Hymne homérique à Aphrodite (I)*, 218-238 ; cf. aussi Mimnerme, 4 (Edmonds : « À Tithôn, Zeus octroya de posséder un mal immortel, la vieillesse, ce qui est encore pire que l'horrible mort. ») On notera le jeu verbal *kakòn áphthiton* qui rappelle pour s'y opposer le *kléos áphthiton*. Au jeune guerrier mort, la gloire impérissable, au vieillard indéfiniment vivant, le mal impérissable.

patrie, elle projette sur la figure de l'hoplite, soldat-citoyen, adulte et père de famille, l'image héroïque du guerrier de l'épopée qui, lui, est d'abord un jeune. Certes, l'opposition dans la société homérique des *koûroi* et des *gérontes* ne se limite pas simplement à une différence d'âge, et les *gérontes* ne sont pas tous des vieillards, au sens que nous donnerions à ce terme. Il n'en reste pas moins que le clivage est net entre deux types d'activités et de compétences : celles qui, concernant la guerre, mettent en jeu la force des bras et l'ardeur vaillante ; celles qui, relevant du conseil, demandent le bien parler et l'esprit prudent. Entre le bon faiseur d'exploits *(prēktḕr érgōn)* et le bon diseur d'avis *(múthōn rhētḗr)*, la frontière est d'abord celle du plus ou moins d'âge [47]. La raison du *gérōn* s'oppose à la tête folle des jeunes gens, désignés par le terme *hoplóteroi* qui définit leur jeunesse par l'aptitude à porter les armes [48], et si l'« orateur sonore » de Pylos, le vieux Nestor, s'y entend comme personne pour prodiguer ses sages avis, si son expérience en matière de combat se manifeste en propos diserts plus qu'en actions d'éclat, c'est que sur lui l'âge pèse, et qu'il a cessé d'être un *koûros* [49]. Conseil, paroles *(boulḗ, mûthoi)*, telle est l'affaire, tel est le privilège des *gérontes* ; aux plus jeunes *(neṓteroi)*, il revient de jouer de la lance et de s'assurer en leurs propres forces [50]. De là la formule qui ponctue, comme une rengaine, la plupart des longues digressions que Nestor inflige à ses cadets pour leur faire la leçon ou pour les exhorter à une lutte à laquelle il ne participe qu'un peu en marge : « Ah ! Si j'étais encore jeune, si ma vigueur était intacte *(Eíth' hṑs hēbṓoimi bíē dé moi émpedos eíē)* [51]. » C'est sa valeur guerrière

<hr>

47. *Il.*, IX, 52-61 ; XI, 786-789.
48. *Il.*, III, 108-110.
49. *Il.*, IV, 321. « Si j'étais *koûros* alors, maintenant le vieil âge m'a atteint. »
50. *Il.*, IV, 323-325 ; cf. III, 150 : dans Troie, ce sont les *dēmogérontes* qui siègent au conseil ; « pour eux, l'âge a mis fin à la guerre mais ce sont de beaux discoureurs ».
51. *Il.*, VII, 157 ; cf. aussi XI, 670 ; XXIII, 629 et IV, 314-315 où Agamemnon dit à Nestor : « Que n'as-tu ta vigueur intacte *(émpedos)*, mais la vieillesse pèse sur toi. » En VIII, 103, Diomède dit dans le même sens : « Ta vigueur est brisée, la fâcheuse vieillesse t'accompagne. »

perdue que Nestor regrette avec sa jeunesse évanouie. *Hébē*
désigne moins, dans ce contexte, une classe d'âge précisément
définie, que cette période de la vie où l'on se sent en état de se
surpasser, où le succès, la réussite, le *kûdos*, semblent attachés
à vos pas, associés à vos entreprises[52], plus prosaïquement, où
l'on est en pleine possession de ses forces. Force physique
d'abord, bien sûr, mais qui implique aussi la souplesse du
corps, l'agilité et l'assurance des membres, la rapidité des
mouvements[53]. Posséder l'*hébē*, c'est réunir en sa personne
toutes les qualités qui font le guerrier accompli. Quand
Idoménée, guerrier redoutable, mais déjà grison (*mesaipó-
lios*)[54], confesse sa panique devant Énée qui marche à sa
rencontre, et appelle ses compagnons au secours, il se justifie
en ces termes : « Il a la fleur de la jeunesse, ce qui est le *krátos*
suprême (*Kaì d'ékhei hébēs ánthos, hó te krátos estì mégiston*)[55]. » De fait, pour vaillant qu'il soit, Idoménée sent le
poids de l'âge : « Ses jambes, à se mouvoir, n'ont plus même
assurance (*ou gàr ét' émpeda guîa*), qu'il s'agisse de bondir à la
suite de son trait ou bien d'esquiver un coup [...] pour fuir, ses
pieds ne le portent plus assez vite hors du combat[56]. » Comme
l'a souligné É. Benveniste, *krátos* ne désigne pas la simple force
physique, comme le feraient *bíē* ou *iskhús*, mais cette puissance
supérieure qui permet au guerrier de dominer son adversaire,
de l'emporter contre lui et de le vaincre sur le terrain. En ce
sens, l'*aristeía* guerrière est comme incluse dans l'*hébē*. On
comprend mieux alors les liens qui unissent, dans la perspective héroïque, la mort du guerrier et la jeunesse. Comme il y a,
à côté de l'honneur ordinaire, un honneur héroïque, à côté de
la jeunesse ordinaire — celle tout bonnement de l'âge — il y a
une jeunesse héroïque qui brille dans l'exploit et trouve dans la
mort au combat son accomplissement. Donnons sur ce point la
parole à Nicole Loraux qui a vu et dit les choses aussi bien qu'il
se peut :

52. *Il.*, XI, 225 : *erikudḗs hḗbē*.
53. *Il.*, XI, 669 ; XIII, 512-515 ; XXIII, 627-628.
54. *Il.*, XIII, 361.
55. *Il.*, XIII, 484.
56. *Il.*, XIII, 512-515.

« L'épopée homérique donne de la mort du *koûros* deux versions très différentes. On ne s'en étonnera pas : pure qualité chez le héros, la jeunesse reste plus prosaïquement, pour ceux que les dieux favorisent moins, une donnée physiologique. Si la mort de jeunes combattants est chose fréquente dans l'*Iliade*, elle n'est pas toujours pathétiquement glorieuse [...] Dans le premier cas, la jeunesse n'est qu'une composante parmi d'autres, qui ne distingue pas le mort de la masse immense et finalement inessentielle des victimes. En d'autres termes, la jeunesse comme qualité ne préside pas aux derniers instants du guerrier, qui meurt virilement mais sans éclat particulier. Dans la version héroïque au contraire, le trépas s'accomplit sous le signe de *hếbē* ; même si la jeunesse n'avait pas été explicitement accordée au guerrier, il la conquiert au moment précis où il la perd ; *hếbē* est le mot de la fin, pour Patrocle comme pour Hector dont " l'âme s'envole chez Hadès, pleurant sur son destin, quittant la force et la jeunesse "[57]. En réalité cette mention de la jeunesse perdue et pleurée, mais par là même exaltée, est refusée à tous les autres combattants : *hếbē* prend figure de charisme, réservé à l'élite des héros — le plus valeureux adversaire d'Achille et celui qui, plus qu'un ami, lui est un double[58]. »

L'*hếbē* que Patrocle et Hector perdent avec la vie et qu'ils possédaient donc plus pleinement que d'autres *koûroi*, pourtant moins avancés en âge, est celle-là même qu'Achille s'assure en choisissant la vie brève, celle dont, par la mort héroïque, la prompte mort, il demeure pour toujours revêtu. Si sur la personne du guerrier vivant la jeunesse se manifeste d'abord par la vigueur, *bíē*, la puissance, *krátos*, la fortitude, *alkế*, sur le cadavre du héros étendu sans force et sans vie, son éclat transparaît dans l'exceptionnelle beauté d'un corps désormais inerte. Le terme *sôma* désigne précisément chez Homère le

57. *Lipoûs' androtễta kaì hếbēn* ; *Il.*, XVI, 857 et XXII, 363.
58. Nicole LORAUX, « HBH et ANΔPEIA : deux versions de la mort du combattant athénien », art. cité n. 2, pp. 22-23.

corps dont la vie s'est retirée, la dépouille d'un être défunt.
Tant que le corps est vivant, il est vu comme une multiplicité
d'organes et de membres animés par les pulsions qui leur sont
propres : il est le lieu où se déploient et parfois s'affrontent des
élans, des forces contraires. C'est quand, avec la mort, il s'en
trouve déserté que le corps acquiert son unité formelle. De
sujet et support d'actions diverses, plus ou moins imprévues, il
est devenu pur objet pour autrui : et d'abord objet de
contemplation, spectacle pour les yeux, ensuite objet de soins,
de déploration, de rites funéraires[59]. Le même guerrier qui
apparaissait au cours de la bataille comme menace, terreur ou
réconfort, provoquant la panique et la fuite ou excitant
l'ardeur et l'attaque, dès lors qu'il gît sur le champ de bataille,
s'offre aux regards comme une simple figure dont les traits
sont identifiables : c'est bien Patrocle, c'est bien Hector, mais
réduits à leur apparence extérieure, à cet aspect singulier de
leur corps qui les rend reconnaissables pour autrui. Certes,
chez l'homme vivant, la prestance, la grâce, la beauté jouent
leur rôle comme éléments de la personne ; mais, dans la figure
du guerrier en action, ces aspects restent comme éclipsés par
ceux que la bataille met au premier plan. Ce qui resplendit sur
le corps du héros, c'est moins l'éclat charmant de la jeunesse
(*chariéstatē hēbē*)[60] que celui du bronze dont il est revêtu,
l'étincellement de ses armes, de sa cuirasse et de son casque, la
flamme qui émane de ses yeux, le rayonnement de l'ardeur qui

---

59. Cf. sur ce point, J.-P. VERNANT, *in* I. MEYERSON (éd.), *Problèmes de la personne*, Paris, 1973, p. 54, et J. M. REDFIELD, *op. cit.* n. 38, p. 178 sqq.

60. *Il.*, XXIV, 348. Il s'agit d'Hermès qui a pris l'aspect d'un jeune prince dont la barbe commence à peine à percer. En III, 44-45, la beauté — *kalòn eîdos* — de Pâris ne doit pas faire illusion : en lui, il n'est ni force ni vaillance (cf. aussi III, 39 ; 55 ; 392). En XXI, 108, Achille dit à Lycaon qui le supplie de l'épargner : « Moi-même, tu le vois, je suis beau et grand *(kaì egṑ kalós te mégas te).* » Mais c'est pour lui expliquer que le temps de mourir est venu. Si beau que soit Achille, la mort est sur sa tête, à lui aussi ; le jour est proche où on lui arrachera la vie au combat. Ce n'est pas Achille dans la fureur de l'action, mais le héros se voyant lui-même sous le signe de la mort. Sur la beauté « royale », plus que guerrière, d'Agamemnon lors de la trêve du combat, cf. III, 169-170.

le brûle[61]. Quand Achille réapparaît sur le champ de bataille après sa longue absence, une atroce terreur s'empare des Troyens en le voyant « brillant dans son armure »[62]. Devant les portes Scées, Priam gémit, se meurtrit le visage, supplie Hector de le venir rejoindre à l'abri des murailles : il vient le premier d'apercevoir Achille « bondissant dans la plaine, resplendissant comme l'astre qui s'en vient à l'arrière-saison et dont les feux éblouissants éclatent au milieu des étoiles sans nombre, en plein cœur de la nuit. On l'appelle le chien d'Orion et son éclat est sans pareil [...] Le bronze luit d'un éclat semblable autour de la poitrine d'Achille courant »[63]. Et quand Hector lui-même voit Achille dont le bronze resplendit « pareil à l'éclat du feu qui flamboie ou du soleil qui se lève », la terreur le saisit ; il part et prend la fuite[64]. De ce rayonnement actif qui émane du guerrier vivant en provoquant la terreur, il faut distinguer l'étonnante beauté dont est revêtu, comme de l'éclat même de sa jeunesse — une jeunesse que l'âge ne peut plus flétrir —, le corps du héros abattu. À peine la *psukhế* d'Hector a-t-elle quitté ses membres, « abandonnant sa force et sa jeunesse », qu'Achille lui détache les armes des épaules. Les Achéens accourent alors de tous côtés pour voir l'ennemi qui plus qu'aucun autre leur a fait tant de mal et pour porter à son cadavre encore des coups. S'approchant du héros qui n'est plus, devant eux, que *sōma*, cadavre insensible et inerte, ils le contemplent : « Ils admirent la taille, la beauté enviable d'Hector *(hoì kaì thếếsanto phuền kaì eîdos agētòn Héktoros)*[65]. » Réaction pour nous surprenante, si le vieux Priam ne nous en avait livré la clef en opposant la mort, pitoyable et affreuse, du vieillard, à la belle mort du guerrier fauché dans sa jeunesse. « Au jeune guerrier *(néoi)* tué par

---

61. *Il.*, XIX, 365 ; 375-377 ; 381 ; 398.
62. *Il.*, XX, 46.
63. *Il.* XXII, 25-32.
64. *Il.*, XXII, 134-135.
65. *Il.*, XXII, 370-371 ; cf. aussi *Od.*, XXIV, 44 : Achille mort, on lave son « beau corps » dans l'eau tiède ; et Euripide, *Suppliantes*, 783 : la version des cadavres des guerriers argiens est *kalòn théama*, un beau spectacle, même s'il est amer.

l'ennemi, déchiré par le bronze aigu, tout sied *(pánt' epéoiken)*, tout est beau *(pánta kalá)* de ce qu'il fait voir, même mort [66]. »

Dans l'esprit de Priam, cette évocation du jeune guerrier étendu mort en sa beauté, loin d'encourager Hector à affronter Achille, doit l'apitoyer par contraste sur l'horreur du trépas qui attend un vieillard comme lui si, privé du soutien d'un fils tel que le sien, il doit périr sous le glaive ou la lance des guerriers adverses. Le tableau repoussant que brosse le vieux roi exprime, de façon saisissante, le caractère scandaleux, contre nature, de la mort guerrière, la mort « rouge », quand elle frappe un ancien dont la majesté demande une fin digne et sereine, presque solennelle, chez soi, dans la paix domestique, entouré des siens. Les blessures, le sang, la poussière qui, sur le cadavre du jeune héros, évoquaient sa vaillance et rehaussaient sa beauté d'une touche plus virile, dans le cas d'une tête chenue, d'une barbe blanche, d'un corps de vieux, prennent, par leur laideur affreuse, un aspect presque d'obscénité : Priam ne se voit pas seulement frappé à mort aux portes de sa demeure, mais démembré, dévoré par les chiens — pas n'importe quels chiens, ses propres bêtes domestiques, qu'il nourrissait lui-même en son palais et qui, basculant dans la sauvagerie, vont faire de lui une proie, se repaître de ses chairs, dévorer son sexe, et s'étendre, repues, dans le vestibule dont naguère il leur confiait la garde. « Des chiens que l'on voit outrager une tête blanche, une barbe blanche, les parties honteuses d'un vieillard massacré, rien de plus pitoyable [67]. »

C'est le monde à l'envers qu'évoque Priam, toutes les valeurs sens dessus dessous, la bestialité installée au cœur du foyer domestique, la dignité du vieillard tournée en dérision dans la laideur et l'impudicité, la destruction de tout ce qui dans le cadavre appartient proprement à l'homme. La mort sanglante, belle et glorieuse, quand elle frappait le héros en pleine jeunesse, l'élevait au-dessus de la condition humaine ; elle l'arrachait au trépas ordinaire en conférant à sa fin un caractère

---

66. *Il.*, XXII, 71-73.
67. *Il.*, XXII, 74-76.

d'éclatante sublimité. La même mort, subie par le vieillard, le ravale en deçà de l'homme ; elle fait de son décès, au lieu du sort commun, une horrible monstruosité.

Tyrtée, dans un des fragments qui nous ont été conservés, imite ce passage de l'*Iliade* dont il reprend parfois exactement les termes. Les différences, souvent relevées dans le détail et le tableau d'ensemble[68], tiennent au contexte même de Sparte : l'hoplite qui, dans la phalange, combat épaule contre épaule, bouclier contre bouclier, n'est plus le champion de l'épopée homérique ; on lui demande de tenir ferme, sans quitter son rang, non de s'illustrer en combat singulier ; si « mourir est une belle chose *(tethnámenai gàr kalón)* quand on est tombé au premier rang, en homme de cœur »[69], encore faut-il que ce soit en défendant la terre de la patrie ; c'est à cette condition que la gloire du défunt demeure impérissable, le héros immortel *(athánatos)*, bien que gisant sous terre[70] ; de ce point de vue, il ne saurait y avoir entre honneur héroïque et honneur tout court une coupure aussi radicale qu'auparavant : nulle incompatibilité à Sparte entre vie longue et exploit guerrier, entre la gloire, telle que la conçoit Achille, et le vieil âge. Si les combattants qui ont su tenir bon à leur rang ont eu aussi la chance de revenir sains et saufs, ils partagent tout au long de leur vie mêmes honneurs et même gloire que ceux qui sont tombés ; devenus vieux, leur excellence leur vaut l'hommage de toute la cité[71].

Sparte utilise ainsi le prestige de l'exploit du guerrier épique, de l'honneur héroïque, comme instrument de compétition et de promotion sociales. Elle institue, dès l'*agōgē*, comme un règlement codifié de la gloire et de la honte en dosant et distribuant, suivant les mérites guerriers, louange ou blâme, respect ou mépris, marques d'estime ou mesures de dénigre-

---

68. En dehors du commentaire de Carlo Prato à ce fragment (pp. 93-102 de son édition de Tyrtée, Rome, 1968), cf. C. R. DAWSON, « *Spoudaiogéloion.* Random Thoughts on Occasional Poems », *Yale Classical Studies,* XIX (1966), pp. 50-58 ; W. J. VERDENIUS, art. cité n. 3, pp. 337-355.

69. Fr. 6, 1-2 Prato.

70. Fr. 9, 31-32 Prato.

71. Fr. 9, 39 sqq. Prato.

ment, vouant les « trembleurs » *(trésantes)* aux quolibets humiliants des femmes comme à l'infamie *(óneidos kaì atimíē)*[72] de tout le corps social.

D'autre part, chez Tyrtée, le « plus vieux » *(palaióteros)*, le plus vénérable *(geraiós)*, dont la mort fait contraste avec celle du jeune *(néos)*, n'est pas le malheureux vieillard évoqué par Priam pour apitoyer son fils, mais un hoplite courageux, un vieil homme plein d'ardeur qui a combattu et péri « au premier rang », à la place qui revient normalement, dans la phalange, aux *néoi*. On pourrait penser que son sacrifice n'en mérite que davantage d'être exalté. Au contraire, si le fragment 6 affirmait qu'il était beau *(kalón)* de mourir au premier rang, ce même trépas devient laid *(aiskhrón)* pour le plus vieux qui tombe devant les *néoi*. Certes, dans la « laideur » que dénonce le terme *aiskhrón*, il y a une nuance de réprobation « morale » : il s'agit, par l'horreur du tableau, d'exhorter les *néoi* à ne pas céder leur place en première ligne à plus vieux qu'eux. Mais tout le contexte, l'opposition *aiskhrón/kalón* et le caractère « spectaculaire » de la description dans son ensemble montrent la persistance d'une vision « esthétique », au sens le plus fort et le plus large du terme, de la mort héroïque dans son association intime avec l'*hébē*. « Car, en vérité, c'est une chose laide qu'un homme plus vieux, tombé au premier rang, gise en avant des jeunes, tête blanche et barbe grise, ayant exhalé son ardeur vaillante dans la poussière, tenant dans ses mains son sexe ensanglanté — horreur pour les yeux, honte à contempler *(aiskhrà tá g'ophthalmoîs kai nemesētòn ideîn)* — et le corps dénudé. Mais pour les jeunes, tout sied *(néoisi dè pánt' epéoiken)* tant que les tient la brillante fleur de l'aimable jeunesse, objet d'admiration pour les hommes *(andrási mèn thēētòs ideîn)*, de désir pour les femmes *(eratòs dè gynaixí)* pendant qu'on est vivant *(zōòs eṓn)*, mais beauté quand on est mort au premier rang *(kalòs d'en promákhoisi pesṓn)*[73]. »

Ne nous faut-il pas admettre, comme le suggère Christopher

---

72. Cf. HÉRODOTE, VII, 231.
73. Fr. 7, 21-30 Prato.

M. Dawson, une double dimension de la beauté, aussi bien que de l'honneur et de la jeunesse ? Au terme de son analyse du texte de Tyrtée, Dawson écrit : « Sensuous beauty may come in life, but true beauty comes in heroic death [74]. » Beauté de la mort héroïque. C'est à elle sans doute que se rapporte la règle instituée, dit-on, par Lycurgue à l'usage des guerriers lacédémoniens de laisser flotter longue leur chevelure, sans la couper, et de la soigner tout spécialement la veille du combat. La chevelure est sur la tête de l'homme comme la fleur de sa vitalité, la frondaison de son âge. Elle exprime l'état de vie de celui dont elle couronne les tempes, et elle est en même temps une partie du corps qui, par sa croissance propre, sa vie indépendante — on la coupe, elle repousse, elle se conserve sans se corrompre —, est susceptible de vous représenter : on offre sa chevelure, on en fait don comme de soi-même. Si le vieillard se définit par sa tête et par sa barbe blanches, l'*hébē* se marque aussi par la première floraison du poil de la barbe, par la maturité de la coiffure [75]. On sait le rapport de *koûros* avec *keírō* : « se couper les cheveux » ; de façon plus générale, les grandes phases de la vie humaine, les changements d'état, sont soulignés par la coupe et la dédication d'une mèche de cheveux, voire de toute la chevelure, comme dans le cas de la jeune mariée à Sparte. Dans l'*Iliade*, les compagnons de Patrocle, et Achille lui-même, coupent leur chevelure sur le cadavre de leur ami défunt avant de le livrer aux flammes. Ils habillent le corps tout entier de leurs cheveux comme s'ils le revêtaient, pour son dernier voyage, de leur jeune et virile vitalité. « Le cadavre est vêtu tout entier des cheveux qu'ils ont coupés sur leur front, puis sont venus jeter sur lui [76]. »

Ses compagnons parent le mort de ce qui en eux exprime leur nature de guerriers ardents, tandis que sa femme, s'il en a, ou sa mère (dans le cas, par exemple, d'Hector), en lui offrant

---

74. Art. cit., p. 57.
75. Cf. ESCHYLE, *Agamemnon*, 78-79 : « Qu'est-ce qu'un très vieil homme quand son feuillage est entièrement desséché ? »
76. *Il.*, XXIII, 135-136 ; pour la chevelure d'Achille : XXIII, 144-151. On comparera les propos d'Andromaque pour Hector, son époux : XXII, 510-514.

les vêtements précieux qu'elles ont tissés pour lui, le rattachent jusque dans l'au-delà à cet univers féminin auquel le liait son statut de fils et d'époux. Quand Xénophon interprète le port des cheveux longs comme une façon de rendre les guerriers spartiates « plus grands, plus nobles et plus terribles » [77], il ne contredit pas la valeur de beauté que leur confère cette pratique ; il souligne seulement qu'il ne s'agit pas de n'importe quelle beauté, d'une beauté sensuelle comme celle de Pâris, ou d'une beauté féminine, mais de cette beauté proprement guerrière que recherchaient déjà sans doute les combattants homériques, ceux que l'épopée appelle les Achéens chevelus (*kárē komóōntes Achaioí*) [78].

Hérodote nous rapporte un épisode bien significatif [79]. Avant de tâter la résistance de la poignée de Lacédémoniens qui gardent les Thermopyles, Xerxès envoie Démarate en espion. De retour, Démarate fait son rapport. Il a vu les Lacédémoniens s'exercer tranquillement à la palestre et s'occuper à peigner leurs cheveux. Stupeur du roi qui demande des explications. « Telle est à Sparte la coutume, répond Démarate ; quand ils sont sur le point d'exposer leur vie, ces hommes prennent soin de leur chevelure. » À la veille du combat dont la vie est l'enjeu — et aux Thermopyles, l'alternative, qui est la loi de Sparte, vaincre ou mourir, se réduit peut-être exclusivement à un des termes : bien mourir —, c'est une seule et même chose que d'impressionner l'ennemi par un air « grand, noble, terrible » et de se préparer à faire sur le champ de bataille un beau mort pareil, en sa jeunesse, à Hector admiré par les Grecs [80].

Si jeunesse et beauté reflètent, sur le corps du héros abattu, l'éclat de cette gloire pour laquelle il a sacrifié sa vie, l'outrage

77. *République des Lacédémoniens*, XI, 3. Cf. N. LORAUX, « La " belle mort " spartiate », *Ktèma*, II (1977), pp. 105-120.

78. *Il.*, II, 443 et 472 ; XVIII, 359 ; III, 43 : passage spécialement significatif ; les Achéens « chevelus » doivent bien rire à voir la jeune beauté de Pâris qui, loin d'être un preux, n'a au cœur ni force ni vaillance.

79. HÉRODOTE, VII, 208-209.

80. Cf. PLUTARQUE, *Lycurgue*, 22, 1 : les cheveux longs rendent les beaux de plus noble apparence, les laids plus terribles.

au cadavre ennemi prend une signification nouvelle. Charles
P. Segal et James M. Redfield ont souligné l'importance du
thème de la mutilation des corps dans l'*Iliade* : on le voit
prendre, au fil des chants, une ampleur croissante pour
culminer dans la fureur démente des sévices qu'Achille inflige
au cadavre d'Hector. Que le poète donne ainsi à comprendre
les ambiguïtés de la guerre héroïque, on n'en saurait douter.
Quand les combats se font plus durs, l'affrontement chevaleresque, avec ses règles, son code, ses interdits, se transforme en
lutte sauvage où la bestialité, tapie au cœur de la violence, fait
surface dans chacun des deux camps. Il ne suffit plus de
triompher en un duel loyal, de confirmer son *areté* en la
confrontant à celle d'autrui ; l'adversaire tué, on s'acharne,
comme un prédateur rivé à sa proie, sur son cadavre dont, à
défaut de le manger soi-même tout cru — comme on en
formule le souhait — on démembre et dévore les chairs par
chiens et par oiseaux interposés. Le héros épique est donc
doublement menacé de perdre sa figure humaine ; s'il périt, ce
sera peut-être le corps livré aux bêtes, non dans la belle mort,
mais dans cette même horreur monstrueuse qu'évoquait,
comme un cauchemar, le roi Priam ; s'il tue, il risque, en
mutilant le corps de sa victime, de retomber dans cette même
sauvagerie que le vieillard redoutait chez ses chiens. Tout cela
est vrai, mais il faut se demander si le lien entre l'idéal héroïque
et la mutilation des corps n'est pas plus étroit, si la belle mort
du héros, lui ouvrant la voie à une gloire impérissable,
n'appelle pas comme sa nécessaire contrepartie, son sinistre
revers, l'enlaidissement, l'avilissement du corps de l'adversaire
défunt, pour lui fermer l'accès à la mémoire des hommes à
venir. Si, dans la perspective héroïque, il importe peu de
demeurer en vie, l'essentiel étant de bien mourir, dans la même
perspective, l'essentiel ne peut pas être d'arracher la vie à
l'ennemi, mais de le déposséder de la belle mort.

L'*aikía* (homérique, *aeikeíē*), l'action d'*aikízein*, d'outrager
le cadavre, se présente jusque sur le plan linguistique[81] comme

81. Cf. L. GERNET, *Recherches sur le développement de la pensée juridique
et morale en Grèce*, Paris, 1917, p. 211. Ces termes comportent, avec l'*a*

la dénégation de ce *pánt'epéoiken* qu'Homère et Tyrtée appliquaient au corps du *néos* exposé sur le champ de bataille, le remplacement en lui du *pánta kalá* par l'*aiskhrón. Aikízein*, c'est aussi *aiskhúnein*, « enlaidir », « avilir »[82]. Il s'agit de faire disparaître, sur le corps du guerrier défunt, ces aspects de jeunesse et de beauté viriles qui y manifestent comme les signes visibles de la gloire. À la belle mort du héros auréolé d'*hébē*, on cherche à substituer l'affreuse fin dont l'image hantait l'esprit du vieux Priam : un cadavre où toute jeunesse, toute beauté, toute virilité (c'est en ce sens qu'il faut comprendre, chez Tyrtée comme chez Homère, l'étrange allusion au sexe dévoré ou tenu en main plein de sang), toute figure humaine enfin ont été effacées. Pourquoi un tel acharnement contre ce qu'Apollon appelle *kōphē gaîa*[83], une argile insensible, pourquoi vouloir débusquer la personne de l'ennemi dans une dépouille dont la *psukhē* s'est déjà retirée, une défroque vide, sinon parce que sa personne reste liée à ce corps défunt et à ce qu'il représente par son aspect, son *eîdos* ? Pour obtenir le *kléos áphthiton*, le héros a besoin que son nom et ses exploits soient connus par les hommes à venir, qu'ils subsistent dans leur mémoire. La première condition est qu'ils soient célébrés en un chant qui ne périra pas ; la seconde, que son cadavre ait reçu sa part d'honneur, le *géras thanóntōn*[84], qu'il n'ait pas été privé de la *timē* qui lui revient et qui le fait pénétrer jusqu'au fond du trépas, accéder à un état nouveau, au statut social de mort, tout en demeurant porteur des valeurs de vie, de jeunesse, de beauté que le corps incarne et qui ont été, sur lui, consacrées par la mort héroïque.

Que signifie pénétrer jusqu'au fond du trépas ? Le coup fatal qui frappe le héros libère sa *psukhē* : elle s'échappe des membres, abandonnant la force et la jeunesse. Elle n'a pas pour

---

privatif, la racine *weik-*, qui marque la convenance, la conformité, la ressemblance.

82. Cf. *Il.*, XXII, 75 qu'on comparera à XXII, 336 ; cf. aussi XVIII, 24 et 27 ; 24, 418.

83. *Il.*, XXIV, 54.

84. *Il.*, XVI, 457 et 675.

autant franchi les portes de la mort. La mort n'est pas une simple privation de la vie, un décès ; elle est une transformation dont le cadavre est à la fois l'instrument et l'objet, une transmutation du sujet qui s'opère dans et par le corps. Les rites funéraires réalisent ce changement d'état : à leur terme, l'individu a quitté l'univers des vivants, comme son corps consumé s'est évanoui dans l'au-delà, comme sa _psukhế_ a gagné sans retour les rives de l'Hadès. L'individu a disparu alors du réseau des relations sociales dont son existence formait un maillon ; à cet égard, il est désormais une absence, un vide ; mais il continue d'exister sur un autre plan, dans une forme d'être qui échappe à l'usure du temps et à la destruction. Il existe par la permanence de son nom et par l'éclat de son renom qui restent présents, non seulement dans la mémoire de ceux qui l'ont connu vivant, mais pour tous les hommes à venir. Cette inscription dans la mémoire sociale revêt deux formes, solidaires et parallèles : le héros est mémorisé dans le champ épique qui, pour célébrer sa gloire immortelle, se place sous le signe de Mémoire, se fait mémoire en le rendant mémorable ; il l'est aussi dans le _mnễma_, le mémorial que constituent, à la fin du rituel funéraire, l'édification du tombeau et l'érection d'un _sễma_, rappelant aux hommes à venir (_essoménoisi_), comme le fait le chant épique, une gloire assurée ainsi de ne plus périr [85]. Par sa fixité, sa stabilité, la stèle fait contraste avec le caractère transitoire et passager des valeurs dont le corps humain est éclairé au cours de la vie. « Elle demeure sans bouger, immuablement (_émpedon_), une fois dressée sur la tombe d'un homme ou d'une femme morts [86]. » _Émpedos_, « intact », « immuable » ; si les qualités qui font l'_aristeía_ guerrière : la fougue (_ménos_), la force (_bíẽ_), les

---

85. Même formule pour le _sễma_, en _Od._, XI, 76 qu'en _Il._, XXII, 305 : _kai essoménoisi puthésthai_ ; en _Od._, IV, 584, Ménélas fait dresser un tombeau pour Agamemnon « afin que sa gloire (_kléos_) demeure impérissable », comme en _Il._, VII, 91, Hector pense que le _sễma_ d'un ennemi dont il aura triomphé au combat rappellera cet exploit aux hommes de la postérité : ainsi son _kléos_ jamais ne périra.

86. _Il._, XVII, 434-435.

membres (*guîa*) possédaient ce caractère d'*émpedos* [87], le héros guerrier serait à l'abri du vieil âge. Il n'aurait pas à perdre dans la mort héroïque sa jeunesse et sa beauté pour se les approprier de façon définitive, dans l'autre monde. Le *mnêma* traduit, à sa façon, dans l'immutabilité de sa matière et de sa forme, dans la continuité de sa présence, le paradoxe des valeurs de vie, de jeunesse, de beauté qu'on ne peut s'assurer qu'en les perdant, qu'on ne peut faire siennes à jamais qu'en cessant soi-même d'être.

Le traitement du cadavre dans le rituel funéraire relève d'un paradoxe du même ordre. Le corps est d'abord embelli : lavé à l'eau chaude pour le débarrasser de ce qui le souille et le salit ; ses plaies, enduites d'un onguent, sont effacées ; sa peau, frottée d'huile brillante, prend plus d'éclat ; parfumée, la dépouille est parée d'étoffes précieuses, exposée sur un lit de parade à la vue de ses proches pour la déploration [88]. Le cadavre est ensuite, dans la tradition homérique, brûlé sur un bûcher dont les flammes dévorent tout ce qui, en lui, est fait de chair et de sang, c'est-à-dire à la fois mangeable et sujet à la corruption, ce qui donc se rattache à cette forme éphémère d'existence où vie et mort sont inextricablement mêlées. Seuls subsistent les « os blancs », incorruptibles, non entièrement calcinés et qu'il est facile de reconnaître en les distinguant des cendres du bûcher, pour les recueillir à part et les déposer dans le tombeau. Si l'on compare le rituel du sacrifice et les pratiques funéraires, on constate que « la part du feu » s'inverse : dans le bûcher funèbre le feu consume ce qui, dans le sacrifice, est au contraire préservé pour être consommé par les hommes : les chairs de la victime, lourdes de graisse, part des « hommes mortels » qui en font leur repas, ayant besoin pour subsister de manger, suivant les exigences d'une vie périssable qu'il faut indéfiniment nourrir pour qu'elle ne s'éteigne pas. Les « os blancs » de l'animal sacrifié, immangea-

---

87. Sur l'emploi de *émpedos* avec *ménos* : *Il.*, V, 254 ; avec *bía* : IV, 314 ; XXIII, 629 ; avec *guîa* : XXIII, 627.

88. *Il.*, XVIII, 346-353 ; *Od.*, XXIV, 44-46.

bles et incorruptibles, immangeables parce qu'incorruptibles, sont brûlés sur l'autel comme part des dieux immortels auxquels ils parviennent sous forme de fumées odorantes. Ces mêmes os blancs, dans les funérailles, demeurent sous terre comme la trace — prolongée par le tertre, le *sêma*, la stèle — que laisse ici-bas la personne du mort, la forme dans laquelle il reste, en son absence, présent au monde des vivants. Ce que le feu du bûcher funèbre envoie dans l'invisible en le dévorant, c'est au contraire avec les chairs et le sang périssables, toute l'apparence physique, ce qui se donne à voir sur le corps : taille, beauté, jeunesse, forme singulière, éclat, chevelure ; dans ces aspects du corps s'incarnent les valeurs à la fois esthétiques, religieuses, sociales, personnelles qui définissent, aux yeux du groupe, le statut d'un individu singulier, et ces valeurs sont d'autant plus précieuses en leur fragilité que, à peine épanouies, la vie même qui les faisait fleurir aussitôt les flétrit. La forme visible du corps, telle qu'elle est présentée en spectacle au début des funérailles, lors de l'exposition, ne peut être sauvée de la corruption qu'en disparaissant dans l'invisible. Beauté, jeunesse, virilité du cadavre, pour lui appartenir définitivement et s'attacher à la figure du mort, exigent que la dépouille ait cessé d'exister comme le héros de vivre.

Cette finalité des pratiques funéraires se révèle avec le plus de netteté là où, précisément, elles font défaut et surtout là où elles sont rituellement déniées, dans les procédures d'outrage au cadavre ennemi. En se proposant de barrer à l'adversaire l'accès au statut de mort glorieux que sa fin héroïque lui a cependant mérité, l'outrage nous permet de mieux comprendre, par la nature des sévices qu'il exerce, la voie qu'empruntent normalement les rites funéraires pour immortaliser le guerrier par la belle mort.

Un premier type de sévices consiste à salir de poussière et de terre le corps ensanglanté, à déchirer sa peau pour qu'il perde sa figure singulière, sa netteté de traits, sa couleur et son éclat, sa forme distincte en même temps que son aspect humain, pour qu'il devienne ainsi méconnaissable. Quand Achille entreprend d'outrager Hector, il l'attache à son char pour lui arracher toute la peau [89], en laissant son corps, spécialement sa tête et ses cheveux, traîner à terre dans la poussière : « Un nuage de poussière s'élève autour du corps ainsi traîné ; ses cheveux sombres se déploient ; sa tête gît toute dans la poussière, cette tête jadis charmante *(páros kharíen)* [90]. » En salissant et défigurant le cadavre, au lieu de le purifier et de l'oindre, l'*aikía* cherche à détruire l'individualité d'un corps d'où émanait le charme de la jeunesse et de la vie. Achille voudrait qu'il en soit d'Hector comme de Sarpédon que « nul homme, si perspicace qu'il fût, ne reconnaîtrait plus tant les traits, le sang, la poussière, tout entier le recouvrent de la tête jusqu'aux pieds » [91]. En ramenant le corps à une masse informe qui ne se distingue plus de la terre sur laquelle il reste étendu, on n'efface pas seulement la figure particulière du défunt, on supprime la différence qui sépare la matière inanimée de la créature vivante, on réduit le cadavre à n'être plus l'aspect visible de la personne, mais cette glaise inerte dont parlait Apollon. La terre, la poussière salissent le corps parce que leur contact est pour lui une souillure, dans la mesure où elles appartiennent à un domaine qui est le contraire de la vie. Au cours de la déploration, dans le moment où les parents du mort le rapprochent des vivants en faisant briller sur son cadavre un dernier reflet de la vie, ils se rapprochent à leur tour du mort en simulant leur entrée dans le monde informe du trépas ; ils infligent à leur propre corps une sorte d'outrage fictif en se souillant et s'arrachant les cheveux, en se roulant dans la poussière, en s'enlaidissant le visage avec de la cendre. Ainsi fait Achille quand il apprend la mort de Patrocle : « Il outrage son charmant visage *(kharíen d'eiskhune prósopon)* » [92] comme il outrage dans la poussière le charmant visage d'Hector.

Une seconde forme d'*aikía* est la suivante : le corps est démembré, morcelé, coupé en pièces ; on détache la tête, les

89. *Il.*, XXIV, 21 et 23 ; 187. Dans deux passages, on retrouve le verbe *apodrúphō*.
90. *Il.*, XXII, 401-403.
91. *Il.*, XIV, 638.
92. *Il.*, XVIII, 24.

bras, les mains et les jambes ; on le débite par morceaux
(meleïstì tameîn) [93]. Ajax, en fureur, détache la tête d'Imbrios
de son cou délicat et l'envoie, comme une boule *(sphairēdon)*,
rouler dans la poussière [94] ; Hector voudrait planter la tête de
Patrocle en haut d'une palissade après l'avoir détachée du
cou [95] ; Agamemnon tue Hippoloque une fois à terre, « il lui
coupe les mains, lui tranche le col de son épée, l'envoie rouler
comme un billot *(hólmon hôs)* à travers la foule [96] ». Une tête
comme une boule, un tronc comme un billot : en perdant son
unité formelle, le corps humain est réduit à l'état de chose en
même temps que défiguré. « Vient-on, écrit Pindare dans la
quatrième *Pythique*, à couper avec la hache les rameaux d'un
grand chêne, à enlaidir son étonnante beauté *(aiskhúnēi dé hoi
thaētòn eîdos)* [97]. » C'est bien cette beauté dont s'étonnaient les
Grecs devant Hector défunt que visent les procédures de
l'outrage qui s'attaquent, dans le cadavre, à l'intégrité du corps
humain.

Le morcellement du cadavre, dont les débris sont dispersés
ici et là, culmine dans la pratique évoquée dès les premiers vers
de l'*Iliade* et rappelée tout au long du poème, de livrer le corps
en pâture aux chiens, aux oiseaux, aux poissons. L'outrage
porte ici l'horreur à son comble. Le corps est mis en pièces en
même temps que dévoré tout cru au lieu d'être livré au feu qui,
en le brûlant, le restitue dans l'intégralité de sa forme à l'au-
delà. Le héros dont le corps est ainsi livré à la voracité des bêtes
sauvages est exclu de la mort en même temps que déchu de la
condition humaine. Il ne franchit pas les portes de l'Hadès,
faute d'avoir eu sa « part de feu » ; il n'a pas de lieu de
sépulture, pas de tertre ni de *sêma*, pas de corps funéraire
localisé, marquant, pour le groupe social, le point de la terre où

---

93. *Il.*, XXIV, 409. Nous laissons ici de côté les problèmes du *maskhalismós*
sur lesquels on consultera E. RHODE, *Psyché* (10ᵉ édition), tr. fr. A. Reymond,
Paris, 1952, appendice II, pp. 599-603. Ils relèvent d'un autre plan d'analyse
que nous comptons développer dans une prochaine étude.

94. *Il.*, XIII, 202.
95. *Il.*, XVIII, 176-178.
96. *Il.*, XI, 146-147.
97. PINDARE, *Pythiques*, IV, 263-264.

il se trouve situé, et où se perpétuent ses rapports avec son pays, sa lignée, sa descendance, ou même simplement les passants. Rejeté de la mort, il se trouve du même coup rayé de l'univers des vivants, effacé de la mémoire des hommes. Davantage, le livrer aux bêtes, ce n'est pas seulement, en lui refusant les funérailles, lui interdire le statut de mort, c'est le dissoudre dans la confusion, le renvoyer au chaos, à une entière inhumanité : devenu, dans le ventre des bêtes qui l'ont dévoré, chair et sang d'animaux sauvages, il n'y a plus en lui la moindre apparence, la moindre trace de l'humain : il n'est strictement plus personne.

Dernier mode de l'outrage enfin. On donne le champ libre à ces puissances de corruption qui sont à l'œuvre dans le corps des créatures mortelles en laissant le cadavre, privé de sépulture, se décomposer et pourrir de lui-même, mangé par les vers et les mouches qui l'ont pénétré par ses blessures ouvertes. Quand Achille s'apprête à reprendre le combat, il s'inquiète auprès de sa mère. Que va-t-il advenir, tant que dure la bataille, du corps de Patrocle ? « J'ai terriblement peur que, pendant ce temps-là, les mouches n'entrent dans le corps du vaillant fils de Menoetios à travers les blessures ouvertes par le bronze et n'y fassent naître des vers, outrageant ainsi ce cadavre d'où la vie a été chassée et corrompant toutes ses chairs[98]. »

Le cadavre abandonné à la décomposition, c'est le retournement complet de la belle mort, son inverse. À un pôle, la jeune et virile beauté du guerrier dont le corps frappe d'étonnement, d'envie et d'admiration jusqu'à ses ennemis ; à l'autre pôle, ce qui est au-delà du laid, la monstruosité d'un être devenu pire que rien, d'une forme qui a sombré dans l'innommable. D'un côté, la gloire impérissable qui élève le héros au-dessus du sort commun en faisant survivre dans la mémoire des hommes son nom et sa figure singulière. De l'autre, une infamie plus terrible que l'oubli et le silence réservés aux morts ordinaires, cette cohorte indistincte de défunts normalement expédiés dans

---

98. *Il.*, XIX, 23-27 ; cf. aussi XXII, 509 et XXIV, 414-415.

l'Hadès où ils se fondent dans la masse de ceux que, par opposition aux « héros glorieux », on appelle les « sans-nom », les *nônumnoi*[99]. Le cadavre outragé n'a part ni au silence qui entoure le mort habituel ni au chant louangeur du mort héroïque ; ni vivant, puisqu'on l'a tué, ni mort, puisque privé de funérailles, déchet perdu dans les marges de l'être, il représente ce qu'on ne peut pas célébrer ni davantage oublier : l'horreur de l'indicible, l'infamie absolue : celle qui vous exclut tout ensemble des vivants, des morts, de soi-même.

C'est Achille, le guerrier glorieux, le combattant de l'honneur héroïque, qui met toute sa passion à déshonorer le cadavre de celui qui, champion des Troyens, était son répondant dans le camp adverse et qui, en immolant Patrocle, a abattu comme un autre lui-même. L'homme de la gloire impérissable entend vouer son rival aux formes les plus extrêmes de l'infamie. Il n'y parviendra pas. L'*Iliade* parle bien en général de guerriers morts, livrés aux chiens et aux oiseaux. Mais toutes les fois que se précisent les menaces d'outrage et que s'exercent des sévices, il s'agit d'un combattant dont le corps est finalement préservé. L'horreur du cadavre outragé est évoquée à propos de Sarpédon, de Patrocle, d'Hector, c'est-à-dire de trois personnages qui partagent avec Achille la qualité de héros. Dans les trois cas, l'évocation de l'outrage conduit à souligner, par effet de contraste, la beauté d'une mort héroïque qui, en dépit de tout, apporte au défunt son tribut d'immortelle gloire. Quand Sarpédon est tombé sous la pique de Patrocle, c'est sa valeur et son audace qui poussent les Achéens à se saisir de lui pour outrager son corps[100]. Dans la mêlée qui suit, Sarpédon couvert de sang et de poussière de la tête aux pieds n'est déjà plus reconnaissable. Zeus envoie Apollon avec mission d'effacer sur lui le sang noir, de le laver dans l'eau courante d'un fleuve, de l'oindre d'ambroisie, de le couvrir de vêtements divins, de le remettre à Sommeil et Trépas pour

99. HÉSIODE, *Les Travaux et les Jours*, 154 ; ESCHYLE, *Perses*, 1003 ; cf. J.-P. VERNANT, *Mythe et Pensée chez les Grecs* (10ᵉ édition), Paris, 1985, pp. 35 et 68-69.

100. *Il.*, XVI, 545 et 559.

qu'ils le déposent en Lycie où ses frères et parents l'enterreront dans un tombeau, sous une stèle, « car telle est la part d'honneur due aux morts » *(tò gàr géras estì thanóntōn)*[101].

À l'inquiétude d'Achille pour le corps de Patrocle qui risque de pourrir, mangé des vers, Thétis répond : « Quand il demeurerait gisant une année pleine, sa chair restera toujours intacte *(émpedos)* ou même en meilleur état *(è kaì areíōn)*[102]. » Joignant le geste à la parole, la déesse distille au fond des narines de Patrocle ambroisie et rouge nectar, pour que sa chair reste intacte *(émpedos)*[103]. Tout le temps qu'Achille s'acharne contre le cadavre d'Hector, le traîne dans la poussière, le donne à dévorer aux chiens, Aphrodite, de jour et de nuit, écarte les bêtes du mort. « Elle l'oint d'une huile divine, fleurant la rose, de peur qu'Achille lui arrache toute la peau en le traînant[104]. » De son côté, Apollon amène du ciel une nuée sombre. « Il ne veut pas que l'ardeur du soleil lui dessèche trop vite la peau autour des tendons et des membres[105]. » Trop vite, c'est-à-dire avant que le corps, rendu à Priam, ne soit l'objet du rituel funéraire qui l'enverra dans l'au-delà intact, dans l'intégrité de sa beauté, *eúmorphos*, comme dit Eschyle, dans l'*Agamemnon*, des cadavres grecs enterrés sous les murs de Troie[106]. En route vers la tente d'Achille, Priam rencontre Hermès, déguisé en jeune écuyer. Il lui demande si son fils a déjà été découpé en morceaux et donné aux chiens en pâture. Hermès lui répond :

Non, vieillard, les chiens ni les oiseaux ne l'ont point dévoré ; il est toujours près de la nef d'Achille, tel quel *(keînos)* [...]. Voilà la douzième aurore qu'il est là, étendu à terre, et sa chair ne se corrompt pas, ni les vers ne l'attaquent [...] Sans doute chaque jour Achille le traîne brutalement autour de la

---

101. *Il.*, XVI, 667-675.
102. *Il.*, XIX, 33.
103. *Il.*, XIX, 38-39.
104. *Il.*, XXIII, 185-187.
105. *Il.*, XXIII, 190-191 et XXIV, 20-21.
106. Les morts grecs reposent *eúmorphoi* dans le sol troyen : vers 454, qu'on rapprochera des *eúmorphoi kolossoí* du vers 416.

tombe de son ami [...] il ne l'abîme pas pour cela *(oudé min aiskhúnei)*. Si tu l'approchais, tu admirerais toi-même *(thēoîó ken autós)* comme il est là, étendu tout frais *(eerséeis)*, le sang qui le couvrait lavé, sans aucune souillure *(oudé pothi miarós)* [...]. C'est ainsi que les dieux bienheureux veillent sur ton fils, même mort [107].

Dans les trois cas le scénario est à peu près le même. Les dieux, miraculeusement, écartent du héros la honte de sévices qui, en défigurant, en dénaturant son corps au point qu'on ne puisse plus y reconnaître ni sa figure, ni un corps humain, ni même un corps, le réduiraient à n'être plus rien ni personne. Pour le maintenir tel qu'il est lui-même *(keînos)*, tel que la mort l'a saisi sur le champ de bataille, les dieux se servent, dans les gestes de lavage et d'embellissement que pratiquent les hommes, d'onguents divins : ces drogues d'immortalité préservent « intactes », malgré tous les sévices, cette beauté et cette jeunesse qui, sur le corps de l'homme vivant, ne font jamais que passer, mais que la mort au combat éternise en les fixant sur la personne du héros à la façon dont une stèle reste pour toujours dressée sur un tombeau.

Par le thème de la mutilation des corps, l'épopée souligne la place et le statut exceptionnels de l'honneur héroïque, de la belle mort, de la gloire impérissable : ils dépassent de si haut l'honneur, la mort, le renom ordinaires que, dans le cadre d'une culture agonistique où l'on ne prouve sa valeur que contre autrui, sur le dos et au détriment d'un rival, ils supposent, en contrepartie, aussi bas au-dessous de la norme qu'ils s'élèvent au-dessus, une forme radicale de déshonneur, un anéantissement absolu, une infamie définitive et totale.

Cependant si, à travers ses allusions constantes aux corps dévorés par les chiens ou pourrissant au soleil, le récit dessine, par le thème du cadavre outragé, le lieu où vient s'inscrire le double inversé de la belle mort, cette perspective d'une personne réduite à rien, abîmée dans l'horreur, est, dans le cas

107. *Il.*, XXIV, 411-424 (trad. P. Mazon, Paris, 1945) ; cf. 757.

du héros, repoussée au moment même où elle est évoquée. La guerre, la haine, la violence destructrice, ne peuvent rien contre ceux qui, animés par le sens héroïque de l'honneur, se sont voués à la vie brève. La vérité de l'exploit, dès lors qu'il a été accompli, ne saurait plus être ternie ; c'est elle qui fait la matière de l'épos. Comment le corps du héros pourrait-il avoir été outragé, son souvenir extirpé ? Sa mémoire est toujours vivante : elle inspire cette vision directe du passé qui est le privilège de l'aède. Rien ne peut atteindre la belle mort : son éclat se prolonge et se fond dans le rayonnement de la parole poétique qui, en disant la gloire, la rend à tout jamais réelle. La beauté du *kalòs thánatos* n'est pas différente de celle du chant, un chant qui, lorsqu'il la célèbre, se fait lui-même, dans la chaîne continue des générations, mémoire immortelle.

III

Mort grecque
mort à deux faces

Telle qu'elle se présente dans l'épopée, où elle occupe une position centrale, la mort grecque apparaît déconcertante. Elle a deux visages, contraires. Avec le premier elle se présente en gloire, elle resplendit comme l'idéal auquel le héros authentique a voué son existence ; avec le second, elle incarne l'indicible, l'insoutenable, elle se manifeste comme horreur terrifiante.

C'est à préciser le sens de ce double aspect et à marquer la nécessaire complémentarité des deux figures opposées de la mort, en Grèce archaïque, que s'attachent ces quelques remarques.

I. La mort, idéal de la vie héroïque. Comment cela est-il possible ? Écoutons Achille, le modèle du héros, celui que l'*Iliade* présente comme le « meilleur des Achéens », l'excellence accomplie. Deux destins se sont, explique-t-il, offerts à lui dès l'origine. Ou bien une longue existence, en son pays, dans la paix du foyer et l'absence de toute gloire. Ou bien la « vie brève », la « prompte mort », en pleine jeunesse, sur le champ de bataille, et une gloire impérissable. En refusant la

---

Publié dans *Le Débat*, n° 12, mai 1981, pp. 51-59, ce texte avait fait l'objet d'une communication au colloque organisé par le Département d'anthropologie de University College London, en juin 1980. Il a paru en anglais dans *Mortality and Immortality. The Anthropology and Archaeology of Death*, ed. par S. C. Humphreys et Helen King, Londres, 1981, pp. 285-291.

longue vie, en se vouant, comme du même pas, à la guerre, à l'exploit et à la mort, le héros cherche à s'assurer le statut de mort glorieux — de « beau mort » disent les Grecs — parce qu'il n'est pas d'autre moyen pour une créature mortelle d'inscrire à jamais son nom, ses hauts faits, sa carrière de vie dans la mémoire des hommes à venir. « Il meurt jeune, celui que les dieux aiment », proclame Ménandre. Il meurt jeune, mais sa figure demeure vivante, dans l'éclat d'une jeunesse inaltérable, pour toute la suite des générations futures. L'idéal héroïque dont s'inspire l'épopée constitue ainsi une des réponses que les Grecs ont élaborées face au problème du déclin inexorable des forces, du vieillissement continu, de la fatalité de la mort. En ce sens, il y a, entre le rituel grec des funérailles et le chant épique, parallélisme ou continuité. L'épopée fait seulement, dans la même ligne, un pas de plus. Les rites funéraires visent à procurer à quiconque a perdu la vie l'accès à une nouvelle condition d'existence sociale, à transformer l'absence du disparu en un état positif plus ou moins stable : le statut de mort. L'épopée va plus loin ; à une petite minorité d'élus — qui s'opposent ainsi à la masse ordinaire des défunts, définis comme la foule des « sans-nom » —, elle assure par la louange glorifiante, indéfiniment répétée, la permanence du nom, du renom, des exploits accomplis. Par là, elle achève et couronne le processus que les funérailles avaient déjà engagé : transformer un individu qui a cessé d'être en la figure d'un personnage dont la présence, en tant que mort, est à jamais inscrite dans l'existence du groupe.

Par rapport à d'autres civilisations, la stratégie des Grecs à l'égard de la mort comporte deux traits caractéristiques, solidaires. L'un concerne certains aspects de la personne dans la mort, l'autre les formes de la mémorisation sociale.

Dans son statut de mort, le héros n'est pas envisagé en tant que représentant d'une lignée familiale, comme maillon dans la chaîne continue des générations, ni non plus en tant que titulaire, au sommet de l'édifice social, d'une fonction royale ou d'un sacerdoce religieux. Dans le chant qui dit sa gloire, sur la stèle qui signale son tombeau, il fait figure d'individu, défini en lui-même par ses hauts faits ; il coïncide, comme défunt, avec la carrière de vie qui lui fut propre et qui, dans la fleur de son âge, dans sa pleine vitalité, a trouvé son accomplissement dans la « belle mort » du combattant.

Exister « individuellement », pour le Grec, c'est se faire et demeurer « mémorable » : on échappe à l'anonymat, à l'oubli, à l'effacement — à la mort donc — par la mort même, une mort qui, en vous ouvrant l'accès au chant glorificateur, vous rend plus présent à la communauté, dans votre condition de héros défunt, que les vivants ne le sont à eux-mêmes. Ce maintien continu de la présence au sein du groupe, c'est l'épopée, dans sa forme de poésie orale, qui en assure principalement la charge. En célébrant les exploits des héros d'autrefois, elle fait fonction, pour l'ensemble du monde grec, de mémoire collective.

Par la mémoire du chant répété à toutes les oreilles, d'abord, par le mémorial funéraire offert aux yeux de tous, ensuite, une relation s'établit entre un individu mort et une communauté de vivants. Cette communauté n'est pas de l'ordre de la famille ; elle ne se limite pas non plus aux frontières d'un groupe social particulier. En arrachant le héros à l'oubli, la mémorisation le dépouille du même coup de ses caractères purement privés ; elle l'établit dans le domaine public ; elle en fait un des éléments de la culture commune des Grecs. Dans et par le chant épique, les héros représentent les « hommes d'autrefois », ils constituent pour le groupe son « passé » ; ils forment ainsi les racines où s'implante la tradition culturelle qui sert de ciment à l'ensemble des Hellènes, où ils se reconnaissent eux-mêmes parce que c'est seulement à travers la geste de ces personnages disparus que leur propre existence sociale acquiert sens, valeur, continuité.

L'individualité du mort n'est pas liée à ses qualités psychologiques, à sa dimension intime de sujet unique et irremplaçable. Par ses exploits, sa vie brève, son destin héroïque, le mort incarne des « valeurs » : beauté, jeunesse, virilité, courage. Mais la rigueur de sa biographie, son refus de tout compromis, le radicalisme de ses engagements, l'extrême exigence qui lui fait choisir la mort pour gagner la gloire, donnent à l'« excellence » dont il est, aux yeux des vivants, le modèle, un éclat, une puissance, une pérennité que la vie ordinaire ne comporte pas. À travers l'exemplarité du personnage héroïque, tel que le chant en fait le récit, tel que la stèle le présente figuré, les valeurs vitales et « mondaines » de force, de beauté, de juvénilité, d'ardeur au combat, acquièrent une consistance, une stabilité, une permanence qui les font échapper à l'inexorable déclin marquant toutes les choses humaines. En arrachant à l'oubli le nom des héros, c'est en réalité tout un système de valeurs que la mémoire sociale tente d'implanter dans l'absolu pour le préserver de la précarité, de l'instabilité, de la destruction, bref pour le mettre à l'abri du temps et de la mort.

Dans le jeu qui s'institue, par les formes de mémorisation collective, entre l'individu, dans sa biographie héroïque, et le public, l'expérience grecque de la mort se transpose sur un plan esthétique et éthique (avec une dimension « métaphysique »). De même qu'ils ont élaboré ce que les historiens des mathématiques ont appelé l'idéalité de l'espace, on pourrait dire des Grecs qu'ils ont construit l'idéalité de la mort ou, pour être plus exact, qu'ils ont entrepris de socialiser, de civiliser la mort — c'est-à-dire de la neutraliser — en en faisant l'idéalité de la vie.

II. L'épopée n'a pas seulement donné au visage de la mort l'éclat de l'extrême existence, le rayonnement de la vie — une vie qui, pour s'accomplir et se sublimer, doit d'abord se perdre, qui pour s'affirmer à jamais doit disparaître du monde visible et se transmuer en gloire dans la remémoration poétique. L'épopée a, de plusieurs manières, dénié cette idéalité même qu'elle avait pour mission d'édifier dans son chant.

Quand le texte épique se contente de poser, en face de la belle mort du jeune guerrier tombé héroïquement en plein combat dans la fleur de sa jeunesse, l'affreuse mort d'un vieillard égorgé sans défense, comme une bête, ou quand, en contraste avec l'admirable cadavre du héros étendu sur le champ de bataille et où « tout est beauté », il fait voir un corps rendu méconnaissable par l'outrage, défiguré, mutilé, coupé en morceaux, une charogne livrée aux bêtes ou pourrissant en plein air, la dénégation ne pose pas vraiment problème : les deux formes contraires de mort se confirment et se renforcent par exclusion réciproque. Mais il est des cas où la dénégation, opérant comme de l'intérieur, met en cause cela même que l'épopée célèbre dans la belle mort : le destin glorieux du héros. D'autre part, elle dessine de la mort en général et de la crainte qu'elle inspire à tout être humain un tableau si horrible et si terrifiant, en son réalisme, que le prix à payer pour la « remembrance » semble bien lourd et que l'idéal de « gloire impérissable » risque de passer pour un marché de dupes.

Commençons par le plus général. Si la mort n'apparaissait pas dans l'épopée comme le comble de l'horreur, si elle n'empruntait pas le masque monstrueux de Gorgô pour incarner ce qui est en dehors de l'humain, l'indicible, l'impensable, la radicale altérité, il n'y aurait pas d'idéal héroïque. Le héros n'aurait pas de mérite à affronter la mort, à la choisir, à la faire sienne : il n'est pas de héros s'il n'y a pas de monstre à combattre et à vaincre. Édifier une idéalité de la mort ne consiste pas à ignorer ou à nier son affreuse réalité, tout au contraire l'idéalité n'est à construire que dans la mesure où le « réel » est clairement défini comme contraire à cette idéalité (la construction d'un espace mathématique abstrait et parfait suppose, comme sa condition, la dépréciation de l'espace sensible). Loin de méconnaître la réalité de la mort, l'entreprise d'idéalité, partant de ce réel, prenant appui sur lui, tel qu'il est, vise à le dépasser par un retournement de perspective, une inversion des termes du problème ; à la question commune : comment toute vie s'abîme et sombre dans la mort, l'épopée en ajoute une autre : comment certains morts restent à jamais présents dans la vie des vivants. Ces deux questions, dont la première fait de la mort le mal humain irrémédiable, la seconde de la mort héroïque la condition de la survie en gloire dans la mémoire des hommes, ont en commun de ne concerner l'une et l'autre que les vivants. Affreuse ou glorieuse, dans sa réalité comme dans son idéalité, la mort est toujours l'affaire exclusive de ceux qui sont en vie. C'est cette impossibilité de penser la mort du point de vue des morts qui tout à la fois constitue son horreur, son étrangeté radicale, sa complète altérité, et permet aux vivants de la dépasser en instituant, dans leur existence sociale, une constante remémoration de certains types de morts. Dans sa fonction de mémoire collective, l'épopée n'est pas faite pour les morts ; quand elle parle d'eux ou de la mort, c'est toujours aux vivants qu'elle s'adresse. De la mort en elle-même, des morts chez les morts, il n'y a rien à dire. Ils sont de l'autre côté d'un seuil que personne ne peut franchir sans disparaître, que nul mot ne peut atteindre sans perdre tout sens : monde de la nuit où règne l'inaudible, à la fois silence et vacarme.

Au XIe chant de l'*Odyssée*, Ulysse ayant passé le pays des Cimmériens, enveloppé de nuit, franchit les eaux du fleuve Océan, frontière du monde, et aborde aux rives du pays d'Hadès. C'est là que se situe la rencontre du héros vivant avec l'ombre d'Achille mort. Entre le champion d'endurance dont l'idéal, contre vents et marées, est de retourner sain et sauf au logis et le « meilleur des Achéens », le modèle du guerrier héroïque, dont l'*Iliade* tout entière exalte la mémoire parce qu'il a choisi la vie brève et a su s'acquérir par la belle mort la gloire impérissable, quels mots vont s'échanger ? Pour Ulysse, le vivant, il n'y a point de doute. Instruit par les épreuves, les malheurs sans fin qu'il endure en cette vie, l'un succédant à l'autre, Ulysse salue en Achille « le plus heureux » des êtres, celui que sur cette terre chacun honorait comme un dieu et qui continue, dans l'Hadès où il domine de haut tous les autres, à ignorer l'affliction, lot commun de tous les mortels. Or la réplique d'Achille semble d'un mot jeter à bas tout l'édifice construit par l'*Iliade* pour justifier, célébrer, exalter la belle mort du héros. Ne viens pas, dit Achille à Ulysse, me chanter la louange de la mort pour me consoler ; j'aimerais mieux vivre comme le dernier des valets au service d'un pauvre hère que de régner en maître sur la masse innombrable des morts.

Même en faisant la part de ce que l'*Odyssée* peut comporter de polémique à l'égard de l'*Iliade* et de la rivalité qui s'exprime dans les deux œuvres entre le personnage d'Ulysse et celui d'Achille, il reste que l'épisode paraît bien inscrire, dans l'épopée même, le plus radical déni de cette mort héroïque que le chant de l'aède présente comme survie en gloire impérissable. Mais y a-t-il vraiment contradiction ? Ce serait le cas si la survie glorieuse était localisée, pour les Grecs, au royaume des morts, si la récompense de la mort héroïque était l'entrée du défunt au Paradis et non la présence continûment maintenue de son souvenir dans la mémoire des hommes. Au pays des ombres, l'ombre d'Achille n'a pas d'oreille pour entendre le chant louangeur de ses exploits, pas de mémoire pour évoquer et conserver le souvenir de lui-même. Achille ne recouvre le sens, l'esprit, la conscience — son identité — que le court moment où, ayant bu le sang de la victime immolée par Ulysse pour évoquer les morts, il rétablit une sorte de contact passager avec l'univers des vivants. Avant de se perdre, de se dissoudre à nouveau dans la foule indistincte des morts, il a juste le temps, redevenu pour un instant Achille, de se réjouir à la nouvelle que son fils, chez les vivants, est de la même trempe héroïque que son père.

La survie en gloire pour laquelle Achille a donné sa vie et choisi la mort, c'est celle qui hante la mémoire d'Ulysse et de ses compagnons, persuadés qu'il n'est pas de destin plus heureux que le sien, celle de Néoptolème, désireux d'égaler son père, celle de tous les vivants, auditeurs d'Homère, et qui ne conçoivent leur propre existence, leur propre identité que par référence à l'exemple héroïque. Mais dans l'Hadès il ne saurait y avoir de survie en gloire ; Hadès est le lieu de l'Oubli. Comment, pourquoi les morts se souviendraient-ils ? On ne se remémore que dans le temps. Les morts ne vivent pas dans le temps, ni dans le temps passager des vivants périssables ni dans le temps constant des dieux éternels. Les morts, ces têtes vides, sans force, encapuchonnées de ténèbres, n'ont rien à se remémorer.

L'épisode de la *Nekyia*, dont nous venons d'évoquer un moment, s'achève sur le départ précipité d'Ulysse vers ses vaisseaux. La « crainte verte » s'est tout à coup emparée du

héros à l'idée que du fond de l'Hadès Perséphone pourrait lui
envoyer « la tête gorgonéenne du monstre terrifiant »[1]. Cette
tête, dont le regard change en pierre, marque la limite entre
morts et vivants ; elle interdit de franchir le seuil à ceux qui
appartiennent encore à ce monde de la lumière, de la claire
parole articulée et de la remembrance, où chaque être, ayant sa
forme propre (son *eîdos*), demeure lui-même aussi longtemps
du moins qu'il n'a pas basculé dans l'autre royaume : lieu de
ténèbres, d'oubli, de confusion, que nul mot ne peut dire.

Cette terreur affreuse qu'inspire le masque de Gorgô,
Ulysse l'avait déjà éprouvée tout au début de la *Nekyia*, et il
l'avait exprimée exactement dans les mêmes termes : « La
crainte verte me saisit[2]. » Ce qui le bouleversait alors d'effroi
n'était pas le masque de Gorgô, mais cette monstrueuse altérité
qui se donne à voir à travers lui. Ulysse tremblait d'apercevoir,
en quelque sorte de l'autre côté du seuil, les morts se
rassemblant chez eux, la foule grouillante, la masse indistincte
des morts, l'innombrable cohue d'ombres qui ne sont plus
personne et dont l'immense clameur, confuse et inaudible, ne
comporte plus rien d'humain.

Évoquer les morts, comme l'entreprend Ulysse pour interroger l'ombre de Tirésias, c'est, dans ce magma informe,
apporter l'ordre et le nombre, distinguer des individus en les
contraignant à se mettre en file, à la suite, à se présenter chacun
à son tour et chacun pour soi, à parler en son nom et à se
souvenir.

Ulysse, héros de la fidélité à la vie, accomplit, en exécutant
un rite d'évocation qui, pour un bref moment, réintroduit les
morts illustres dans l'univers des vivants, la même œuvre que
l'aède : quand le poète, inspiré par Mémoire, entame son chant
de remembrance, il s'avoue incapable de dire le nom et les
exploits de toute la foule obscure des combattants tombés sous
les murs de Troie. Dans cette masse anonyme et sans visage, il
détache et retient les figures exemplaires d'un petit nombre

---

1. *Odyssée*, XI, 633-635.
2. *Od.*, XI, 43.

d'élus. De la même façon, Ulysse, s'aidant de son glaive, écarte du sang des victimes l'immense cohorte des ombres inconsistantes pour ne laisser boire que ceux qu'il reconnaît parce que leur nom, sauvé de l'oubli, a survécu dans la tradition épique.

L'épisode de la *Nekyia* ne contredit pas l'idéal de la mort héroïque, de la belle mort. Il le conforte et le complète. Le monde de la mort, terrifiant, c'est celui de la confusion, du chaos, de l'inintelligible, où n'existe plus rien ni personne. Il n'y a pas d'autres valeurs que celles de la vie, pas d'autre réalité que les vivants. Si Achille choisit de mourir jeune, ce n'est pas qu'il met la mort au-dessus de la vie. Tout au contraire, il ne peut accepter de sombrer, comme tout un chacun, dans l'obscurité de l'oubli, de se fondre dans la masse indistincte des « sans-nom ». Il veut résider à jamais dans le monde des vivants, survivre au milieu d'eux, en eux, et y demeurer en tant que lui-même, distinct de tout autre, par la mémoire indestructible de son nom et de son renom.

L'idéalité de la mort grecque, c'est cette tentative héroïque pour rejeter au plus loin, par-delà le seuil infranchissable, l'horreur du chaos, de l'informe, du non-sens, et pour affirmer, envers et contre tout, la permanence sociale de cette individualité humaine qui, par nature, doit nécessairement s'abîmer et disparaître.

IV

Pánta kalá.
D'Homère à Simonide

Devant les murs de Troie Hector est tombé. Son cadavre gît dans la poussière. Tous les Grecs se pressent autour du corps inerte pour y plonger l'un sa pique, l'autre son glaive. Or cette scène de violence cruelle s'accompagne de ce commentaire du poète : « Les Achéens admiraient la prestance et la beauté enviable d'Hector *(hoì kaì thēéesanto phuḕn kaì eîdos agētòn Héctoros)*[1] » Formule étonnante et qui semblerait déplacée si Priam, un peu auparavant, ne nous en avait livré la clé. Le vieux roi, pour dissuader son fils d'affronter Achille hors les murs, oppose deux façons de périr dans une guerre. Et le contraste entre les deux trépas met en pleine lumière des aspects fondamentaux de l'idéal et de l'homme héroïques, tels que les présente l'épopée. Au vieillard la guerre apporte une mort pitoyable, dégradante, qui le rejette, quel que soit son rang, dans la laideur *(tò aiskhrón)*, dans une sorte de dérision monstrueuse où il perd, avec la dignité de l'âge, jusqu'à son caractère d'homme. Par contre, affirme Priam, au jeune *(néos)*, tombé dans la mêlée d'Arès, le corps déchiré par le bronze aigu, tout convient *(pánt'epéoiken)*, tout sied ; de ce qu'il donne à voir, mort, tout est beau *(pánta kalá)*[2].

1. *Iliade*, XXII, 370.
2. *Il.*, XXII, 71-73.

Publié dans *Annali della Scuola normale superiore di Pisa*, série III, vol. IX, 4, 1979, pp. 1365-1374.

Pourquoi et en quoi, sur le cadavre du jeune guerrier étendu dans la poussière, couvert de sang et de plaies, tout est-il beauté ? C'est que la mort guerrière, la mort rouge, lorsqu'elle survient au terme d'un affrontement qu'on a soi-même voulu pour y faire la preuve de sa vaillance, cette mort fait apparaître, à la façon d'un révélateur, sur la personne du combattant tombé dans la bataille, sur son *sôma*, cette figure corporelle identifiable qu'il est devenu maintenant qu'il est mort, l'éminente qualité d'*anèr agathós* ; et cette qualité, sur son corps, transparaît en beauté. Davantage : tant qu'on est dans la fleur de l'âge, pour acquérir, comme au terme d'une initiation, cet ensemble de valeurs et de supériorités pour lesquelles lutte l'élite des *áristoi*, il n'y a pas d'autre moyen que de se vouer tout ensemble à la guerre, à l'exploit et à la mort.

Tel est bien le point de vue d'Achille. Il existe à ses yeux une frontière rigoureuse séparant le héros authentique du reste des hommes, indépendamment de toute question de statut et de rang, de fonction et de prééminence sociales. Agamemnon peut bien être le plus roi d'entre tous les rois. Il n'en a pas pour autant franchi la frontière du monde héroïque. Comme le lui dit Achille, l'épreuve guerrière qui est le pain quotidien du héros, « cela, à toi, te semble la mort *(tò dé toi kèr eídetai eînai)* »[3]. Le héros est celui qui a choisi, en combattant au premier rang, de vivre pour risquer sa vie à chaque rencontre, sa vie mortelle, cette *psukhé* qui, contrairement à tous les biens de ce monde, à tous les honneurs ordinaires, aux dignités d'état qu'on peut toujours regagner, racheter, échanger, ne se retrouve plus jamais une fois qu'elle a été perdue[4]. C'est lui-même, dans la totalité de son destin héroïque que le guerrier engage et joue en risquant sa *psukhé*[5]. La vie n'a pas pour lui d'autre horizon que la mort au combat. Seule cette mort le fait accéder pleinement à l'état de gloire. La célébrité qui s'attache dès lors à son nom et à sa personne représente le terme ultime de l'honneur, son extrême pointe, l'*areté* accomplie, achevée.

3. *Il.*, i, 228.
4. *Il.*, ix, 408-409.
5. *Il.*, ix, 322.

Dans la belle mort, l'excellence cesse de devoir indéfiniment se mesurer à autrui, s'éprouver en s'affrontant ; elle se réalise d'un coup et à jamais dans l'exploit qui met fin à la vie du héros.

Le cas d'Achille est à cet égard exemplaire. Le dilemme qui d'entrée de jeu marque sa destinée a valeur de paradigme : ou la longue vie chez soi, en paix et l'absence de toute gloire ; ou la vie brève, la prompte mort et la gloire impérissable *(kléos áphthiton)*. Hector, lui aussi, le sait bien. Quand il comprend que son jour est venu, que la kère fatale a déjà mis la main sur lui, c'est alors qu'il décide de faire face pour transformer sa mort en gloire impérissable et faire du lot commun à tous les êtres soumis au trépas un bien qui lui soit propre et dont l'éclat lui appartienne à jamais : « Non, je n'entends pas périr sans lutte ni sans gloire *(akleiôs)*, ni sans quelque haut fait dont le récit parvienne aux hommes à venir *(essoménoisi puthésthai)*[6]. »

Dans une culture comme celle de la Grèce archaïque où chacun existe en fonction d'autrui, par le regard et à travers les yeux d'autrui, la vraie, la seule mort est l'oubli, le silence, l'obscure indignité. Exister, qu'on soit vivant ou mort, c'est se trouver reconnu, estimé, honoré ; c'est surtout être glorifié, faire l'objet d'une parole de louange, devenir *aoídimos*, digne d'un chant qui raconte, dans une geste sans cesse reprise et répétée, un destin admiré de tous. Par la gloire qu'il a su conquérir en vouant sa vie au combat le héros inscrit dans la mémoire collective sa réalité de sujet individuel, s'exprimant dans une biographie que la mort, en l'achevant, a rendue inaltérable.

Les liens structuraux entre l'excellence accomplie, la vie brève, la belle mort, la gloire impérissable ne se comprennent que dans le contexte d'une poésie orale, célébrant les exploits des hommes d'autrefois *(kléa andrôn protérôn)* et constituant ainsi, par la mémoire du chant et sous la forme de la louange, le passé collectif où une communauté s'enracine et se reconnaît, dans la continuité, la permanence de ses valeurs.

---

6. *Il.*, XXII, 304-305.

En ce sens l'épopée n'est pas seulement un genre littéraire ; elle est, avec les funérailles et dans la même ligne que les funérailles, une des institutions que les Grecs ont élaborées pour donner une réponse au problème de la mort, pour acculturer la mort, pour l'intégrer à la pensée et à la vie sociales.

Aussi faut-il reconnaître dans la belle mort héroïque une dimension métaphysique ou religieuse. Elle se marque en particulier dans les propos de Sarpédon à Glaucos, au chant XII de l'*Iliade*. Après avoir laissé entendre que tous les privilèges matériels et tous les honneurs que leur accordent les Lyciens sont comme le prix payé à leur exceptionnelle vaillance, Sarpédon ajoute une remarque qui, en dévoilant la véritable dimension de l'engagement héroïque, balaie comme des futilités tous les arguments d'ordre utilitaire ou de prestige qu'il avait d'abord invoqués. « Si échapper à cette guerre, dit-il, nous permettait de vivre indéfiniment sans connaître ni le vieil âge ni la mort *(agérō t'athanátō te)*, je n'irai certes pas combattre au premier rang, ni ne t'enverrai vers la bataille où l'homme acquiert la gloire [...] Mais puisque personne ne peut échapper au trépas, allons-y, que nous donnions la gloire à un autre ou que lui nous la donne[7]. » Ce ne sont donc pas les biens terrestres, les marques d'honneur ici-bas — tous ces avantages dont on jouit durant la vie mais qui vous quittent avec elle —, qui peuvent inciter un guerrier à risquer sa *psukhê* au combat. La vraie raison de l'exploit héroïque est ailleurs ; elle tient à la condition humaine que les dieux ont voulue soumise à la décrépitude de l'âge et à la mort. L'exploit s'enracine dans la volonté d'échapper à l'une et à l'autre. On dépasse la mort en en faisant l'enjeu d'une vie qui prend ainsi valeur exemplaire et que les hommes à venir célébreront à tout jamais comme un modèle. On échappe à la vieillesse en disparaissant dans la fleur de l'âge, à l'acmè de sa vigueur virile. Par le trépas le héros se trouve pour toujours fixé dans l'éclat d'une inaltérable jeunesse. Au miroir du chant qui reflète sa

7. *Il.*, XII, 322-328.

gloire, il ignore le vieil âge comme il échappe à l'anonymat de la mort. D'où la formule qu'Homère réserve, parmi tous les guerriers qui meurent et quel que soit leur âge, aux seuls héros authentiques, comme Patrocle et Hector, qui sont loin pourtant d'être jouvenceaux : leur *psukhê* s'envole vers l'Hadès « délaissant vigueur et jeunesse *(adrotêta kaì hébēn)* »[8].

La « jeunesse », que Patrocle et Hector quittent avec la vie et qu'ils incarnaient donc plus pleinement que d'autres *koûroi* moins avancés en âge, est celle-là même dont Achille, par la vie brève, demeure pour toujours revêtu. Sur le guerrier vivant et actif, l'*hébē*, cette force suprême *(krátos mégiston)*, se manifeste par la vigueur, la puissance, la vitesse, la fortitude, l'élan, etc. ; sur le cadavre du héros étendu sans force et sans vie, son éclat transparaît dans l'exceptionnelle beauté du corps désormais inerte et devenu, dans l'immobilité de sa forme, pur objet de vision, spectacle pour autrui.

Tournons-nous maintenant de l'autre côté, vers la face hideuse de la mort guerrière. Le vieux Priam ne se voit pas seulement frappé aux portes de son palais, non plus en combattant qu'on affronte mais comme un gibier qu'on abat. Il se décrit dévoré par ses propres chiens qui, basculant d'un coup dans la sauvagerie, se repaissent de ses chairs, lui dévorent le sexe. « Des chiens que l'on voit outrager une tête blanche, une barbe blanche, les parties honteuses d'un vieillard massacré, quoi de plus pitoyable[9] ? » C'est le monde à l'envers qu'évoque Priam, la dignité du vieillard tournée en dérision dans la laideur et l'impudicité, la destruction de tout ce qui dans le cadavre fait l'homme. La mort sanglante, belle et glorieuse quand elle le frappait en pleine jeunesse, élevait le héros au-dessus de la condition humaine en le marquant du signe de l'homme de cœur *(agathòs anér)*. La même mort, subie par le vieillard, le ravale en deçà de l'humain. Elle fait de lui, dans et par l'avilissement de son cadavre, une horrible monstruosité.

---

8. *Il.*, XVI, 857 et XXII, 363.
9. *Il.*, XXII, 74-76.

Cette fin de cauchemar, que redoute Priam, c'est celle que chaque combattant, lorsqu'il est aveuglé par la haine, rêve d'infliger à l'ennemi. Quand un guerrier est tombé au combat, les deux camps luttent pour mettre la main sur son corps. Que veulent ses amis ? En lui donnant le *géras thanóntōn*, c'est-à-dire en lui faisant traverser tout le rituel des funérailles, depuis l'exposition du corps embelli, lavé, oint d'huile, parfumé, jusqu'à la crémation du cadavre et l'érection d'un *sêma* qui rappellera sa mémoire aux hommes à venir *(essoménoisi puthésthai)* — c'est la même formule pour le mémorial funéraire que pour le chant épique —, les amis du défunt entendent assurer à jamais son statut de beau mort, de héros glorieux ; et ses adversaires, que veulent-ils ? En outrageant sa dépouille, en la livrant à dévorer toute crue aux chiens et aux oiseaux, en la laissant pourrir sans sépulture, ils veulent priver l'ennemi non de la vie — c'est déjà fait — mais de la mort, lui barrer l'accès à cette belle mort qu'il a méritée en tombant les armes à la main et qui est ce qu'on peut souhaiter de meilleur pour un combattant.

Au *pánta kalá* (tout est beau), au *pánt' epéoiken* (tout sied), du jeune guerrier dont la beauté virile, rehaussée par les blessures et par le sang, frappe d'étonnement et d'envie même ses ennemis, s'oppose rigoureusement, jusque sur le plan du vocabulaire, le corps de celui que la procédure de l'outrage au cadavre a réduit à n'être plus rien ni personne : ni vivant, puisqu'on l'a tué, ni mort puisque, privé de funérailles, il n'a pas eu sa « part de feu », déchet perdu dans les marges de l'être, forme qui a sombré dans l'innommable : la laideur, l'infamie absolues. — Nous avons parlé du vocabulaire. D'un côté, en effet, le *pánt' epéoiken*, de l'autre, avec l'alpha privatif, sa dénégation : l'*aeikeíē* homérique, l'action d'*aeikízein*, d'outrager, c'est-à-dire la substitution de l'*aiskhrón* (du laid) au *kalón* (au beau). Outrager, c'est *aiskhúnein*, enlaidir, avilir.

Une des fonctions, au cours des funérailles, de la crémation sur le bûcher, c'est de préserver le *pánta kalá* en expédiant dans l'au-delà le cadavre intact, dans l'intégrité de sa forme et de sa beauté, ou comme le dit Eschyle, dans l'*Agamemnon*, à propos des morts grecs ensevelis en terre troyenne : *eúmorphoi*. Ce que le feu du bûcher funèbre dévore, pour ne laisser subsister que les os blancs *(ostéa leuká)*, ce sont les entrailles, les tendons et les chairs, tout ce qui, aussi bien, dans le corps, est voué à la décomposition. Beauté, jeunesse, virilité du mort, pour s'attacher à sa figure et lui appartenir définitivement, exigent que la dépouille ait cessé d'exister ici-bas, qu'elle ait disparu aux yeux des vivants [10] comme le héros doit avoir cessé de vivre sur cette terre.

Dans la stratégie à l'égard de la mort, il y a, entre les rites funéraires et la poésie épique, parallélisme ou continuité. L'épopée va seulement plus loin. À une petite minorité d'élus (par opposition aux « sans-nom » que sont les morts du commun) elle assure par la louange glorifiante la permanence du nom, du renom, des exploits accomplis. Par là elle achève et couronne le processus qu'à leur façon les funérailles déjà avaient engagé : transformer un individu qui a perdu la vie, qui a cessé d'être, en la figure d'un personnage dont la présence, en tant que mort, reste à jamais inscrite dans la mémoire du groupe.

Ce que l'outrage, l'*aikía*, est au cérémonial funéraire, le blâme l'est à la louange. Si l'éloge poétique, comme les funérailles, cherche à installer le beau mort dans la pérennité de sa gloire, son inverse, le blâme, la médisance, la dérision envieuse *(psógos, mômos, phthónos)*, visent à produire l'effet contraire : ternir la valeur, enlaidir la beauté, avilir la personne de la même manière que l'*aikía* outrage le cadavre de l'ennemi abhorré. Gregory Nagy a bien montré que chez Homère déjà comme dans la tradition poétique ultérieure, le vocabulaire du blâme assimile le médisant et l'envieux à ces chiens que Priam imaginait se jetant sur son cadavre pour le déchiqueter [11]. Par l'insulte ou l'invective, on dévore le héros *(dápō, háptomai)*, on s'en repaît, s'en engraisse ; on se gorge, on se nourrit de mots haineux. Sous la morsure *(dákos)* de la médisance, comme sous

---

10. *Il.*, XXII, 53.
11. G. NAGY, *The Best of the Achaeans. Concepts of the Hero in Archaic Greek Poetry*, Baltimore et Londres, 1979, pp. 59-97.

la dent des charognards, le *pánta kalá* du beau mort que la
louange établit pour toujours se dégrade et se corrompt ; il ne
reste que l'*aiskhrón*.

Cette mise en place des divers éléments qui composent la
belle mort héroïque et qui fixent son statut dans l'épopée
permet, nous semble-t-il, d'éclairer certains aspects du poème
à Scopas de Simonide, dont, sur la fin du texte, le vers : « Tout
est beau *(pánta toi kalá)*, là où nulle vilenie *(aiskhrá)* ne se
mêle » rappelle et répond au *pánta kalá* du discours de Priam,
comme à l'écho qu'au fragment 10 (fr. 7 dans l'édition de
C. Prato) en présente Tyrtée, avec chez ce poète déjà tous les
déplacements, les transpositions que les commentateurs ont
signalés, A. W. H. Adkins encore récemment[12].

En cette fin du VIᵉ siècle la louange ne concerne plus les
héros d'autrefois ; elle ne chante pas les exploits d'hommes que
la mort a dotés d'une autre dimension, qui appartiennent à
l'au-delà, qui n'ont plus, ici-bas, d'autre réalité que cette gloire
impérissable dont les revêt la mémoire du chant. Le poète
célèbre désormais un individu vivant, auquel le lie un rapport
personnel de *philía*. Il le glorifie dans une langue et par des
comparaisons qui font référence à des personnages et à des
légendes héroïques. Le décalage ne se situe pas seulement entre
une excellence relative, toujours révocable, soumise comme
toute chose humaine à la *sumphorá*, au hasard, et l'excellence
parfaitement accomplie, réalisée à jamais qu'illustre la geste
héroïque.

Le rappel et l'examen par Simonide de la formule de Pittacos
sont intimement liés, dans le texte tel que B. Gentili l'a édité,
au problème de la louange et du blâme[13]. « Il est difficile de
devenir un homme authentiquement exemplaire *(ándr'agathòn
alathéōs genésthai)*, quadrangulaire *(tetrágōnon)* de bras, de

12. A.W. H. ADKINS, « Callinus 1 and Tyrtaeus 10 as Poetry », *Harvard
Studies in Classical Philology*, LXXXI (1977), pp. 59-97.

13. B. GENTILI, « Studi su Simonide », *Maia*, XVI (1964), p. 297. Il s'agit
du fragment 37/52 dans D. PAGE, *Poetae Melici Graeci*, Oxford, 1962, pp.
282-283.

jambes, de pensée, façonné sans blâme, sans reproche *(áneu psógou tetugménon).* » Comme l'a montré Jesper Svenbro [14], devenir *anềr agathós, áneu psógou tetugménos,* c'est, par l'éloge qui célèbre votre excellence, accéder à une forme de gloire impérissable analogue à celle que confère aux héros la mémoire du chant épique, ou à certains morts le mémorial funéraire dans sa forme de stèle figurée, voire de *koûros,* tels les deux *koûroi* jumeaux qu'au début du VIᵉ siècle les Argiens érigèrent de Cléobis et Biton [15]. Comme la figure monumentale du mort l'éloge poétique donne stabilité et permanence à ce qui est soumis à vicissitude ; il fixe dans une continuité d'être un succès, un bonheur, un mérite qui apparaissent, à cette époque, contrairement à l'exploit héroïque, fugaces, inconstants, évanescents au gré des circonstances.

Plus question de trouver, dans le cours de la vie humaine, une excellence accomplie, une réussite achevée, comme celles que consacrait la belle mort. Le succès, ce sont les dieux qui l'octroient et ils le dispensent à leur gré, l'offrant à ceux-là seulement qu'ils chérissent *(philéōsin).* Si chanceux, puissant ou riche qu'on soit, on n'est jamais sûr d'obtenir un tel privilège — encore moins de le conserver. Être *esthlós* ou *agathòs anḗr* en permanence et à jamais n'est donc pas difficile, comme le prétendait Pittacos. C'est chose impossible. Seule la divinité possède cette « part d'honneur ». Aussi n'est-ce pas l'exploit héroïque et sa valeur immortalisante qui définiront, pour un poète comme Simonide, l'*agathòs anḗr* qu'il doit ériger, ferme et stable comme une statue, en lui accordant la mémoire du chant. Mais si le dieu donne, avec le succès, l'*aristeía* d'une réussite définitivement accomplie, le poète, pour sa part, à ceux qu'il chérit *(philéō),* donne la louange *(epaínēmi)* qui les rend, qui les fait « devenir » *alathéōs ándres*

---

14. J. SVENBRO, *La Parole et le Marbre. Aux origines de la poétique grecque,* Lund, 1976. On se référera surtout à l'édition italienne, complétée et révisée, *La Parola e il Marmo, alle origini della poetica graeca,* Turin, 1984, pp. 125-145.

15. HÉRODOTE, I, 31 : « pour s'être montrés les meilleurs des hommes *(hōs andrôn áristōn genoménōn)* ».

agathoí, c'est-à-dire qui leur confère dans la mémoire des gens l'authentification comme hommes exemplaires. Pour cela, il faut et il suffit que celui que le poète a reçu la charge de célébrer, n'ait, de son plein gré, rien commis de bas, de vil, de laid, *aiskhrón* ; alors on pourra chanter sa beauté. Ce jeu du *kalón* et de l'*aiskhrón* rappelle, avec une pointe polémique, le contraste que Tyrtée, reprenant Homère, posait avec une entière rigueur entre celui qui est « devenu *anḗr agathós* à la guerre » et ceux dont la vie s'est abîmée dans la laideur : selon Tyrtée, est laid le cadavre étendu avec la pointe de la lance ennemie dans le dos ; est laid aussi le cadavre dénudé et sanglant du vieillard tombé à la place des jeunes ; en revanche belle est la mort du jeune, tombé au premier rang, en homme de cœur *(agathòs anḗr)* face à l'ennemi ; et sur son corps, désiré par les femmes, admiré par les hommes tant qu'il était en vie, tout convient, tout se fait beauté, quand il gît sur le champ de bataille. Que Simonide se réfère, pour s'en éloigner, à cette tradition, directement enracinée dans l'épopée, on le voit en particulier dans le fragment 531[16] où il évoque lui-même « cette sépulture d'hommes de cœur dont la mort est belle *(kalòs ho pótmos)* ». Mais dans le poème à Scopas, Simonide prend ses distances par rapport à l'idéal héroïque. Pour entonner la louange il n'exige ni la perfection plus qu'humaine du succès total, ni la transfiguration de la mort en gloire, ni la vie toute irréprochable *(panámōmos)* du héros ; il demande une vertu à la mesure de la cité, celle de l'homme de bon sens *(hugiḗs anḗr)*, qui n'est ni vilain ni malhabile et qui connaît « la justice utile à la cité ». C'est cet homme, son proche en amitié, qu'il célébrera s'il n'a rien fait de dégradant en connaissance de cause *(hekṓn)*. À son éloge aucun blâme ne se mêlera *(oú min egṓ mōmásomai)* même si l'individu dont il vante le mérite n'est pas en tout « irréprochable ». Un tel éloge sans envie[17], l'absence, dans les propos, de tout élément de blâme ou de reproche, définissent normalement l'attitude à l'égard des

---

16. *Poetae Melici Graeci, op. cit.*
17. Cf. PINDARE, *Olympiques*, XI, 7, et Scholie à *Néméennes*, VII, 61-63.

morts plutôt que des vivants, parce que les défunts sont comme consacrés par un trépas qi les a retranchés du domaine humain des conflits et des inimitiés [18]. Mais cette fois, ce n'est pas parce que le héros est accompli et sacralisé par sa mort que le blâme n'a plus de place. Le *pánta kalá*, qu'Homère et Tyrtée réservaient au guerrier tombé au combat dans la fleur de sa jeunesse, devient chez Simonide le *pánta kalá* applicable dans tous les cas où le personnage glorifié, sans être « irréprochable » — ce qui n'appartient qu'aux dieux —, n'a rien fait d'*aiskhrón* qui lui soit personnellement imputable : « Tout est beau, là où nulle vilenie ne se mêle. » Le blâme peut ne pas se mêler à l'éloge là où le laid ne se mêle pas aux actions. Alors : *pánta kalá* et la louange du poète dans la cité, du chanteur sur commande, peut s'exprimer dans la langue et les formes faites pour mémoriser l'exploit héroïque, pour chanter les hommes d'autrefois, les guerriers tombés au combat : les beaux morts.

Par ce réajustement du système des valeurs, l'accord entre la parole et le réel n'est pas, dans la poésie commémorative, vraiment rompu. Le poète peut célébrer l'éloge, édifier son mémorial de « gloire impérissable » parce que l'*agathòs anḗr* ne traduit plus les exigences de l'idéal héroïque. La « pureté » de la louange s'enracine dans la pureté d'une *aretḗ* qui apparaît glorieuse et mémorable dès lors qu'en elle rien d'*aiskhrón* ne vient se mêler.

À la charnière des VIe et Ve siècles, la mémorisation glorieuse, héritée de l'épopée, exprime dans la forme de l'*enkṓmion* (l'éloge) les aspects nouveaux que revêtent l'excellence et l'exemplarité dans le cadre de la communauté civique.

---

18. Cf. ARCHILOQUE, fr. 83 (éd. Lasserre-Bonnard, Paris, 1958) ; déjà *Odyssée*, XXII, 412 ; et DÉMOSTHÈNE, *Contre Boethos*, XI, 49 ; *Contre Leptine*, 104 ; ISOCRATE, *Attelage*, 22 ; *Antidosis*, 101 ; PLUTARQUE, *Vie de Solon*, 21, 1.

V

Inde, Mésopotamie, Grèce :
trois idéologies de la mort

En organisant avec nos amis de l'Institut oriental de Naples un colloque sur l'idéologie funéraire, nous entendions procéder ensemble à une double confrontation : entre documents archéologiques et sources écrites, d'une part ; entre civilisations diverses, grecque et orientales tout spécialement, de l'autre.

Ces deux ordres d'études comparatives ne pouvaient exactement se recouper. Chacune d'elles posait, pour la méthode et pour le fond, des problèmes spécifiques. Et surtout, suivant la perspective adoptée, on mettait en jeu une notion de l'idéologie dont les implications n'étaient plus tout à fait les mêmes et qui engageait une stratégie d'enquête à certains égards différente.

Entre archéologues et historiens des sociétés anciennes, le débat, dans le domaine funéraire, est bien délimité et son objet suffisamment précis. Comment faire parler cette masse de documents muets que fournissent tombes et nécropoles ? Quels rapports la « langue » de ces *realia* entretient-elle, dans sa spécificité, avec le langage ordinaire dont les historiens, à l'écoute des textes, ont à connaître ? Dans quelle mesure cette

---

Ce texte constitue l'introduction au volume qui, sous le titre *La Mort, les Morts dans les sociétés anciennes* (sous la dir. de G. GNIOLI et J.-P. VERNANT, Cambridge et Paris, 1982), rassemble les communications présentées, en 1977, au colloque d'Ischia sur l'idéologie funéraire antique.

double documentation, ajustée l'une à l'autre, permet-elle d'accéder à la société globale, avec ses stratifications, ses hiérarchies, ses oppositions de statuts, ses classes d'âge, ses différences de sexe, avec aussi, à l'arrière-plan, ses transformations, son histoire ? Il revenait à Bruno d'Agostino et Alain Schnapp de présenter, comme ils l'ont fait, l'ensemble de ces questions[1]. Mes remarques se limiteront donc à l'autre versant de l'enquête. Je soulignerai un point seulement : dans la ligne de recherche que je viens d'évoquer, on rassemble sous le nom d'idéologie funéraire tous les éléments significatifs qui, dans les pratiques comme dans les discours relatifs aux morts, renvoient aux formes de l'organisation sociale, aux structures du groupe, traduisent les écarts, les équilibres, les tensions au sein d'une communauté, portent témoignage sur sa dynamique, sur les influences subies, sur les changements opérés. À travers la grille des questions qui lui est imposée, le monde des morts (ou du moins ce qui nous en reste) se présente comme le reflet, l'expression plus ou moins directe, plus ou moins médiatisée, travestie, voire fantasmatique, de la société des vivants.

Cet aspect de la recherche est fondamental, et toute enquête lui fait sa part. Cependant, quand il ne s'agit plus d'interroger des témoignages funéraires pour y déceler, comme en un miroir, le profil d'une société à un moment précis de son évolution, mais de confronter, quant à leur attitude face à la mort, deux cultures singulières, deux types différents de civilisation, d'autres problèmes surgissent. Le concept d'idéologie funéraire trouve alors un champ d'application plus large et même, nous semble-t-il, une dimension nouvelle. On ne va plus de l'univers des morts à celui des vivants pour découvrir dans le premier la trace du second. On part d'une société globale, dans l'ensemble de ses pratiques, de ses institutions, de ses croyances ; on s'efforce d'y repérer, par une analyse à plusieurs niveaux, le faciès particulier qu'elle a conféré à la mort, la façon dont elle s'est située elle-même par rapport à la mort — située dans le cours de son existence présente, dans

1. *La Mort, les Morts, op. cit.*, pp. 17-27.

l'image qu'elle se forge de son passé, dans son attente de l'avenir —, en bref dans ses traditions, sa vie, sa survie. Quels domaines, quelle place a-t-on assignés à la mort ? Qu'est-ce qui lui est soumis, qu'est-ce qui lui échappe, dans les individus, dans les divers groupes, dans l'ensemble du corps social ? Quelle signification, quel rôle lui sont-ils reconnus dans le système des valeurs qui a la charge d'assurer, en même temps que le bon fonctionnement de l'organisation sociale, sa durée, sa pérennité, sa constante reproduction ?

Tout groupe humain se pense et se veut lui-même un tout organisé, un ordre : il s'affirme comme le monde de la culture ; il est le « civilisé » ; par là même il se définit par rapport à ce qui est autre que lui : le chaos, l'informe, le sauvage, le barbare. De manière analogue, chaque société doit affronter cette altérité radicale, cette extrême absence de forme, ce non-être par excellence que constitue le phénomène de la mort. Il lui faut, d'une façon ou d'une autre, l'intégrer à son univers mental et à ses pratiques institutionnelles. Pour un groupe d'hommes, se constituer un passé commun, élaborer une mémoire collective, enraciner le présent de tous dans un « autrefois » évanoui, mais dont la remembrance s'impose, unanimement partagée, c'est aussi, c'est d'abord conférer à certains personnages défunts ou à certains aspects de ces personnages, grâce à un rituel funéraire approprié, un statut social tel qu'ils demeurent, dans leur condition de morts, inscrits au cœur de la vie présente, qu'ils y interviennent en tant que morts, qu'ils jouent leur partie dans la maîtrise des forces sociales dont dépendent l'équilibre de la communauté et la permanence de son ordre.

L'idéologie funéraire n'apparaît plus alors seulement comme cet écho où se redoublerait la société des vivants. Elle définit tout le travail que met en œuvre l'imaginaire social pour élaborer une acculturation de la mort, pour l'assimiler en la civilisant, pour assurer, sur le plan institutionnel, sa « gestion », suivant une stratégie adaptée aux exigences de la vie collective. On pourrait presque parler d'une « politique » de la mort, que tout groupe social, pour s'affirmer dans ses traits spécifiques, pour perdurer dans ses structures et ses orientations, doit instaurer et conduire continûment selon des règles qui lui sont propres.

Quand on compare, de ce point de vue, les grandes civilisations du passé, on est frappé par la variété des réponses qu'elles ont apportées à ces problèmes d'intégration sociale de la mort. Chacune s'est en quelque sorte fabriqué une mort — parfois plusieurs — à sa mesure et convenance. À cet égard, le colloque d'Ischia n'aura pas été inutile. Il a ouvert certaines voies de recherches. Sans prétendre les suivre toutes, je voudrais ici, me limitant à trois des domaines de culture concernés, proposer quelques brèves remarques auxquelles me paraît prêter, concernant le statut de la mort, la confrontation des faits indiens, mésopotamiens et grecs.

De l'Inde brahmanique à la Mésopotamie ancienne, le visage de la mort change si profondément qu'on serait tenté d'assigner à ces deux modèles de société, dans un essai de typologie historique de la mort, des positions extrêmes. Le contraste ne se limite pas au fait que les vieux Mésopotamiens accordent à l'inhumation, dans les pratiques funèbres, la place et le rôle que les Indiens réservent à l'incinération. Qu'on enfouisse en terre le cadavre ou qu'on le brûle sur un bûcher, dans les deux cas, par des procédures divergentes, on met en place un scénario des funérailles qui se déroule sur le modèle d'un rite de passage ; on y traite également la mort comme un changement d'état, l'entrée dans un autre monde que celui des vivants, l'accès à un ailleurs. Mais suivant la modalité du rite, on assigne à cette altérité, dans les rapports qu'elle entretient avec la vie et la société humaines, une localisation, un statut, une fonction opposés. D'un côté, chez les Mésopotamiens, un soin extrême apporté à la sauvegarde de l'intégrité de la dépouille : on veille à ce que les ossements, armature du corps, fondement imputrescible de chaque être, soient préservés intacts et subsistent rassemblés au complet dans la demeure souterraine où réside le mort. À l'inverse, chez les Indiens, la volonté de faire entièrement disparaître tous les restes du corps, d'effacer la moindre trace de ce qu'était ici-bas l'individu vivant, de façon que, purifié de ses attaches à l'existence terrestre, transmué en oblation sacrificielle, il soit restitué à un « espace sans limite » : les chairs, les tendons une fois brûlés, on récolte, mêlé aux cendres, ce que même une double crémation peut laisser encore apparaître des ossements ; on le disperse dans les eaux d'une rivière pour qu'il s'y évanouisse, comme le défunt doit se perdre dans l'au-delà.

Ces orientations contraires trouvent prolongement et confirmation dans les attitudes observées, par les uns et les autres, après les funérailles. Les Mésopotamiens font preuve de la même attention scrupuleuse et inquiète à l'égard des tombes, enclos nocturnes et souterrains réservés aux morts. Il leur faut prendre garde à ce qu'elles demeurent immuablement « en place », inviolées, maintenues pour toujours en l'état, préservées du pillage et de la destruction, à l'abri de tout ce qui pourrait en altérer le contenu et troubler la paix du mort dans son nouveau domaine. Les Indiens, eux, ne connaissent pas les sépultures ; ils ne creusent ni tombeaux ni cénotaphes ; ils n'érigent nul monument funéraire ; leurs morts ne disposent d'aucun espace ; ils n'occupent pas de lieu où situer leur présence ; dénués de territoire, ils ne sont nulle part.

Ces divergences en recouvrent d'autres plus fondamentales. La « stratégie » funéraire mésopotamienne vise à maintenir, à travers la frontière qui sépare les morts des vivants et en dépit d'elle, une continuité entre les deux mondes, souterrain et terrestre. L'intégrité du squelette, la présence dans la tombe aux côtés du mort d'objets de son appartenance, de signes de propriété, autant de faits qui soulignent le lien rattachant le défunt à ce qu'il était vivant, lui conservant jusque dans son nouvel état de mort les marques de son ancien statut familial et social. Continuité aussi des ossements, du tombeau où ils sont déposés, de la terre qui les couvre avec, d'une part, la lignée et l'ethnie du défunt, de l'autre, le territoire où tous ses proches, faits du même limon que lui, sont établis à demeure, avec leurs maisons, leurs cités, leurs cultures. Au fond de leurs sépulcres, les morts forment ainsi les racines qui, en donnant au groupe humain son point d'ancrage dans le sol, lui assurent stabilité

dans l'espace et continuité dans le temps. Quand un vainqueur
entreprend de détruire ou de réduire en servitude une nation
ennemie, il lui faut d'abord l'arracher à ses morts, extirper ses
racines : les tombes, violées, sont ouvertes, les os brisés,
pulvérisés, dispersés à tout vent. Leurs amarres rompues, les
communautés flottent : semblables à un cadavre privé de
sépulture, jeté aux bêtes, et dont le spectre est condamné à
vagabonder sans fin, faute de pouvoir pénétrer au royaume des
morts, elles sont livrées à l'errance, à la marginalité, au chaos.
Dans l'optique mésopotamienne, une société, coupée de ses
morts, n'a plus sa place sur l'échiquier de l'étendue terrestre.
Avec son enracinement, elle perd sa stabilité, sa consistance, sa
cohésion.

Paradoxalement, c'est à réaliser une coupure de ce genre, à
arracher le défunt à son identité sociale de vivant, à le
retrancher de la communauté dont il faisait partie, à effacer sa
présence de l'espace terrestre où son groupe est implanté, que
tend, pour l'essentiel, la politique indienne de la mort. La
crémation funéraire ne fonctionne pas seulement comme un
sacrifice. Elle est le modèle de toute l'activité sacrificielle qui
trouve, dans cette oblation terminale où l'on fait don de soi, sa
fin et son sens. Tout se passe comme si l'ensemble des
pratiques rituelles et l'ordre social lui-même n'avaient d'autre
objet que de préparer ce dernier acte, cet ultime passage, où
l'individu, pour s'accomplir, pour atteindre dans le feu sacrifi-
ciel son « perfectionnement », devait disparaître à tout ce qu'il
a été, dans un effacement complet des actes personnels et des
attaches sociales qui le constituaient dans sa singularité.

En s'enracinant dans leurs morts, les Mésopotamiens liaient
la stabilité de la société humaine à une stricte délimitation du
territoire, à l'organisation réglée d'un espace de sédentaires. La
menace, le mal prenaient pour eux la figure de l'errance, de
l'étendue informe : domaines du nomadisme et de l'exil, du
désert et des confins. Par là même, l'ordre, terrestre et humain,
se trouvait valorisé ; c'est lui qu'il fallait maintenir ; c'est dans
son intégrité que résidait, pour les individus et pour les
groupes, la condition du « perfectionnement ». L'idéologie

mésopotamienne de la mort opère dans le cadre d'une religion de type « intramondain », où l'essentiel est l'administration correcte de l'existence ici-bas. La vie y est acceptée, reconnue, exaltée pour elle-même, non comme préparation à une mort qui, loin d'accomplir l'individu, le ramène à une existence appauvrie, diminuée : l'ombre de ce qu'il était vivant. Le contenu positif de la vie, ce qui fait son prix, les valeurs religieuses qui s'y incarnent ne proviennent pas du monde souterrain, des morts, des ténèbres ; sous la forme nécessairement limitée, dégradée, où ils se présentent chez les créatures mortelles, les biens s'apparentent aux dieux d'en haut, au ciel, à la lumière du jour.

Il y a un personnage que son statut et ses fonctions, au sommet de l'édifice social mésopotamien, mettent en marge du commun des hommes : le roi. Sa charge est précisément d'assurer, sur l'ensemble du terroir dont il est souverain, le rayonnement des bénédictions divines. C'est à travers lui que l'éclat des dieux d'en haut peut illuminer l'existence des êtres humains, faits pour retourner à la terre dont ils proviennent. Aussi ne suffit-il pas, dans son cas, de donner à ses funérailles et à sa demeure souterraine un surplus de magnificence. Parce qu'il est l'intercesseur, le médiateur envers le ciel, au lieu de coucher sa dépouille au fond de la tombe, on le dresse lui-même debout, après sa mort, sous forme d'une statue qu'on élève dans le palais ou dans les temples. On lui construit, dans une matière précieuse dont la brillance inaltérable reflète cette plénitude de vie que les dieux sont seuls à détenir, un corps immortel.

Les communautés indiennes brahmaniques, quant à elles, ne cherchent pas à implanter leur permanence dans la terre. Elles s'enracinent dans l'au-delà. La vie collective, l'ordre social, strictement ritualisés, n'ont de prix que dans la mesure où, d'entrée de jeu, ils visent à se dépasser, où ils introduisent à un autre plan d'existence, à un domaine de réalité différent. La mort n'est pas l'interruption de la vie ni son affaiblissement, son ombre. Elle constitue l'horizon sans lequel le cours de l'existence, pour les personnes et pour les groupes, n'aurait ni

direction, ni sens, ni valeur. Intégrer l'individu à la communauté, lui assigner sa place, son rôle, son statut exacts, c'est
fixer l'ordre des étapes qui, dans ce monde-ci, permettent d'en
sortir, de s'en libérer, pour rejoindre l'absolu.

L'idéologie funéraire des Indiens ne se comprend que
comme pièce d'une religion dont l'orientation est, pour
l'essentiel, « extra-mondaine ». Dans ce cadre, l'individu hors
du commun ne saurait plus être le roi ni quelque autre
personnage que sa fonction ajusterait à l'ensemble du corps
social. C'est celui qui, s'excluant de la société, de ses normes,
de ses rites, a su de son vivant se délier de la vie et atteindre le
« perfectionnement » qu'on obtient d'ordinaire dans la crémation du bûcher funèbre : le renonçant. S'étant fait cuire lui-
même au feu de son ascèse, il réalise sur cette terre et en sa
personne ce à quoi vise la ritualisation de toute la vie sociale, et
qui ne peut être gagné, par cette voie, qu'au terme de la mort.
Contrairement aux défunts ordinaires, le cadavre du renonçant
n'a pas besoin d'être brûlé ; il l'est déjà. On l'inhume en terre,
dans la posture assise de la méditation, la tête dressée vers le
haut. Au-dessus de la fosse, on érige un tumulus, centre de
pèlerinage. L'écart, par rapport aux pratiques funéraires habi-
tuelles, est saisissant. Dans cette distance, on pourrait être
tenté de rapprocher le traitement funèbre du renonçant indien
des pratiques appliquées, en Mésopotamie, aux morts ordinaires, enterrés comme lui, et au roi, dont la tête, comme la
sienne, se dresse en direction verticale. En réalité, ces analogies
ne font qu'accuser le contraste entre les deux stratégies de la
mort. Localisée, la tombe du renonçant sert bien de racine à
une communauté ; mais ce n'est pas un groupe social ; ni
famille, ni ethnie, ni caste, elle relève d'un tout autre ordre ;
elle marque un lien spirituel. Surtout, l'absence de crémation,
l'enterrement dans une fosse signifient que le renonçant, dès sa
vie délivré, rendu ici-bas à l'absolu, incarne, au sein de la
société indienne, cette entière errance, cette solitude complète,
ce statut radicalement hors société où les Mésopotamiens
voyaient une forme du malheur et du mal. Ce que la société
indienne, dans son fonctionnement, ses structures, ses prati-

ques, projette aux lointains de son horizon comme la visée ultime de son ordre, c'est cela même dont les Mésopotamiens font une puissance de confusion, une force de chaos social.

Quelle place assigner aux Grecs par rapport à ces deux idéologies contraires de la mort ? Si l'on s'appuie sur le témoignage de l'épopée pour dégager un modèle de la mort héroïque, dont l'empreinte marque de façon durable la civilisation des Hellènes, les Grecs semblent proches des Indiens par l'usage de brûler les cadavres sur un bûcher. Mais une différence saute aussitôt aux yeux. Le feu éteint, les Grecs sélectionnent les restes des os, non pour les disperser comme font les Indiens, mais pour les recueillir et les conserver précieusement dans un réceptacle. Ces vestiges du cadavre, purifiés par la flamme de tout élément corruptible, sont placés dans une fosse, sous la terre ; par le lieu qu'occupe désormais sa dépouille, le mort demeure en étroite connexion, comme chez les Mésopotamiens, avec un territoire. Davantage, l'érection d'un tumulus surmonté d'une pierre dressée ou d'un poteau fiché souligne la volonté d'inscrire la présence du défunt jusque sur la surface du sol et de la signaler en permanence aux vivants. Les Grecs se trouveraient-ils ainsi comme dans un entre-deux, à mi-chemin de l'Inde et de la Mésopotamie ? En aucune façon. Ils ont élaboré une idéologie funéraire où se déchiffre dans le traitement de la mort une stratégie sociale qui est bien à eux et qui, par rapport aux deux cultures précédentes, les place non au milieu, mais franchement ailleurs.

Plusieurs contributions, dans ce volume, traitent des problèmes de la mort grecque, dans ce qu'elle comporte de particulier, dans ses constantes et ses transformations, de l'archaïsme à la période hellénistique. Un rapport de synthèse[2] trace la ligne d'évolution qui, du beau mort de l'épopée, du cadavre du jeune guerrier gisant en gloire sur le champ de bataille, conduit à l'abstraction de la « belle mort » civique, où

---

2. Nicole LORAUX, « Mourir devant Troie, tomber pour Athènes : de la gloire du héros à l'idée de la Cité », *La Mort, les Morts*, op. cit., pp. 27-45.

s'exprime, dans l'imaginaire, toute ombre, toute contradiction abolies, la représentation idéale que la démocratie athénienne, au ve siècle, veut se faire d'elle-même.

Je me bornerai donc ici à relever quelques-uns des traits qui, en démarquant les Grecs des Indiens et des Mésopotamiens, mettent en pleine lumière l'originalité de leur position à l'égard de la mort. Deux éléments sont sur ce point spécialement à retenir : le premier concerne le rôle de la mémoire, le second, la place de l'individu, envisagé dans la singularité de sa biographie.

À côté de la foule des défunts ordinaires, brûlés collectivement sur le bûcher, voués à l'anonymat et à l'oubli, comme chez les Indiens, l'épopée grecque campe la figure de personnages exceptionnels qui, dans et par la mort, obtiennent ce qui, chez les humains, constitue la consécration de l'excellence, le prix de la perfection : une gloire impérissable. L'ardeur, la vertu héroïque dont ils sont animés les vouent par avance à périr au combat dans la fleur de la jeunesse et, du même mouvement, les arrachent à la décrépitude de l'âge, au silence où sombre le nom des morts du commun, à l'effacement irrémédiable dans l'oubli. Ils demeurent à jamais vivants, dans la mémoire collective, comme des personnages exemplaires, des modèles que la remémoration du chant poétique ne cesse de transmettre et d'actualiser tout au long des générations successives. Dans le statut de morts glorieux que leur confère la remembrance, sous ses deux formes institutionnelles : la mémoire du chant, indéfiniment répété, le mémorial du monument funéraire, pour toujours visible, ils acquièrent une réalité sociale et une efficacité symbolique dont la société des vivants ne saurait se passer. Par les hauts faits qu'ils ont su accomplir, la gloire qu'ils ont obtenue en mourant, ils forment les « hommes d'autrefois » : ils sont le « passé » du groupe, l'arrière-plan de la vie présente, les racines où s'implantent, non plus, comme en Mésopotamie, les diverses lignées familiales, mais une tradition culturelle qui sert de ciment à une communauté, où elle se reconnaît elle-même, parce que c'est à travers la geste de ces héros défunts, continûment rappelée, que l'existence sociale, dans sa forme « civilisée », prend aux yeux des vivants sens et valeur.

C'est une seule et même stratégie à l'égard de la mort qui, en Grèce, inspire le traitement du cadavre et préside au développement de l'épopée orale ; il s'agit, dans le premier cas, de faire accéder l'individu qui a perdu la vie à une nouvelle condition d'existence sociale, de transformer sa disparition, son absence à l'univers des vivants en un état positif stable : le statut de mort ; dans le second, d'inscrire la présence de certains défunts au centre de la vie commune. En faisant de l'épreuve finale où succombe le héros le critère de la perfection, la pierre de touche de l'excellence, on confère aux valeurs vitales, aux vertus sociales, propres à ce monde-ci, mais sublimées et comme transmuées à l'épreuve de la mort, un éclat, une permanence, une résistance à la destruction dont elles sont dénuées dans le cours de l'existence présente.

Comparé au commun des hommes, le héros est un être à part, au même titre que le renonçant de l'Inde ou le roi mésopotamien. Mais il a sa façon propre d'être exceptionnel. S'il cherche à s'accomplir, s'il est en quête de plénitude, ce n'est pas dans la ligne du renoncement, de la fuite hors du monde, dans l'abolissement de ses actes et en se retranchant de la société, mais en poussant à son extrême pointe la logique de l'action et de la vie humaines, en incarnant ici-bas, sur cette terre, par ses hauts faits, un idéal de perfection qui entraîne les valeurs « mondaines », les pratiques sociales, au-delà d'elles-mêmes. La vie du héros est bien sienne ; elle le demeure jusqu'au fond du trépas, puisque c'est dans l'affrontement de la mort qu'elle a révélé son être authentique. Aux normes usuelles de la vie collective, aux coutumes du groupe, le personnage du héros, par la rigueur tendue de sa biographie, l'exigence sans compromis de son *areté*, apporte une nouvelle dimension. Il instaure une forme d'honneur et de vertu qui dépasse l'honneur et la vertu ordinaires.

Ce ne sont pas non plus son statut et son rôle dans le corps social, sa fonction de roi, qui valent au héros, comme dans le cas du monarque mésopotamien, une mort à part, mais la série des exploits qui l'ont fait ce qu'il est et, en opposition parfois ouverte avec la communauté des siens et ses chefs reconnus, la singularité d'un destin personnel.

Une des originalités de la Grèce des cités — cette humanité « politique » — est d'avoir, en passant du prince au héros, utilisé comme symbole social, comme modèle commun, un personnage de défunt défini, non plus par son appartenance familiale ou sa position au sein du groupe, mais par la carrière de vie qui lui fut propre, par la forme particulière d'existence qu'il a choisi d'assumer et qui reste liée à son nom.

Différemment employé et orienté suivant le contexte socio-politique, ce symbolisme du beau mort, de l'individu mémorable, a subi des transpositions, des transformations dont l'étude ne relève plus d'une analyse synchronique comparant entre eux des modèles divers de civilisation, mais d'une recherche historique replaçant l'idéologie funéraire dans le cadre d'une société globale, à tel moment de son développement.

C'est dire que les deux perspectives adoptées dans ce colloque et que nous avons distinguées, loin de s'exclure, apparaissent complémentaires. Elles doivent être, dans chaque cas, confrontées l'une à l'autre pour se conjuguer toutes deux.

Au terme de ce préambule, je ne me sentirai pourtant pas quitte sans une dernière observation, qui déplace et prolonge encore le débat. Mes remarques, inspirées par Laurence Kahn et Nicole Loraux, visent à souligner que sur la mort, cette muette qui tout achève, aucun discours humain n'a jamais fini de parler. J'entends la mort au sens propre et qu'il faut ici distinguer des morts, plus faciles à acclimater sur le territoire de l'idéologie.

Pour prendre l'exemple des Grecs, on trouve, dans l'épopée, au sein même du chant glorifiant les beaux morts héroïques, les présentant comme le modèle de l'homme accompli, des passages qui mettent directement en cause l'imagerie du trépas impliquée dans les institutions funéraires. Dans l'édifice, si cohérent et si compact, de célébration des morts, cette dénégation ouvre tout à coup une béance où la mort se profile comme l'autre de tout ce qui peut en être dit. À l'Achille de l'*Iliade*, au héros qui a choisi la vie brève pour gagner la gloire impérissable dans la mémoire des hommes, répond en contre-point l'Achille de l'*Odyssée* qui, aux Enfers, livre à Ulysse cet ultime message : la plus misérable, la dernière des vies à la lumière du soleil vaut mieux que cette existence qu'il mène désormais, honoré de tous, au royaume des ombres. Aux Muses de l'*Iliade* que l'aède invoque pour faire revivre par ses vers devant les hommes d'aujourd'hui les hauts faits des héros d'autrefois, répondent ces autres chanteuses et musiciennes, ces « contre Muses » que sont les Sirènes de l'épisode odys-séen. Leur chant a le même charme que celui des filles de Mémoire ; elles dispensent, elles aussi, un savoir qu'on ne peut oublier ; mais qui cède à la séduction de leur voix, à la tentation de la connaissance qu'elles détiennent, ne pénètre pas, pour y demeurer à jamais, dans la splendeur d'une renommée éter-nelle ; il aborde à un rivage « tout blanchi d'ossements et de débris humains, dont les chairs se corrompent ».

S'il est donné à l'homme vivant d'entendre par avance le chant qui dira sa gloire et sa mémoire, ce qu'il découvre, ce n'est pas la belle mort, la gloire immortelle, mais l'horreur du cadavre et de la décomposition : l'affreuse mort. La mort est un seuil. Parler des morts, les mémoriser, les chanter, les évoquer dans les discours et les célébrations, c'est affaire de vivants. Au-delà du seuil, de l'autre côté, une face de terreur : l'indicible.

VI

Au miroir de Méduse

À Lycosoura, en Arcadie, la divinité la plus vénérée portait le nom de *Déspoina*, « Maîtresse ». Dans son temple, elle était figurée assise, trônant en majesté à côté de sa mère, Déméter. De part et d'autre des deux déesses, encadrant leur siège commun, se tenaient debout Artémis et Anytos, un Titan. Or vers la sortie du sanctuaire, on trouvait sur la droite, enchâssé dans le mur, un miroir. Écoutons ce qu'en dit Pausanias[1] : celui qui s'y regarde, rapporte notre témoin, ou bien ne discerne de lui-même qu'un obscur reflet, affaibli, indistinct (*amudrós*), ou bien ne s'y voit pas du tout ; en revanche les figures des dieux et le trône où ils prennent appui apparaissent nettement sur le miroir ; on les y peut contempler en pleine clarté (*enargôs*).

Dans le lieu saint où il a été fixé[2] le miroir inverse ses

1. PAUSANIAS, VIII, 37, 7.
2. Le culte de la *Déspoina* devait comporter des mascarades : sur la draperie sculptée que portait son image, et dont une partie a été conservée, des personnages humains à tête animale, bélier, porc, âne, cheval, étaient représentés en frise, dansant et jouant de la musique ; d'autres figurines, votives, ont été retrouvées dans le mégaron, où se célébraient des mystères : personnages moulés en terre cuite, debout, immobiles, vêtus d'un himation avec, au lieu du visage humain, une tête de bélier ou de bœuf. Y aurait-il, dans le culte comme dans le mythe, proximité du masque et du miroir ?

Publié dans *Lo Specchio e il Doppio. Dallo stagno di Narciso allo schermo televiso*, Milan, 1987, sous le titre « Dans l'œil du miroir : Méduse ».

propriétés naturelles. De son rôle normal — refléter les apparences, offrir l'image des objets visibles placés devant lui —, il bascule vers une autre fonction, à l'exact opposé : ouvrir une brèche dans le décor des « phénomènes », manifester l'invisible, révéler le divin, le donner à voir dans l'éclat d'une mystérieuse épiphanie.

Cas extrême sans doute : plus nettement encore que les quelques témoignages dont nous disposons sur les pratiques grecques de catoptromancie[3], il souligne le statut ambigu de l'image, reflétée au poli du métal ; elle semble osciller entre deux pôles contraires : tantôt pur faux-semblant, ombre vaine, illusion vide de réalité ; tantôt apparition d'une puissance de l'au-delà, affleurement sur la surface lisse, comme dans la transparence des eaux d'une fontaine, d'une réalité « autre », lointaine, étrangère à l'ici-bas, insaisissable, mais plus pleine, plus forte que ce que le monde offre aux yeux des créatures mortelles.

Dans la vie quotidienne des Anciens le miroir est par excellence chose de femmes. Il évoque le rayonnement de leur beauté, l'éclat de leur séduction, le charme de leur regard, de leurs cheveux bouclés, de leur teint délicat. Les femmes l'utilisent pour se voir, se connaître en se dévisageant. Se mirer c'est projeter sa propre face devant soi, en vis-à-vis, se dédoubler en une figure qu'on observe comme on le ferait d'un autre, en sachant qu'il s'agit de soi. Pas d'autre moyen pour s'appréhender soi-même dans la singularité de sa physionomie que ce face à face à travers le miroir où l'on se voit en train de se voir, où l'on se regarde se regardant. Le visage, en grec, se dit *prósôpon* : ce qu'on présente de soi au regard d'autrui, cette figure individualisée offerte aux yeux de quiconque vous aborde de front et qui est comme le sceau de votre identité[4].

3. Cf. A. DELATTE, *La Catoptromancie grecque et ses dérivés*, Liège et Paris, 1932.
4. Cf. ARISTOTE, *Parties des animaux*, III, 1, 662 *b* 19 (éd. et trad. P. Louis, 1956) : « [...] chez l'homme la partie comprise entre la tête et le cou s'appelle *prósôpon*, nom qu'elle doit, semble-t-il, à sa fonction. Car du fait que l'homme

En se voyant visage dans le miroir on se connaît comme les autres vous connaissent : en face à face, en croisant les regards ; on accède à soi-même en se projetant au-dehors, en s'objectivant, à la façon d'un autre, dans la forme d'un visage scruté droit dans les yeux et dont les traits à découvert brillent de la clarté du jour.

Pourtant, sur le miroir du temple, la face des vivants s'enténèbre ou s'efface. Le fidèle qui, sur le départ, s'y regarde, se voit, non tel qu'il est, mais tel qu'il sera quand il aura quitté la lumière du soleil pour gagner le pays des morts : ombre obscure, brouillée, indistincte, tête encapuchonnée de nuit, spectre désormais sans visage, sans regard. *Amudrós* est un doublet d'*amaurós*, le terme même qui, dans l'*Odyssée*, qualifie un fantôme nocturne et, chez Sappho, la tribu des morts [5]. Porte entrouverte sur l'Hadès, le miroir rappelle au dévot qui passe devant lui que sa claire figure d'être vivant est vouée à se perdre, le moment venu, au royaume de la Nuit, à disparaître noyée dans l'invisible. Un invisible par défaut, pourrait-on dire, par manque de cette lumière qui jamais ne pénètre aux demeures infernales, hermétiquement closes aux rayons du soleil. Mais il est un autre invisible, par excès celui-là : l'éclat de la splendeur divine est trop intense pour que le regard humain puisse l'affronter ; son rayonnement aveugle ou fait périr ceux qui ont voulu contempler les divinités face à face, les voir *enargeîs* en pleine lumière, tels qu'ils sont [6]. Aussi les dieux, pour se manifester aux mortels sans risquer de les détruire, revêtent-ils des apparences qui les dissimulent autant qu'elles les révèlent ; de même les idoles qui figurent aux yeux

est le seul animal qui se tienne droit, il est aussi le seul qui regarde de face et qui émet sa voix en face. »

Sur les valeurs du terme *prósôpon*, dans sa double acception de visage et de masque, on dispose aujourd'hui de l'enquête exhaustive menée par Françoise FRONTISI-DUCROUX, *Prosôpon. Valeurs grecques du masque et du visage*, thèse pour le doctorat d'État soutenue à l'École des hautes études en sciences sociales, 2 vol. de 831 pages, 1 catalogue de 148 pages, 1 vol. de planches de 365 pages, 1988.

5. *Odyssée*, IV, 824 et 835 ; Sappho, 71 (éd. Edmonds, *Lyra Graeca*, vol. I, Londres et New York, 1922) = 68 Bergk ; cf. *supra*, p. 117.

6. Cf. *Iliade*, XX, 131 ; *Odyssée*, XVI, 131 ; *Hymne à Déméter*, 111.

des fidèles les puissances de l'au-delà incarnent-elles leur présence dans le temple, où on leur offre résidence, sans pour autant s'identifier à elles : l'idole est divine, elle n'est pas le dieu. Cependant si, dans le miroir de Lycosoura, les idoles divines apparaissent en pleine clarté *(enargōs)*, c'est que sur sa surface s'opère une sorte de transmutation : en s'y reflétant, les images, fabriquées de main d'homme à la « semblance » des dieux, brillent de l'éclat authentique — et insoutenable — du divin ; l'image, au lieu de s'affaiblir en se redoublant dans le reflet, s'intensifie, se renforce, se transforme ; elle se fait épiphanie divine : c'est le dieu lui-même, qui, rendu présent comme au terme d'une initiation, vous regarde dans les yeux au moment où vous quittez son temple.

Si nous nous sommes quelque peu attardé sur la bizarrerie que signale Pausanias dans son compte rendu de visite au sanctuaire de la *Déspoina* c'est qu'elle marque, de façon frappante, la place particulière que ménage au miroir la culture antique. Dans le champ que dessinent les rapports ambigus du visible et de l'invisible, de la vie et de la mort, de l'image et du réel, de la beauté et de l'horreur, de la séduction et de la répulsion, cet objet d'usage quotidien occupe une position clef, d'importance stratégique : dans la mesure même où il apparaît susceptible de conjoindre ces termes normalement opposés, il se prête, plus qu'un autre, à la problématisation de tout le domaine du voir et de l'être vu : l'œil d'abord avec le trait de lumière qui, dans la vision, en émane à la façon de cet autre œil, cette prunelle embrasée qu'est le soleil, astre qui voit tout et qui rend tout visible, du même mouvement, en dardant ses rayons, source de toute vie ; l'être réel, ensuite, avec son double, son reflet, son image peinte ou sculptée ; et encore l'identité de chacun, le retour sur soi et la projection dans l'autre, la fascination érotique ; enfin la fusion, dans le visage de l'aimé en qui, comme en un miroir, on se cherche et se perd, de la beauté et de la mort.

Trois mythes, dont céramistes, peintres et sculpteurs se sont largement inspirés dans leurs œuvres plastiques, ont utilisé le miroir comme opérateur pour mettre en scène ces différents thèmes et tirer parti, chacun à sa façon, de leurs multiples implications : Persée et la Gorgone Méduse, Dionysos et les Titans, Narcisse.

Nous nous limiterons ici au plus ancien qui est aussi le plus richement attesté dans la tradition antique, littéraire et figurée. De la légende de Persée décapitant Méduse nous ne retiendrons que l'essentiel : ce noyau central qui concerne directement notre enquête. Toute l'histoire, dans ses diverses séquences, est en effet construite autour du thème voir-être vu, couple indissociable pour les Grecs : c'est la même lumière — émise par l'œil, baignant les objets, renvoyée comme en écho par le miroir — qui fait que l'œil voit et que les choses sont visibles. Or, Gorgô et ses deux sœurs portent la mort dans les yeux. Leur regard tue. Les voir, ne fût-ce qu'un instant, c'est quitter pour toujours la clarté du soleil, perdre la vie avec la vue : être changé en pierre, bloc aveugle, opaque aux rayons lumineux comme ces stèles funéraires qu'on érige sur les tombeaux de ceux qui ont à tout jamais sombré dans l'obscurité de la mort. Si la vision de ces monstres est insoutenable c'est que mêlant, dans leur faciès, l'humain, le bestial, le minéral[7], elles sont la figure du chaos, du retour à l'informe, à l'indistinct, à la confusion de la Nuit primordiale : le visage même de la mort, de cette mort qui n'a pas de visage[8]. Les Gorgones incarnent l'Épouvante, la Terreur comme dimension du surnaturel. Elles susciteraient Panique, Fuite éperdue, Déroute, dont leur tête semble auréolée, si elles ne vous clouaient sur place, glacé d'épouvante. Impossible à dire, à voir, à penser, ces monstres n'en ont pas moins une présence impérieuse. Qu'ils surgissent, on les trouvera toujours juste

---

7. Cf. J.-P. VERNANT, *La Mort dans les yeux. Figures de l'autre en Grèce ancienne : Artémis, Gorgô*, Paris, 1986, p. 31 sq.

8. La tête encapuchonnée de ténèbres, les morts sont sans visage. Françoise Frontisi observe justement que Gorgô n'est pas nommée *prósôpon* « visage », mais *kephalé* « tête ». Et cependant cette tête n'est figurée que de face. Quand l'invisible, en tant que Nuit, obscurité totale, nous apparaît, c'est un affrontement face à face qui nous est imposé avec ce qui n'est pas visage.

devant soi, vous fixant dans les yeux face à face. À peine un
coup d'œil jeté dans leur direction que déjà leur regard vous a
atteint et foudroyé. Semblable à l'image de vous-même que le
miroir reflète et qui toujours vous renvoie votre propre regard,
la tête de Gorgô — contrairement aux conventions figuratives
de l'art archaïque où les personnages sont tous peints de profil
— est chaque fois représentée de face, dardant sur les
spectateurs la lueur de ses yeux écarquillés, leur envoyant en
pleine figure son regard fascinant. Qui voit la tête de Méduse
se change, dans le miroir de ses prunelles comme dans celui de
Lycosoura, en une face d'horreur : la figure fantomatique d'un
être qui, ayant traversé le miroir, sauté la frontière qui sépare la
lumière des ténèbres, a du coup sombré dans l'informe et n'est
plus rien ni personne.

Comment Persée parviendra-t-il à décapiter Méduse et à
s'approprier sa tête ? L'histoire, chemin faisant, mettra en place
d'autres questions, complémentaires. Comment voir ce dont
on ne peut soutenir la vue, le voir sans le regarder et sans
tomber sous son regard ? Comment, pour exorciser, sinon la
mort, du moins la terreur qu'elle inspire, s'en rendre maître en
la représentant, en figurant sur des images les traits d'un
monstre dont l'horreur déjoue toute tentative de figuration ?
En d'autres termes, comment donner à voir, pour les mettre à
son service et les tourner contre ses ennemis, la face impossible
à voir, l'œil interdit au regard ?

Trois épisodes, trois épreuves, trois étapes dans l'itinéraire
qui conduit Persée à affronter en vainqueur la face horrible de
la mort. D'abord les Grées. Ces jeunes-vieilles, ces demoiselles
ancestrales, nées ridées et les cheveux blancs, sœurs des
Gorgones, détiennent un secret ; elles connaissent la route à
suivre, le chemin qui mène aux Nymphes, cachées, invisibles là
où nul ne les saurait découvrir. Or les Nymphes seules
disposent des talismans susceptibles de réaliser l'exploit impossible : tuer Méduse, celle des trois Gorgones qui n'est pas tout
entière immortelle, détacher du corps de la morte la tête dont
les yeux et la face conservent intact leur pouvoir mortifère,

l'emporter avec soi pour la ramener dans le monde des hommes en échappant à la poursuite et aux regards pétrifiants des deux survivantes furieuses. Méduse a la mort dans les yeux ; qui saura mettre et cacher dans son sac la tête de Méduse sera consacré maître de la Terreur, *mếstōr phóboio*, seigneur de la mort [9].

Les Grées forment un inquiétant trio : vieilles sorcières juvéniles, elles n'ont à elles trois qu'une seule dent, qu'un seul œil qu'elles se passent de la main à la main pour que chacune tour à tour en dispose. Plutôt rassurant donc, à première vue. Mais il ne faut pas trop s'y fier. La dent unique est-elle celle d'une vieille édentée ou d'une jeune ogresse mangeuse de chair humaine ? Un œil pour trois, il semble que ce soit peu pour bien y voir. En réalité, transmis continûment d'un visage sur un autre, cet œil reste toujours à l'œuvre, aux aguets : sans cesse ouvert et vigilant, il ne connaît pas le sommeil. De même qu'il suffit d'une dent pour être dévoré, si elle est bonne, il n'est besoin que d'un œil pour être vu, s'il peut ne se jamais fermer. L'œil unique des Grées répond, sous une forme symétrique et inverse, aux cent yeux d'Argos que seul Hermès, le bon voyeur (*Eúskopos*), peut surprendre et tuer. Cent yeux pour un seul corps, cela signifie qu'Argos regarde de tous les côtés à la fois et qu'il voit sans interruption : quand cinquante de ses yeux dorment, les cinquante autres sont éveillés. Un seul œil pour trois corps, le résultat est analogue : il y a toujours, parmi les trois, une Grée à avoir l'œil. Pour vaincre ces dames de l'œil, à la dent dure, Persée — conduit par Athéna et Hermès, dieux subtils, dieux retors qui le protègent —, devra deviner le point faible, sauter sur l'occasion, viser juste. Comme au jeu du furet, le héros repère l'instant précis, le court et secret intervalle où, transitant de la main d'une Grée à celle d'une autre, l'œil faute d'être en place n'est encore en usage à

9. Tel est le titre donné à Persée par le PSEUDO-HÉSIODE, dans le *Catalogue des Femmes*, fr. 129, 15 (éd. R. Merkelbach et M.L. West, Londres, 1967) ; cf., sur ce point et sur quelques autres où nous rencontrons ce savant, Ezio PELLIZER, « Voir le visage de Méduse », MHTIΣ. *Revue d'anthropologie du monde grec ancien*, II, 1, 1987, pp. 45-60.

aucune. C'est Persée qui bondit et met la main sur l'œil. Voilà
nos Grées aveuglées, inoffensives. Elles demandent grâce.
Contre l'œil, elles livrent le secret du séjour des Nymphes.

Persée va donc les dénicher. Rejointes dans leur cachette
elles ne se font pas prier pour offrir au jeune homme les trois
armes de défense magique contre le rayon visuel de mort. Elles
lui donnent d'abord la *kunéē*, le casque d'Hadès, la coiffe qui,
« contenant les ténèbres de la Nuit » [10], rend quiconque s'en
couvre la tête invisible comme le dieu des Enfers et la foule des
trépassés qui peuple son empire. Pour déjouer le regard qui
expédie au royaume des ombres, Persée, masqué de nuit,
indiscernable, revêt tout vivant la figure d'un mort.

Les Nymphes lui livrent ensuite les sandales ailées, comme
en porte Hermès. À la non-visibilité, elles ajoutent ainsi
l'ubiquité, le pouvoir de passer en un instant, par l'envol, d'un
endroit à un autre, de parcourir toute l'étendue du monde
depuis les demeures souterraines, en ces frontières de la Nuit
où gîtent les Gorgones, jusqu'aux confins de la Terre et du
Ciel. La coiffe, les sandales : plus de figure repérable à l'œil qui
cherche à vous voir, plus de lieu fixe où vous atteindre pour le
regard qui vous vise.

Le troisième cadeau est la *kíbisis*, la sacoche creuse, la
profonde gibecière où enfouir, sitôt tranchée, la tête de
Méduse pour qu'enfermée dans l'obscurité de sa cache elle ne
puisse, tant qu'elle n'aura pas été sortie et brandie au-dehors,
exercer son sinistre pouvoir. Aussi longtemps qu'on la laisse
dissimulée, la tête à l'œil de mort ne pourra ni voir ni être vue.
Comme par un voile jeté sur un miroir, le face à face est
interrompu à volonté avec Gorgô. À ces trois cadeaux, les
dieux en ajoutent eux-mêmes un quatrième : l'instrument de la
décollation, la faucille courbe, la lame du combat rapproché,
de l'embuscade, l'arme des coupeurs de tête, la *hárpē*. Ainsi
équipé, Persée est en état d'aborder l'ultime phase du drame.
Le voilà en présence des trois Gorgones. Le moment est venu
de passer à l'action.

---

10. HÉSIODE, *Bouclier*, 227.

Or, dans la version la plus complète et suivie, celle du Pseudo-Apollodore[11], le récit de l'opération finale — couper la tête — énumère toute une série de précautions présentées comme indispensables au succès et dont chacune aurait dû normalement suffire, semble-t-il, à assurer la réussite de l'entreprise. Au reste, invisible et doué d'une mobilité aérienne, Persée n'a-t-il pas déjà en mains tous les atouts pour surprendre et décapiter Méduse ? Encore faudrait-il être sûr que le regard du monstre, perçant le masque d'invisibilité que porte le héros, n'aille pas rencontrer son œil au moment même où il observe la tête dont il s'agit de trancher le col. Il faut donc aborder les Gorgones dans des conditions bien précises : quand elles dorment et que la flamme de leur regard s'est éteinte sous leurs paupières assoupies. Mais cela même ne suffit pas. Méduse est toujours prête à s'éveiller. Comme Zeus dont le regard foudroie, elle ne dort jamais que d'un œil. On doit donc prendre garde à ne pas répéter la mésaventure dont le monstre Typhée fut victime[12]. Voyant le roi des dieux endormi, il crut pouvoir en profiter pour lui ravir, avec son sceptre, la souveraineté du ciel. Mais à peine avait-il fait un pas que l'œil de Zeus l'avait frappé et réduit en cendres[13]. Contre les périls de l'œil, l'épreuve du face à face, le croisé des regards, la réciprocité inévitable du voir et de l'être vu, il faut inventer d'autres parades.

Première solution : c'est Athéna qui guide la main du héros, qui conduit son bras, qui dirige son geste ; Persée a les yeux ailleurs, il ne voit rien. Deuxième solution, qui s'ajoute, dans le texte, à la première : Persée agit d'un côté et regarde de l'autre ; il détourne la tête et les yeux dans la direction opposée à celle de Méduse pour lui couper le cou sans la voir. Troisième solution, qui fait la synthèse des deux premières : Persée opère en regardant, non le visage ni les yeux de Méduse, mais le reflet

---

11. *Bibliothèque*, II, IV, 2.

12. Épiménide, 11 fr. B 8, (éd. H. Diels, W. Kranz, *Die Fragmente der Vorsokratiker*[7], Berlin, 1954).

13. Cf. Marcel Detienne et Jean-Pierre Vernant, *Les Ruses de l'intelligence. La Métis des Grecs*, Paris, 1978 (1re éd. 1974), p. 116.

qu'en présente la surface polie du bouclier de bronze, dont
Athéna se sert comme miroir pour capter l'image du monstre.
Grâce à la déviance que subit le rayon quand il se réfléchit, le
miroir permet de voir Méduse sans la regarder, en se détournant d'elle comme dans la deuxième solution, en gardant les
yeux ailleurs, comme dans la première ; il permet de voir
Méduse, non en face, mais par-derrière, de la voir, non dans la
mortelle réalité de sa personne, mais en image : Méduse en
copie conforme, comme si c'était elle, mais absente dans la
présence de son reflet.

Arrêtons-nous un moment en ce point où l'œil de Gorgô
— ce miroir transformant les vivants en morts — se trouve,
dans et par le miroir où il se reflète, dépouillé de sa puissance
exterminatrice. C'est à partir du IVe siècle avant notre ère que ce
motif du reflet (sur le bouclier d'Athéna d'abord, puis aussi
dans les eaux d'une source, ou sur un miroir proprement dit),
jusqu'alors absent de la geste de Persée, s'y introduit, au flanc
des vases et dans les textes, pour expliquer la victoire du héros
sur Méduse. Addition, par conséquent, d'un élément nouveau,
de caractère « moderne », dans la mesure où, opposant
nettement l'image et le réel, le reflet et la chose reflétée, il
apparaît lié aux efforts des peintres contemporains pour
donner l'illusion de la perspective, aux réflexions des philosophes sur la *mimēsis*, l'imitation, et au démarrage des
recherches qui, d'Euclide à Ptolémée, conduiront à une science
optique. Encore faut-il avoir bien présent à l'esprit que cette
« modernité » n'est pas la nôtre : dans le contexte d'une
culture qui ne peut dissocier la vue et le visible, qui les assimile
dans la conception du rayon visuel lumineux — la vue
« connaissant la couleur » en se colorant, connaissant « le
blanc parce qu'elle blanchit, le noir parce qu'elle noircit »,
comme l'écrit encore le grand Ptolémée au IIe siècle apr. J.-C. [14]
— ni l'image, ni le reflet, ni le miroir ne sauraient avoir le statut
que nous leur reconnaissons aujourd'hui.

---

14. *Optique*, II, 24. Cité par Gérard SIMON, « Derrière le miroir », *Le
Temps de la réflexion*, II, 1981, p. 309.

Dans son traité *De insomniis*, Aristote signale que les miroirs se ternissent quand les femmes s'y mirent à l'époque des règles [15]. Il se forme alors à leur surface comme un nuage sanglant dont il est difficile, quand le miroir est neuf, de faire disparaître la tache. En se regardant sur le métal qui vient d'être parfaitement poli, les femmes y projettent donc un reflet qui, pour n'être que simple image d'elles-mêmes, faux-semblant, n'en imprègne pas moins la surface d'un halo ensanglanté. Quelque chose de la carnation des femmes, dans leur état d'écoulement menstruel, atteint le miroir à travers les rayons réfléchis, s'y imprime, y demeure même après qu'elles se sont détournées. Les images de miroirs, écrit ainsi Proclus dans son commentaire à *La République*, conservent par « sympathie » les caractères des corps dont elles proviennent [16].

Sur le bouclier qu'Athéna dirige vers la face de Méduse pour qu'elle s'y reflète, l'image du monstre aurait-elle au contraire entièrement perdu la nocivité du modèle ? La réponse que le mythe donne à entendre n'est pas aussi simple qu'il peut sembler de prime abord. Certes, le face à face, le choc des regards, la réciprocité du voir et de l'être vu ont été, par l'artifice du miroir, évités pour le plus grand bien de Persée. En ce sens, il est vrai que l'image de Méduse est autre chose que Méduse. Est-ce à dire qu'elle n'est rien qu'illusion, impression subjective dans la conscience du spectateur ? Le mythe prétend exactement le contraire : l'image de Gorgô, telle que le bouclier la présente en reflet, a une efficacité réelle, un pouvoir actif qui émane d'elle avec les rayons qu'elle renvoie et dont l'impact est analogue à celui de son modèle. Simplement, par l'entremise du miroir ou par l'emploi de tout autre mode de représentation imagée, cette puissance de rayonnement est contrôlée, utilisée à certaines fins, dirigée selon des stratégies diverses : religieuses, militaires, esthétiques. Entre l'image et le réel, en « sympathie », la coupure n'est pas absolue ; de l'une à

15. *De insomniis* (*Des rêves*) 459 *b* 26.
16. PROCLUS, *Commentaire sur la « République »*, 290, 10-15 (éd. A. J. Festugière, Paris, 1970, t. III, p. 98).

l'autre s'affirment des affinités, subsistent des voies de passage.

En présentant son bouclier pour qu'en son centre l'image de Gorgô vienne s'y inscrire, Athéna sait ce qu'elle fait. Elle orne son arme défensive de l'« épisème » traditionnel, indispensable pour que le bouclier de la déesse remplisse son office : le *Gorgóneion*, qui répond, en la redoublant, à la vraie tête de Méduse qu'Athéna porte sur sa poitrine en égide depuis que Persée lui en a fait cadeau. En ce sens, le détail ajouté au IVᵉ siècle à l'épisode légendaire de la décapitation de Méduse prend valeur de récit étiologique justifiant *a posteriori* l'usage attesté dès la plus haute époque de représenter Gorgô sur les boucliers des combattants, pour rehausser leur prestige, provoquer la terreur chez l'adversaire, le vouer par avance à la déroute et à la mort. Exhibée en image, la face de Méduse, fait du guerrier, à l'imitation de Persée, un maître de la Peur [17]. Le *Gorgóneion* n'est pas représenté seulement sur les boucliers. Sa figure multipliée — sur les frontons des temples, sur leur toit, en acrotères et antéfixes, dans les maisons privées, sur les tissus, les bijoux, les sceaux, les monnaies, les pieds des miroirs, sur la panse des vases et le fond des coupes — réussit à visualiser l'aveuglant soleil noir de la mort et, par là, à en neutraliser l'horreur par des images plus conventionnelles, voire banales, tout en mobilisant et exploitant les effets de terreur que provoque ce signe efficace. L'image de cette face impossible à voir [18] est un *téras*, un prodige, dont on peut dire aussi bien qu'il est « terrible à regarder » et « merveilleux à voir » [19]. Dans sa dimension prodigieuse, l'*eikốn*, l'image-reflet

---

17. Les liens qui unissent la geste de Persée au thème du bouclier comme arme défensive jetant la terreur dans le camp adverse ont été justement signalés par E. Pelitzer, art. cité, p. 53. Abas, bisaïeul de Persée, avait la réputation d'être l'inventeur du bouclier : d'autres traditions situent cette invention à la génération suivante, au cours de la guerre qui oppose entre eux les jumeaux Acrisios et Proïtos, respectivement grand-père et grand-oncle (ou père, si l'on admet que Danaé s'était unie à Proïtos, non à Zeus), de Persée.

18. « Comment Persée a-t-il pu voir les Gorgones ? Elles sont irregardables (*athéatoi*) », fait dire LUCIEN à une Néréide, dans son *Dialogue des dieux marins*, 14 (= 423) avec le commentaire de Fr. FRONTISI, *op. cit.*, I, p. 163.

19. ESCHYLE, *Euménides*, 34 : *deinà d'ophtalmoîs drakeîn* ; HÉSIODE, *Bouclier*, 224 : *thaûma idésthai*.

de Méduse est proche encore de l'*eidōlon*, le double (image du rêve envoyée par les dieux, spectre des morts, apparition fantomatique)[20] ; jetant un pont entre notre monde et l'au-delà, rendant visible l'invisible, l'image de Gorgô unit les caractères d'une présence surnaturelle, inquiétante, maléfique et d'un faux-semblant trompeur, d'un artifice illusionniste destiné à captiver les yeux. Elle peut, suivant les cas, pencher du côté de l'horrible ou s'orienter vers le grotesque, apparaître terrifiante ou risible, provoquer répulsion ou attrait ; au masque traditionnel du monstre grimaçant en un affreux rictus viennent se substituer parfois les traits charmants d'un visage féminin. Dès le ve siècle, au moment même où surgit le motif du miroir, s'amorce le tournant qui conduira à représenter Méduse sous l'aspect d'une jeune femme d'une merveilleuse beauté. Dans certaines versions du mythe que rapportent Apollodore, Pausanias, Ovide[21], c'est l'excès même de cette beauté, son rayonnement, qui constituent l'élément moteur du drame, soit qu'ils déclenchent la jalousie d'Athéna et poussent la déesse à massacrer sa rivale, soit qu'ils décident Persée, ébloui par la perfection du visage de Méduse, à lui couper la tête après l'avoir tuée pour ne pas devoir se séparer jamais de cette resplendissante face.

À Lycosoura, un double mouvement se produisait à travers le miroir : les visages des humains, assombris, s'effaçaient comme engloutis dans les ténèbres angoissantes de la Nuit ; ceux des dieux brillaient de tout l'éclat d'une incomparable splendeur. Sur le masque de Méduse, comme dans un miroir à double fond, se superposent et interfèrent l'étrange beauté du visage féminin, brillant de séduction, et la fascination horrible de la mort.

---

20. Sur l'*eidōlon*, cf. J.-P. VERNANT, *Mythe et pensée chez les Grecs*, 1985 (10e éd.), pp. 326-351 (1re éd. 1965) ; *Annuaire du Collège de France, Résumé des cours et travaux*, 1975-1976, pp. 372-375 ; 1976-1977, pp. 423-441 ; 1977-1978, pp. 451-465.

21. PSEUDO-APOLLODORE, II, 4, 3 ; PAUSANIAS, II, 21, 5 ; OVIDE, *Métamorphoses*, IV, 754 sq. ; cf. aussi LUCIEN, *Portraits*, 39.

VII

Figures féminines
de la mort en Grèce

Pour dire la mort, le Grec a un nom masculin, *Thánatos*. Sur les représentations figurées *Thánatos* apparaît, associé à son frère *Húpnos*, Sommeil, sous les traits d'un homme dans la force de l'âge, portant casque et cuirasse[1]. Soulevant le cadavre d'un héros tombé sur le champ de bataille, l'emmenant loin de là pour que lui soient rendus les honneurs funèbres, les deux frères divins ne se distinguent des combattants ordinaires que par les puissantes ailes dont leurs épaules sont revêtues. Chez ce *Thánatos* dont le rôle n'est pas de tuer, mais d'accueillir le mort, de prendre livraison de quiconque a perdu la vie, rien de terrifiant, et encore moins de monstrueux. Dans l'imagerie le *Thánatos* viril peut revêtir la figure même du guerrier qui a su trouver, dans ce que les Grecs appellent la « belle mort », le parfait accomplissement de sa vie : grâce à ses exploits, dans et par sa mort héroïque, le combattant tombé au premier rang dans la bataille demeure pour toujours présent dans la vie et la mémoire des hommes ; l'épopée sans cesse célèbre son nom, chante sa gloire impérissable ; les stèles figurées, au VIᵉ siècle, le

---

1. Par ex. cratères attiques à figures rouges, New York, 1972.11.10, Paris, Louvre G 163. Sur ce sujet cf. D. von BOTHMER, « The Death of Sarpedon », in *The Greek Vase*, S. L. Hyatt (ed.), New York, 1981, pp. 63-80.

Une première version de ce texte a paru dans *Lettre internationale*, 1985, 6, pp. 45-48, sous le titre « La Douceur amère de la condition humaine ». Il a été remanié, complété, augmenté de notes.

donnent à voir au public, sur son tombeau, dressé à tout jamais dans la fleur de son âge, dans l'éclat de sa virile beauté.

Masculin, *Thánatos* ne semble donc pas incarner cette puissance horrible de destruction qui s'abat sur les humains pour les perdre, mais plutôt cet état autre que la vie, cette condition nouvelle dont les rites funéraires ouvrent aux hommes l'accès et auxquels nul d'entre eux ne saurait échapper parce que, nés de race mortelle, il leur faut tous quitter un jour la lumière du soleil pour être rendus au monde de l'obscurité et de la Nuit.

La mort, dans son aspect d'épouvante, comme puissance de terreur exprimant l'indicible et l'impensable, l'altérité radicale, c'est une figure féminine qui en assume l'horreur : la face monstrueuse de Gorgô, dont le regard, insoutenable, change en pierre. Et c'est encore une entité féminine, la Kère — noire, sombre, méchante, horrible, exécrable — qui représente la mort comme force maléfique s'acharnant sur les humains pour les détruire, assoiffée de leur sang, les avalant pour les engloutir dans cette nuit où le destin veut qu'ils se perdent.

Certes *Thánatos* n'est pas « paisible et doux, pour les hommes », comme son frère Sommeil. Il a, selon Hésiode, « un cœur de fer, une âme d'airain, implacable » mais, précise aussitôt le poète, c'est qu' « il tient à jamais l'homme qu'il a pris »[2]. On n'échappe pas à *Thánatos*, on ne revient pas de chez lui. Même le rusé Sisyphe qui, par deux fois, parvient à tromper *Thánatos* en fait finalement la dure expérience. *Thánatos* est inexorable, mais le tableau de la Kère est tout autre. Dans l'*Iliade*, sur le bouclier d'Achille, « l'exécrable Kère » est figurée en pleine action : « [...] elle tient, soit un guerrier encore vivant, malgré sa fraîche blessure, ou un autre encore non blessé, ou un autre déjà mort qu'elle traîne par les pieds dans la mêlée et sur ses épaules elle porte un vêtement rouge du sang des hommes[3]. » L'auteur du *Bouclier* — attribué à Hésiode —, quand il reprend la même scène,

2. *Théogonie*, 764-766 (trad. Paul Mazon, Paris, 1928).
3. *Il.*, XVIII, vv. 535 sqq (trad. P. Mazon, Paris, 1938).

renchérit : « [...] les Kères noires, faisant claquer leurs dents blanches — affreuses, terrifiantes, sanglantes, effroyables — s'empressaient à l'envi autour de ceux qui tombaient. Toutes, avides, voulaient humer le sang noir. Le premier qu'elles saisissaient, soit à terre, soit en train de tomber blessé, elles l'enveloppaient, abattant sur lui leurs ongles immenses et son âme aussitôt descendait dans l'Hadès, dans le Tartare glacé. Puis quand leur cœur s'était tout son saoul repu de sang humain, elles rejetaient le cadavre et retournaient exercer leur fureur dans le fracas de la mêlée [4]. »

Nous ne sommes plus, comme avec *Thánatos*, dans le registre d'un « irrémédiable » auquel nulle créature mortelle ne peut se soustraire mais dont le héros, par sa façon même de l'affronter, fait l'occasion d'une survie en gloire dans la mémoire des hommes ; nous sommes sur le plan de puissances mauvaises, de furies sinistres assouvissant leur haine sanguinaire.

Thánatos mâle, Gorgone et Kère féminines. L'opposition des sexes correspond-elle à ces deux faces de la mort grecque, que nous évoquions dans une étude récente [5] ? *Thánatos*, plus proche de la belle mort, comme idéal de la vie héroïque, garant d'une gloire immortelle ; Gorgô et la Kère, plus proches de tout ce que la transformation du vivant en cadavre, du cadavre en charogne peut mobiliser de répulsion et d'horreur. Un pas de plus. Le rituel des funérailles, le statut de mort, le beau mort, la figure de *Thánatos* — autant de façons, pour les vivants, de se rendre les morts présents, plus présents même, chez les vivants que les vivants. C'est une stratégie sociale qui, en faisant des morts et surtout de certains d'entre eux le passé même de la cité, un passé rendu continûment présent au groupe par les mécanismes de la mémoire collective, entreprend d'apprivoiser la mort, de la civiliser, c'est-à-dire de la dénier en tant que telle. Gorgô, la Kère, ce ne sont plus les morts tels que les vivants s'en souviennent, les commémorent

---

4. [HÉSIODE], *Bouclier*, 248 sqq. (trad. Paul Mazon, éd. citée).
5. Cf. *supra*, « Mort grecque, mort à deux faces », pp. 81-89.

et les célèbrent, mais la confrontation plus directe avec la mort en elle-même, la mort au sens propre, cet au-delà du seuil, cette béance ouverte de l'autre côté, que nul regard ne peut atteindre, aucun discours exprimer : rien, que l'horreur d'une Nuit indicible.

Dichotomie trop brutale sans doute et que des retouches, des ajouts en tout cas, devront nuancer. Il y a des figures féminines de la mort, Sirènes, Harpyes, Sphinges, d'autres encore, qui à l'angoisse et l'épouvante joignent l'attrait, le plaisir et la séduction ; il y a des zones où, *Thánatos* interférant avec *Érōs*, le combat à mort du guerrier côtoie, frontières brouillées, l'attirance et l'union sexuelles de l'homme et de la femme.

Pour discerner ces lieux de voisinage entre *Thánatos* et *Érōs*, entre la mort et le désir, pour repérer parmi les figures de la mort grecque celles qui empruntent au visage de la femme, de la jeune fille tout spécialement, son pouvoir d'étrange fascination, le charme inquiétant de sa beauté, il nous faut suivre plusieurs pistes[6].

La première nous fait remonter jusqu'aux origines. Dans la *Théogonie*, la naissance d'Aphrodite précède immédiatement le catalogue des enfants de Nuit, dont les premiers-nés disent la mort sous ses trois noms : odieux Destin *(Mórós)*, noire Kère, *Thánatos*[7].

À peine née, Aphrodite est encadrée de ceux qui ne la quitteront plus, *Érōs* et *Hímeros*, Amour et Désir[8]. Du premier jour, son lot, son privilège ce sont, avec la suave douceur du plaisir, les propos intimes des jeunes filles, *partheníoi óaroi (óaros, oárismos* ce sont les babils tendres, *oaristús*, le rendez-vous amoureux, *oarízein*, deviser tendrement ; tous ces termes ont rapport avec le mot *óar*, la

---

6. Dont certaines ont déjà été frayées par L. KAHN-LYOTARD et N. LORAUX ; cf. art. « Mort », *Dictionnaire des mythologies*, Y. BONNEFOY (éd.), Paris, 1981.

7. *Théog.*, 190-212.

8. *Théog.*, 201.

compagne de lit, l'épouse avec laquelle on échange, sur l'oreiller, les confidences avec le reste), babils de jeunes filles donc, mais aussi menteries, propos trompeurs, *exapátai*, et union amoureuse, *philótēs*.

Regardons maintenant du côté des enfants de Nuit, de *Núx* la ténébreuse qui semble s'opposer entièrement à la brillante Aphrodite, l'Aphrodite d'or. Dans cette progéniture sinistre, la mort nommée au féminin, la Kère, a spécialement sa place. Nuit est, avec Érèbe, la puissance qui sort immédiatement de *Kháos*, la Béance originelle, quand il n'existe encore au monde rien qu'un immense gouffre obscur, une ouverture sans fond, sans direction. *Kháos*, Béance, se rattache à *khaínō*, *kháskō*, s'ouvrir, béer, bâiller. Or dans l'*Iliade*[9] le fantôme de Patrocle, surgi devant Achille, évoque le destin de mort qui lui a été réservé sous la forme de « l'horrible Kère qui a ouvert la bouche pour m'avaler ». Le verbe employé *amphikhaínō* montre que la Kère, quand elle bâille pour vous engloutir, vous renvoie à cette béance originelle, cette sombre indistinction primordiale dont Nuit et sa descendance sont comme la trace et le prolongement dans le cosmos organisé d'aujourd'hui. Qui voyons-nous dans cette lignée qu'à peine émergée de *Kháos* Nuit enfante d'elle-même, sans s'unir avec personne, comme si elle taillait sa progéniture dans sa propre étoffe ténébreuse ? À côté des puissances sombres, négatives, incarnant la mort, le malheur, la privation, le châtiment, figurent ces belles jeunes filles qu'on appelle les Hespérides[10]. À l'extrême ouest, aux confins du monde, là où le soleil chaque soir s'engloutit pour disparaître lui aussi dans la nuit, ces vierges veillent sur les pommes d'or qui restent confiées à leur soin. La pomme : fruit que l'amoureux offre à l'aimée pour lui déclarer son amour, symbole d'union érotique, promesse de mariage éternel ; mais la localisation des jeunes filles et de leurs fruits dans un jardin inaccessible, au-delà d'Océan, frontière du monde, sous la garde d'un dragon féroce, dit assez que si Zeus et Héra se sont unis

9. *Il.*, XXIII, 78.
10. *Théog.*, 215.

dans ce jardin, les mortels pour l'atteindre, comme il leur arrive d'en rêver, devraient traverser la mort. Il y a plus significatif encore. Dans la lignée de la Nuit, parmi les fléaux que l'antique déesse a engendrés, figurent *Philótēs* et *Apátē*, Tendresse amoureuse et Tromperie, les deux entités qui sont le privilège *(timḗ)* et le lot *(moîra)* d'Aphrodite. Ce n'est pas tout. Associées à la sinistre escouade de Mêlées, Combats, Meurtres et Tueries — toutes les formes de la mort violente — se présentent les Propos menteurs *(Pseudées Lógoi)* qui rappellent d'autant plus sûrement le babil amoureux des jeunes filles avec leurs ruses trompeuses *(exapátai)* que d'autres passages d'Hésiode sont explicites sur ce point : dans le sein de Pandora, la première femme, d'où est issue « la race des femmes féminines », Hermès place les *pseúdeá th' haimulíous te lógous*, les menteries et propos trompeurs [11] ; aussi Hésiode met-il en garde son lecteur masculin : qu'une femme n'aille pas lui duper l'esprit en lui babillant des tromperies [12]. Au reste faut-il rappeler qu'au temps où n'existait pas encore de femmes, avant la création de Pandora, il n'y avait pas non plus, pour les hommes mâles, de mort. Mêlés aux dieux, vivant comme eux, à l'âge d'or, ils demeuraient mêmement jeunes tout au long de leur existence et c'est une sorte de doux sommeil qui leur tenait lieu de trépas. La mort et la femme ont surgi de concert.

Qu'il y ait ainsi, dans l'image qu'Hésiode se fait de la femme, de sa séduction, de l'attrait qu'elle exerce sur l'homme — son côté Aphrodite —, une complicité avec les puissances nocturnes de la mort, on l'imputera peut-être à ce qu'on a appelé la misogynie d'Hésiode. Ce serait pourtant simplifier Hésiode dont la « misogynie » doit être replacée dans son contexte culturel et négliger des indications précieuses, de portée générale, sur les échanges qui se nouent, les contaminations qui s'opèrent entre *Érōs* et *Thánatos*.

---

11. *Les Travaux et les Jours*, 78.
12. *Les Travaux et les Jours*, 373 ; 788.

Babil amoureux, rendez-vous tendre entre garçon et fille, nous les retrouvons dans un passage de l'*Iliade* où ils ont semblé inexplicables et incongrus [13]. C'est au point culminant du récit. Resté seul devant les murs de Troie à attendre Achille qui s'élance pour le rejoindre, Hector entend ses deux parents le supplier de rentrer à l'abri, comme les autres Troyens. S'il accepte le corps à corps, le combat rapproché, disent-ils, sa mort est certaine. Hector s'interroge, discute avec son cœur. Il rêve un instant d'un accord impossible qui éviterait l'empoignade guerrière des hommes. Il pourrait quitter son bouclier, son casque, sa pique, dépouiller son armure, s'avancer vers Achille pour lui offrir, avec Hélène, toutes les richesses que peuvent souhaiter les Achéens. Cependant s'il aborde le Grec dévêtu de son équipement guerrier, *gumnós* — terme qui signifie dans ce contexte militaire : désarmé —, son ennemi, sans pitié, le tuera. Mais le texte ne dit pas seulement : *gumnós*, il ajoute une comparaison qui déplace le sens du mot : « *gumnós*, exactement comme une femme ».

Cette évocation d'une rencontre avec l'ennemi où l'un des deux guerriers — Hector — se sentirait par rapport à l'autre — Achille — en situation de quasi-femme entraîne chez le Troyen une remarque qui n'a pas été sans intriguer les commentateurs : « Non, se dit Hector, ce n'est pas l'heure de deviser tendrement *(oarízein)* comme jeune homme et jeune fille — comme jeune homme et jeune fille tendrement devisent l'un avec l'autre. Mieux vaut en venir aux mains le plus tôt pour vider notre querelle. » Il y a bien, dans ce texte, opposition entre le corps à corps des guerriers mâles, sous le signe de *Thánatos*, et la rencontre amoureuse du garçon et de la fille, sous le signe d'*Érōs*, mais pour s'exprimer et faire sens, cette opposition suppose un fond d'analogie entre les deux formes de « rapprochement », de « réunion ».

On peut en donner plusieurs preuves. D'abord, à deux reprises, l'*Iliade* se sert du terme *oaristús*, le rendez-vous intime (qui apparaît ainsi moins déplacé qu'on ne le supposait

13. *Il.*, XXII, 122-130.

dans la bouche d'Hector) pour désigner l'affrontement direct, le face à face en combat rapproché de ceux qui luttent à l'avant des lignes : *oaristús promákhōn* ; de façon plus générale, « faire front pour périr ou se sauver », c'est *polémou oaristús*, « l'intime rendez-vous de la guerre »[14].

En second lieu, les valeurs féminines de *gumnós*, soulignées par Hector, se trouvent confirmées au terme du duel où chacun des deux adversaires avait voulu tâter de l'autre. « Viens plus près, avait dit Achille à Hector, au cours d'une autre rencontre, viens plus près et meurs plus vite[15]. » Le héros troyen mort, Achille, suivant l'usage, le dépouille de ses armes. Voilà donc Hector, étendu à terre, *gumnós*, désarmé-dénudé, comme il avait un moment pensé le faire pour éviter l'épreuve du combat. Les Achéens se pressent autour de lui. Chacun lui porte un coup, disant à son voisin : « Cet Hector est plus doux à palper *(malakṓteros amphapháasthai)*, que celui qui incendiait nos navires[16]. » *Malakós*, doux, mou, est du côté du féminin ou de l'efféminé. La présence latente, à l'arrière-plan du corps à corps meurtrier, d'images d'union charnelle se marque aussi dans la façon dont les héros guerriers attribuent aux armes du combat viril, pique et glaive, le désir de se rassasier des chairs de l'ennemi. « Ma longue pique, dit Hector à Ajax, va dévorer ta blanche chair *(khróa leirióenta dápsei*[17]. » Blanche comme lys, la chair d'Ajax ? Sur les vases, on le sait, les hommes sont figurés en brun ; ce sont les femmes qui sont blanches.

Toute une série de termes, enfin, souligne de façon convergente le croisement des images du combat à mort et du corps à corps érotique.

Meígnumi, « s'unir sexuellement », c'est aussi se mêler, se rencontrer dans la bataille. Quand Diomède « se mêle aux Troyens » cela veut dire qu'il en vient aux mains, de près, avec eux. Devant Hector qui convie les siens « non à la danse, mais

14. *Il.*, XIII, 291 ; XVII, 228.
15. *Il.*, XX, 429.
16. *Il.*, XXII, 373-374.
17. *Il.*, XIII, 830.

au combat, Ajax constate que les Grecs n'ont rien d'autre à faire que de « mêler » l'ardeur et les bras, de les mettre aux prises avec l'ennemi, au plus près, en corps à corps, *autoskhedíēi mîxai*[18].

De même *damázō*, *dámnēmi*, mettre sous le joug, dompter. On dompte la femme que l'on fait sienne, comme on dompte l'ennemi que l'on met à mort. Chaque guerrier, avant le combat, se vante ainsi de bientôt dompter son adversaire, mais c'est *Érōs*, dans la *Théogonie*, qu'Hésiode célèbre comme celui qui a pouvoir de dompter tout dieu et tout homme[19]. La maîtrise d'*Érōs*, le joug qu'il impose relèvent d'une sorte de magie, *thélxis*. *Érōs* est un enchanteur. Quand il prend possession de vous, il vous arrache à vos occupations ordinaires, à votre horizon quotidien pour vous ouvrir une autre dimension d'existence. Et cette transformation qui, du dedans, vous livre tout entier au pouvoir du dieu, les Grecs l'expriment en disant qu'*Érōs* enveloppe votre tête, vos pensées comme d'une nuée, qu'il se répand autour de vous pour vous y cacher, *amphikalúptein*[20]. La mort, elle aussi, quand elle s'empare d'un homme pour le faire passer du monde de la lumière à celui de la nuit, le dissimule en l'encapuchonnant d'un sombre nuage : elle recouvre sa face, livrée à l'invisible, d'un masque de ténèbres.

Dans l'hommage qu'il rend à *Érōs*, Hésiode le définit par l'épithète *lusimelḗs*, celui qui délie, qui rompt les membres. Le désir, dans la joute amoureuse, rompt les genoux[21], la mort fait de même dans la lutte guerrière. Quand un combattant tombe pour ne plus se relever, on dit que ses genoux sont rompus[22]. Pourquoi les genoux ? Ils sont le siège d'une énergie vitale,

18. *Il.*, V, 143 ; XV, 510.

19. *Théog.*, 122.

20. *Il.*, III, 442, Pâris à Hélène : « Jamais encore Éros n'a à ce point enveloppé mes esprits. »

21. *Théog.*, 120 ; 911. *Odyssée*, XVIII, 212 : à la vue de Pénélope « les genoux des prétendants vacillaient *(lúto goúnata)* sous le charme d'amour ». Cf. ARCHILOQUE, fr. 212 (éd. G. Tarditi, Rome, 1968), SAPPHO, *Poetarum lesbiorum Fragmenta*, 130 (E. Lobel, D. Page éd., Oxford, 1955).

22. *Il.*, V, 176 ; XI, 579 ; XV, 332 ; XXI, 114 ; XXII, 335.

d'une puissance virile, apparentées à l'élément humide : ces réserves de force s'évanouissent entièrement dans la mort — les morts sont les *kamóntes* ou *kekmēkótes*, les fatigués, les épuisés, les vidés — mais elles s'écoulent et se dépensent aussi dans les travaux de la guerre, avec ses fatigues, ses sueurs, ses larmes de douleur et de deuil — comme dans les travaux de l'amour, où l'homme se dessèche, perd sa verdeur et ses sucs, quand la femme, toute liquidité, s'épanouit davantage. La simple présence d'une femme, par le désir qui émane d'elle, spécialement de ses yeux et de son regard humides, suffit à amollir, à liquéfier les forces du mâle, à lui délier, lui rompre les genoux. La féminité, dans cette différence qui l'oppose au masculin tout en attirant l'homme vers elle, avec une force irrésistible, agit de la même façon que la mort. Un fragment d'Alcman met, à cet égard, les points sur les i[23]. « Par le désir qui rompt les membres *(lusimelēs)* elle [une femme] a un regard plus dissolvant *(takerós* : " languissant, liquéfiant, dissolvant ")* qu'*Húpnos* et *Thánatos*. » Le regard de la femme plus dissolvant que la mort : *Thánatos* prend ici un visage de femme, non plus repoussant, monstrueux, comme Gorgô ou la Kère, mais bouleversant par sa beauté, à la fois attirant et dangereux comme l'objet d'un impossible désir, du désir de ce qui est autre.

Le texte d'Alcman nous ouvre une nouvelle piste. Le poète ne nomme pas *hímeros* le désir qui rompt les membres ; il l'appelle *Póthos*. Platon explique très clairement la différence entre les deux termes. *Hímeros* désigne le désir dirigé vers un partenaire qui est là, le désir prêt à se satisfaire : *póthos* le désir qui vise un absent, le désir souffrant de ne pouvoir être comblé : le regret, la nostalgie[24]. Sentiment ambigu puisqu'il implique à la fois un élan passionné de tout l'être vers la plénitude d'une présence aimée, et le choc douloureux de l'absence, le constat d'un vide, d'une distance infranchissable.

23. In *Poetae Melici Graeci*, D. PAGE (Oxford, 1962), p. 12 (Pap. Ox. 2387), fr. 3, col. II.

24. PLATON, *Cratyle*, 420 *ab*.

Póthos est un terme qui appartient au vocabulaire du deuil. Quand un homme vient de mourir, ses proches, avant ses funérailles, se privent rituellement du manger, du boire, du sommeil. Habités par le *póthos* à l'égard du défunt, ils se souviennent sans cesse de lui, se vouant, comme Achille le fait pour Patrocle, à sa constante remémoration, à sa hantise, devrait-on dire. Par un effort tendu d'évocation, ils se le rendent présent mais au moment même où ils le voient devant eux, sous la forme de son *eidōlon*, de son double, où ils lui parlent comme si c'était lui en personne, cette présence insaisissable chaque fois se dérobe. La façon, pour le mort, d'être là enveloppe une irrémédiable absence.

Jeu de l'absence dans la présence, obsession d'un absent qui occupe tout votre horizon et que pourtant vous n'atteignez jamais parce qu'il appartient au domaine de l'ailleurs. Telle est, dans le deuil, l'expérience que fait le vivant de son lien avec un défunt, disparu dans l'au-delà ; telle aussi, chez l'amoureux, l'expérience du désir dans ce qu'il comporte d'incomplétude, dans son impuissance à avoir toujours pour soi, à faire sien entièrement et à jamais son partenaire sexuel. *Póthos* funéraire et *póthos* érotique se répondent exactement. La figure de la femme aimée, dont l'image vous hante et vous échappe, interfère avec celle de la mort.

Eschyle évoque, dans *Les Perses,* les femmes barbares dont les maris, partis guerroyer avec Xerxès, sont tombés au loin et ne reviendront plus : « Les lits s'emplissent de larmes par le *póthos* des époux ; chaque femme perse, endeuillée, demeure abandonnée, seule du couple. Elle accompagne son conjoint du *póthos* qu'elle éprouve pour l'homme. » Le même thème est repris dans l'*Agamemnon* ; mais cette fois c'est le *póthos* amoureux à l'égard d'Hélène qui, régnant en maître dans le cœur de Ménélas, peuple son palais, déserté par l'épouse, des fantômes (*phásmata*) de l'aimée, de ses apparitions en songe (*oneiróphantoi*). Rayonnante de charme, obsédante et insaisissable, Hélène est comme un personnage d'au-delà, dédoublée dès cette vie, sur cette terre, en elle-même et son fantôme, son *eidōlon*. Beauté fatale, suscitée par Zeus pour perdre les

humains, pour les faire s'entre-tuer sous les murs de Troie, elle
mérite plus encore que sa sœur Clytemnestre l'appellation de
« tueuse de mâles »[25]. La « toute belle » incarne aussi bien
l'horrible Érinys, la Kère sauvage et meurtrière. En elle se
réunissent, intimement mêlés, le désir et la mort.

Emily Vermeule, dans le beau livre qu'elle a publié en 1979
sur les aspects de la mort en Grèce archaïque[26] — nous lui
avons beaucoup emprunté —, intitule un de ses chapitres :
« On the wings of the morning : the pornography of Death ».
Sous-titre provocant mais que justifient tout à fait les documents, figurés et littéraires, qu'elle a réunis sur le thème de la
mort comme enlèvement par une divinité. Tout un plan de
l'imaginaire grec concernant le trépas se réfère à des puissances
surnaturelles, ailées comme le sont *Érōs*, *Húpnos*, *Thánatos*, et
qui, par amour d'un mortel dont la beauté les a séduites, le font
disparaître d'ici-bas pour s'unir à lui, l'emportent avec elles
dans l'ailleurs. Cet évanouissement subit, sans laisser de trace,
(aphanismós), cette évasion dans l'au-delà d'un être humain,
arraché à la vie terrestre et transporté dans l'autre monde,
débouchent suivant les cas sur le meilleur ou sur le pire, ou sur
l'un et l'autre à la fois. Ce peut être une promotion singulière,
qui libère l'heureux élu des limitations de l'existence mortelle,
l'installe dans l'île des Bienheureux ou lui ménage une place à
côté des dieux sur l'Olympe, comme Zeus fait pour Gany-
mède, *Éōs*, Aurore, pour *Tithōnós*, Héméra pour Orion. Ce
peut être tout bonnement l'inconnu de la mort, redouté le plus
souvent, espéré cependant lorsque, l'âme en déroute devant les
maux qui vous assaillent, on en vient à souhaiter de partager le
sort qu'a connu *Ōreíthuia* et d'être emporté sur les ailes de
Borée, le Vent du nord, de Tempête, *Thúella*, d'Ouragan,
Hárpuia[27].

Un point commun dans ces histoires auxquelles se plaisaient

25. ESCHYLE, *Les Perses*, 133-139 ; *Agamemnon*, 404 sq. ; 749 ; EURIPIDE,
Hélène, 52-55 ; *Électre*, 1282-1284 ; *Oreste*, 1639.
26. E. VERMEULE, *Aspects of Death in Archaic Greece*, Berkeley, 1979.
27. Ainsi fait Pénélope, accablée, en *Od.*, XX, 63-81.

les Grecs d'enlèvement dans les bras de quelque démon ailé
c'est, pour reprendre les termes mêmes d'Emily Vermeule,
qu'à leurs yeux « l'amour et la mort constituaient les deux
aspects d'un même pouvoir, comme dans le mythe de Perséphone et d'Hélène de Troie ». Archéologue, Emily Vermeule a
rassemblé les images les plus parlantes où la même figure
représente les deux faces de ce pouvoir ambigu, comme dant la
scène de *psukhostasie* du Trône de Boston (Museum of Fine
Arts), où un jeune homme, ses larges ailes déployées, un
sourire aux lèvres, pèse sur la balance les *eídōla* de deux
combattants — deux jeunes gens nus — pour décider lequel
d'entre eux, voué à la mort, il lui faudra emporter. Qui tient la
balance ? Est-ce *Érōs*, est-ce *Thánatos* ? Le bel éphèbe ailé et
souriant est à la fois l'un et l'autre[28].

   Je ne reprendrai pas le dossier — images et textes —
qu'Emily Vermeule a établi sur ces démones ailées à poitrine et
visage de femme, Harpyes, Sphinges et Sirènes que, dès l'âge
archaïque, les Grecs ont figurées sur leurs tombeaux pour
qu'elles en assurent la garde et veillent sur les défunts. Comme
Aurore, Borée, Zéphyr, les tempêtes *(thúellai)*, les Harpyes
sont puissances qui « ravissent », dans les deux sens du terme.
Ravir, en grec, se dit *harpázein* ; dans *Les Sept contre Thèbes*,
la Sphinge est appelée « kère ravisseuse de mâle » *(harpáxan-
dra Kêr)*[29]. Ces monstres femelles qui associent au charme
féminin des serres de rapaces ou des griffes de fauve sont
représentés tantôt serrant dans leurs bras, comme une mère
tient son enfant, le mort qu'elles transportent, peut-être dans
un monde meilleur ; tantôt poursuivant un homme de leur
désir érotique ou le chevauchant pour s'unir à lui, tantôt
l'assaillant pour le mettre en pièces et le dévorer. « Les morts,
écrit Emily Vermeule, sont à la fois leurs victimes et leurs
amants. »

   Sa démonstration se suffit ; je voudrais seulement la prolonger en confrontant deux épisodes de l'*Odyssée* qui se complè-

28. E. VERMEULE, *op. cit.*, p. 159.
29. ESCHYLE, *Sept contre Thèbes*, 777.

tent dans la mesure où, de l'un à l'autre, la figure féminine de la
mort se projette en une image inversée. Le premier concerne
les Sirènes, le second Calypso.

C'est Circé qui met en garde Ulysse et lui enseigne, s'il veut
« fuir » la mort et la kère, la ruse qui le sauvera, avec son
équipage. Il s'agit de « fuir » l'appel séduisant des Sirènes à la
voix divine et leur prairie en fleurs, *leimón anthémoeis*[30].

Elles charment, elles ensorcellent à la façon du magicien
Éros *(thélgousi)* tous les humains qui les approchent ; elles les
charment de leur chant mélodieux, mais aucun de ceux qui les
écoutent ne fait retour en sa maison. Elles demeurent sur place
installées dans leur prairie que cerne, en tas, une masse d'os
blanchis, de cadavres putréfiés dont les peaux se dessèchent.
Les marins devront donc se boucher les oreilles avec de la cire
pour ne pas entendre. Quant à Ulysse, s'il veut ouïr leur chant,
il lui faudra choisir : ou être entortillé, comme tout un chacun,
dans les sortilèges de ces créatures, ou se faire attacher, pieds et
poings liés, au mât du navire.

Jusqu'ici, dans ces jeunes filles oiseaux, tout semble clair.
Leur cri, leur prairie fleurie *(leimón* est un des mots qui sert à
désigner le sexe de la femme), leur charme, *thélxis*, les placent
sans équivoque dans le champ de l'attirance sexuelle, de l'appel
érotique dans ce qu'ils comportent d'irrésistible[31]. En même
temps, elles sont la mort et la mort dans son aspect le plus
brutalement monstrueux : pas de funérailles, pas de tombeaux,
la décomposition du cadavre à l'air libre. Désir à l'état pur,
mort à l'état pur, sans aménagement social ni d'un côté ni de
l'autre.

Mais l'histoire se complique. Le navire s'avance. Le voilà

---

30. *Od.*, XII, 158 sqq.
31. Sur la valeur érotique de *leimón*, qui peut désigner le sexe féminin, cf.
André MOTTE, *Prairies et jardins de la Grèce antique*, Bruxelles, Mémoires de
la classe de Lettres de l'Académie royale de Belgique, 2ᵉ série, t. LXI, fasc. 5,
1973, pp. 50-56 et 83-87. Sur la valeur funèbre ou macabre, *op. cit.*, pp. 250-
279. La prairie fleurie, où campent les charmeuses Sirènes, est cernée
d'ossements et de débris humains dont les chairs se corrompent (*Odyssée*, XII,
45-46).

près des Sirènes ; la brise qui le poussait tout aussitôt s'apaise ; plus un souffle de vent ; plus une vague ; un Dieu a versé le sommeil sur les flots ; c'est la *galénē*, le calme plat : celui du port, salut après la tempête, ou celui d'un pays où toute vie s'est à jamais figée. L'équipage assourdi, Ulysse ligoté, les Sirènes voient passer, à la rame, le navire. Que font-elles ? Elles entonnent un chant harmonieux, *éntunon aoidén*, comme le fait l'aède devant son public ; et ce chant s'adresse spécialement à Ulysse pour lequel il est composé : « Viens ici, viens à nous, Ulysse tant vanté, l'honneur des Achéens (*polúainos, méga kûdos Akhaiôn*) », la formule est celle-là même que l'*Iliade* place dans la bouche d'Agamemnon rendant hommage à Ulysse [32]. Pour séduire le navigateur de l'*Odyssée*, accroché à la vie, ballotté d'épreuve en épreuve, les Sirènes célèbrent devant lui cet Ulysse que le chant de l'*Iliade* a immortalisé : le héros viril, le mâle guerrier dont la gloire, indéfiniment répétée de rhapsode en rhapsode, demeure impérissable. Au miroir du chant des Sirènes Ulysse se voit, non tel qu'il est peinant sur le dos de la mer, mais tel qu'il sera une fois mort, tel que la mort le fera, magnifié à jamais dans la mémoire des vivants, transmué de sa pauvre existence actuelle de souffre-malheur en l'éclat glorieux de son renom et du récit de ses exploits. Ce que les femmes Sirènes font miroiter dans leurs paroles de tentation, c'est l'espoir illusoire, pour qui les écoute, de se trouver tout à la fois vivant en condition mortelle à la lumière du soleil et survivant en gloire impérissable dans le statut de mort héroïque — comme si s'étaient ouvertes, à travers leur corps charmant, leur pré fleuri, leur douce voix, les frontières qui clôturent l'existence humaine et qu'on puisse, par elles, les franchir sans cesse du même coup d'exister.

Elles promettent en effet à Ulysse qu'après avoir goûté au plaisir de leur chant il repartira, il reprendra la mer jusque vers chez lui, mais plus savant d'avoir appris tout ce qu'elles savent. Et ce savoir dont elles dispensent le secret c'est ce que chantent

---

32. *Od.*, XII, 184 et *Iliade*, IX, 673. Cf. l'analyse de P. PUCCI, « The song of the Sirens », *Arethusa*, XII, 2, 1979, pp. 121-132.

les aèdes, ce qui s'est déroulé à Argos et sous les murs de Troie, tout ce qui s'est passé autrefois sur la terre et qui, pour devenir objet du chant louangeur, a dû d'abord disparaître et basculer dans l'invisible.

Quand l'aède invoque les Muses, c'est pour faire revivre devant les hommes d'aujourd'hui les hauts faits des héros d'antan. Les Sirènes sont l'envers des Muses. Leur chant a le même charme que celui des filles de Mémoire ; elles dispensent, elles aussi, un savoir qu'on ne peut oublier. Mais qui cède à l'attrait de leur beauté, à la séduction de leur voix, à la tentation de la connaissance qu'elles détiennent, ne pénètre pas pour y demeurer à jamais dans la splendeur d'une renommée éternelle ; il aborde à un rivage tout blanchi d'ossements et de débris humains dont les chairs se corrompent. S'il est donné à l'homme vivant d'entendre par avance le chant qui dira sa gloire et sa mémoire, ce qu'il découvre ce n'est pas la belle mort, la gloire immortelle, mais l'horreur du cadavre et de la décomposition : l'affreuse mort. La mort est un seuil. On ne peut le passer en restant vivant. Au-delà du seuil, de l'autre côté, le beau visage féminin qui vous attire et vous fait signe est une face de terreur : l'indicible. Le charme des Sirènes, la séduction de leur corps, la douceur de leur voix rejoignent, pour l'homme implanté dans sa vie mortelle, l'horrifiante grimace de Gorgô et la stridence, qui glace les cœurs, de son hurlement inhumain.

Dès les premiers vers de l'*Odyssée*, la nymphe Calypso surgit et occupe le devant de la scène. Le poète commence par elle son récit[33]. Sur l'Olympe, devant les dieux rassemblés, Athéna la dénonce comme responsable des malheurs de son protégé. C'est vers elle que Zeus aussitôt dépêche Hermès

---

33. *Odyssée*, I, 11-15 ; ces mêmes vers sont repris textuellement au début du chant V, où, comme au chant I, ils servent à introduire la tenue de l'assemblée des dieux et la décision, effective cette fois, déjà prise mais non réalisée au chant I, d'envoyer Hermès en messager auprès de Calypso pour qu'il lui transmette l'ordre de libérer Ulysse. Sur cette duplication de l'épisode et sur sa portée dans la chronologie narrative du poème, cf. E. DELEBECQUE, *Construction de l'Odyssée*, Paris, 1980, pp. 12-13.

messager pour lui intimer l'ordre de laisser Ulysse reprendre la mer et retourner chez lui. La figure de Calypso, l'amour de la déesse pour un mortel, la longue captivité qu'elle impose à Ulysse auprès d'elle[34] — tout l'épisode, par sa place au départ du récit, par sa reprise maintes fois répétée dans le courant du texte[35], confère aux errances du roi d'Ithaque leur véritable signification en révélant l'enjeu de toute l'aventure odysséenne : retour ou non-retour du héros, à travers sa patrie, au monde des hommes[36]. « Ils étaient au logis tous les autres héros qui de la mort avaient sauvé leur tête [...], il ne restait que lui à toujours désirer le retour et sa femme, car une nymphe auguste le retenait de force, à l'écart, au creux de ses cavernes, Calypso, la toute divine, qui brûlait de l'avoir pour époux[37]. »

Tiré de *kalúptein*, « cacher », le nom de Calypso, dans sa transparence, livre le secret des pouvoirs qu'incarne la déesse : au creux de ses cavernes, elle n'est pas seulement « la cachée » ; elle est aussi, elle est surtout « celle qui cache ». Pour « cacher » Ulysse, comme le font *Thánatos* et *Érōs*, Mort et Amour, Calypso n'a pas eu à l'enlever, à le ravir. Sur ce point elle diffère des divinités dont, auprès d'Hermès, elle invoque l'exemple pour justifier son cas et qui, afin de satisfaire leur passion amoureuse à l'égard d'un humain, l'ont emporté avec elles dans l'au-delà, le faisant d'un coup disparaître tout vivant de la surface de la Terre[38]. Ainsi Éôs a « ravi » Tithôn ou

34. Ulysse est resté sept ans chez Calypso, comme il le précise lui-même en réponse à une question d'Arété, la reine des Phéaciens (VII, 259-261). Sept ans, sur une durée totale qu'on peut chiffrer à huit ou neuf ans d'errance, depuis la fin de la guerre de Troie jusqu'au retour à Ithaque, c'est dire la place qu'occupe ce séjour dans l'ensemble du périple.

35. I, 11-87 ; IV, 555-558 ; V, 11-300 ; VII, 241-266 ; VIII, 450-453 ; IX, 29-30 ; XII, 389 et 447-450 ; XVII, 140-144 ; XVIII, 333-338.

36. Cf. sur ce point, P. VIDAL-NAQUET, « Valeurs religieuses et mythiques de la terre et du sacrifice dans l'*Odyssée* », in *Le Chasseur noir*, Paris, 1983 (dernière éd. revue et corrigée), pp. 39-68.

37. I, 11-15 (repris au chant V) [trad. V. Bérard modifiée, Paris, 1924].

38. *Od.*, V, 120 sq. Sur cet « enlèvement » subit par une puissance surnaturelle, cf. *Il.*, VIII, 346-347 ; *Od.*, XX, 61 ; et surtout *Hymne homérique à Aphrodite (I)*, 202-238.

Héméra Orion[39]. Cette fois c'est Ulysse naufragé qui s'en est venu lui-même à l'extrême occident, au bout du monde, échouer chez Calypso, sur son antre rocheux, ce « nombril des mers »[40], embelli d'un bois, de sources ravissantes et de molles prairies, évoquant la « prairie en fleurs », érotique et macabre, qui cerne l'îlot rocheux où chantent les Sirènes pour charmer et perdre ceux qui les écoutent[41].

L'île où l'homme et la nymphe cohabitent, coupés de tout, de tous, dans la solitude de leur face à face amoureux, de leur isolement à deux, se situe dans une sorte d'espace en marge, de lieu à part, éloigné des dieux, éloigné des hommes[42]. C'est un monde de l'ailleurs qui n'est ni celui des immortels toujours

---

39. Dans ses *Problèmes homériques* (68, 5), Héraclite le grammairien, en interprétant comme une allégorie les amours d'Héméra et d'Orion, souligne le lien entre Thanatos et Éros : « Quand mourait un jeune homme de noble famille et de grande beauté, écrit-il, on nommait par euphémisme son cortège funèbre, au lever du jour, " enlèvement par Héméra " : comme s'il n'était point mort mais qu'il eût été ravi parce qu'il était l'objet d'une passion érotique. » (Éd. et trad. F. Buffière, Paris, 1962.)

40. Située au couchant, à l'extrême frontière du monde, l'île est appelée cependant *omphalós thalássēs*, nombril de la mer (I, 50, repris au chant V) et désignée aussi comme *nêsos ōgugíē*, île ogygienne (I, 85), qualificatif qu'Hésiode applique à l'eau du Styx, le fleuve infernal qui s'écoule *sous* la terre, à travers la nuit noire, au fond du Tartare (*Théogonie*, 806). C'est dans ce même lieu souterrain qu'Hésiode, contrairement à la tradition qui le place à l'extrême ouest, localise Atlas, le père de Calypso, « soutenant de la tête et des bras, sans faiblir, le vaste ciel » (*Théogonie*, 746-748). Quand Homère parle de « nombril de la mer » au sujet de l'île où réside Calypso, c'est pour évoquer aussitôt le père de la déesse, cet Atlas à l'esprit malfaisant, qui « connaît les abîmes profonds de toute la mer », et qui, en même temps, « tient les hautes colonnes maintenant séparés le ciel et la terre » (*Od.*, I, 50-54). Dans son rôle de pilier cosmique s'enracinant au plus profond pour monter jusqu'au ciel à travers la terre, Atlas apparaît, dans la géographie mythique des Grecs, tantôt tout à fait à l'ouest, tantôt tout à fait en bas, tantôt à l'ombilic du monde. Autant de façons de dire qu'il n'est pas *dans* ce monde que connaissent les hommes. À l'extrême occident, ogygienne comme le Styx, au nombril de la mer, l'île où habite Calypso n'a pas non plus sa place dans l'espace humain. Elle est une figure de l'ailleurs.

41. Molles prairies *(leimônes malakoí)* chez Calypso : *Odyssée*, V, 72 ; prairie en fleurs *(leimô anthémoeis)* chez les Sirènes : *Odyssée*, XII, 158.

42. Sur le « lointain » de l'île, cf. *Od.*, V, 55 ; éloignée des dieux : V, 80 et 100 ; éloignée des hommes : V, 101-102.

jeunes, bien que Calypso soit une déesse[43], ni celui des
humains soumis au vieillissement et à la mort, encore qu'U-
lysse soit un homme mortel, ni celui des défunts, sous la terre,
dans l'Hadès : une sorte de nulle part où Ulysse a disparu,
englouti sans laisser de trace, et où il mène désormais une
existence entre parenthèses.

Comme les Sirènes, Calypso, qui peut, elle aussi, chanter
d'une belle voix, charme Ulysse en lui tenant sans cesse des
litanies de douceurs amoureuses *(aieì dè malakoîsi kaì haimu-
líoisi lógoisi thélgei)*. *Thélgei* : elle l'enchante, elle l'ensorcelle
afin qu'il oublie Ithaque *(hópōs Ithákēs epilésetai)*[44].

Oublier Ithaque c'est, pour Ulysse, couper les liens qui le
relient encore à sa vie et aux siens, à tous ses proches qui, de
leur côté, s'attachent au souvenir de lui, soit qu'ils espèrent,
contre toute attente, le retour d'un Ulysse vivant, soit qu'ils
s'apprêtent à édifier le *mnêma* funéraire d'un Ulysse mort.
Mais tant qu'il demeure reclus, caché chez Calypso, Ulysse
n'est dans la condition ni d'un vivant ni d'un mort. Bien que
toujours en vie, il est déjà et par avance comme retranché de la
mémoire humaine. Pour reprendre les mots de Télémaque (en
I, 235), il est devenu, par le vouloir des dieux, d'entre tous les
hommes, invisible, *áïstos*. Il a disparu « invisible et ignoré »,
áïstos, ápustos, hors de portée de ce que peuvent atteindre le
regard et l'oreille des hommes, « caché » dans l'obscurité et
le silence. Si au moins, ajoute le jeune garçon, il était mort
normalement sous les murs de Troie ou dans les bras de ses
compagnons d'infortune, « il aurait eu sa tombe et quelle
grande gloire *(méga kléos)*, il aurait laissé, pour l'avenir, à son

---

43. La nymphe, à plusieurs reprises, est appelée *theá* ou *théos*, déesse (I, 14
et 51 ; V, 78 ; VII, 255 ; surtout V, 79 où le couple Calypso-Hermès est celui de
deux *theoí* ; V, 118 où Calypso se range elle-même dans le groupe des *déesses*
amoureuses d'un mortel ; V, 138 où avant de céder, elle accorde qu'aucun *dieu*
ne peut s'opposer au vouloir de Zeus ; V, 192-194 où le couple Calypso-Ulysse
est celui d'un *dieu* et d'un homme, *théos* et *anér*). Ce statut divin est confirmé
par le fait que, même lorsqu'ils mangent en commun, Calypso se nourrit de
nectar et d'ambroisie, comme les dieux, Ulysse de pain et de vin, comme un
homme mortel, V, 93 ; 165 ; 196-200.
44. *Od.*, V, 61 et I, 56-57 (repris au chant V).

fils » mais les Harpyes l'ont enlevé : homme de nulle part, les vivants n'ont plus rien à faire avec lui ; privé de remembrance, il n'a plus de renom ; dissimulé dans l'invisible, évanoui, effacé, il a disparu sans gloire, *akleiôs*[45]. Pour le héros dont l'idéal est de laisser après soi un *kléos áphthiton*, une gloire impérissable, pourrait-il rien avoir de pire que de disparaître ainsi *akleiôs*, sans gloire[46] ?

Qu'est-ce donc alors que la séduction de Calypso propose à Ulysse pour lui faire « oublier » Ithaque ? D'abord, bien sûr, d'échapper aux épreuves du retour, aux souffrances de la navigation, à tous ces chagrins dont elle sait à l'avance, étant déesse, qu'ils l'assailleront avant qu'enfin il ne retrouve sa terre natale[47]. Mais ce ne sont là encore que bagatelles. La nymphe lui offre bien davantage. Elle lui promet, s'il accepte de demeurer près d'elle, de le rendre immortel et d'écarter de lui pour toujours la vieillesse et la mort. À la façon d'un dieu, il vivra en sa compagnie immortel, dans l'éclat permanent du jeune âge : ne jamais mourir, ne pas connaître la décrépitude du vieillissement, tel est l'enjeu de l'amour partagé avec la déesse[48]. Mais, dans le lit de Calypso, il y a un prix à payer pour cette évasion hors des frontières qui bornent la commune condition humaine. Partager dans les bras de la nymphe l'immortalité divine, ce serait, pour Ulysse, renoncer à sa carrière de héros épique. En ne figurant plus, comme modèle d'endurance, dans le texte d'une *Odyssée* qui chante ses épreuves, il devrait accepter de s'effacer de la mémoire des hommes à venir, d'être dépossédé de sa célébrité posthume, de sombrer, même éternellement vivant, dans l'obscurité de l'oubli : au fond, une immortalité anonyme comme est anonyme la mort de ceux des humains qui n'ont pas su assumer un destin héroïque et qui forment dans l'Hadès la masse indis-

---

45. *Od.*, I, 241.
46. Cf. *supra*, « La belle mort et le cadavre outragé », pp. 41-79.
47. *Od.*, V, 205 sq.
48. *Od.*, V, 136 ; 209 ; VII, 257 ; VIII, 453 ; XXIII, 336.

tincte des « sans-nom », des *nónumnoi*[49], engloutis dans la nuit d'un silence où ils resteront à jamais « cachés ».

L'épisode de Calypso met en place, pour la première fois dans notre littérature, ce qu'on peut appeler le refus héroïque de l'immortalité. Pour les Grecs de l'âge archaïque, cette forme de survie éternelle qu'Ulysse partagerait avec Calypso ne serait pas vraiment « sienne » puisque personne au monde n'en saurait jamais rien ni ne rappellerait, pour le célébrer, le nom du héros d'Ithaque. Pour les Grecs d'Homère, contrairement à nous, l'important ne saurait être l'absence de trépas — espoir qui leur paraît, pour des mortels, absurde — mais la permanence indéfinie chez les vivants, dans leur tradition mémoriale, d'une gloire acquise dans la vie, au prix de la vie, au cours d'une existence où vie et mort ne sont pas dissociables.

Sur la rive de cette île où il n'aurait qu'un mot à dire pour devenir immortel, assis sur un rocher, face à la mer, Ulysse tout le jour se lamente et sanglote. Il fond, il se liquéfie en larmes. Son *aión*, son suc vital s'écoule sans cesse, *kateíbeto aión* dans le *póthos*, le regret de sa vie mortelle comme, à l'autre bout du monde, à l'autre pôle du couple, Pénélope, de son côté, consume son *aión* en pleurant par regret d'Ulysse disparu[50]. Elle pleure un vivant qui est peut-être mort. Lui, dans son îlot d'immortalité, coupé de la vie comme s'il était mort, pleure sur sa vivante existence de créature vouée au trépas.

Tout à la nostalgie qu'il éprouve à l'égard de ce monde fugace et éphémère auquel il appartient, notre héros ne goûte

---

49. HÉSIODE, *Les Travaux et les Jours*, 154. Dans le contexte de la culture grecque archaïque, où la catégorie de la personne est bien différente du « moi » d'aujourd'hui, seule la gloire posthume du mort peut être dite « personnelle ». L'immortalité d'un être « invisible et ignoré » se situe en dehors de ce qui constitue, pour les Grecs, l'individualité d'un sujet, c'est-à-dire pour l'essentiel, son renom ; cf. *La Mort, les Morts dans les sociétés anciennes* (sous la dir. de G. GNOLI et J.-P. VERNANT), Cambridge et Paris, pp. 12 et 53.

50. Larmes d'Ulysse : *Od.*, I, 55 ; V, 82-83 : 151-153 ; 160-161 ; larmes de Pénélope, XIX, 204-209 ; 262-265.

plus les charmes de la nymphe[51]. S'il s'en vient le soir dormir avec elle, c'est parce qu'il le faut bien. Il la rejoint au lit, lui qui ne le veut pas, elle qui le veut[52].

Ulysse rejette donc cette immortalité de faveur féminine qui, en le retranchant de ce qui fait sa vie, le conduit finalement à trouver la mort désirable. Plus d'*érōs*, plus de *hímeros*, plus d'amour ni de désir pour la nymphe bouclée, mais il désire de mourir *(thanéein himéiretai)*[53].

Nóstos, le retour, *guné*, Pénélope, l'épouse, Ithaque, la patrie, le fils, le vieux père, les compagnons fidèles, et puis *thaneîn*, mourir, voilà tout ce vers quoi, dans le dégoût de Calypso, dans le refus d'une non-mort qui est aussi bien une non-vie, tout ce vers quoi se porte l'élan amoureux, le désir nostalgique, le *póthos* d'Ulysse : vers la vie, sa vie précaire et mortelle, les épreuves, les errances sans cesse recommencées, ce destin de héros d'endurance qu'il lui faut assumer pour devenir lui-même, Ulysse, cet Ulysse d'Ithaque dont aujourd'hui encore le texte de l'*Odyssée* chante le nom, raconte les retours, célèbre la gloire impérissable, mais dont le poète n'aurait rien eu à dire — et nous rien à entendre —, s'il était demeuré loin des siens, immortel, « caché » chez Calypso[54].

À la figure féminine qui incarne l'au-delà du trépas, dans sa double dimension de séduction érotique et de tentation d'immortalité, les Grecs ont préféré la simple vie humaine sous la lumière du soleil, la douceur amère de la condition mortelle.

51. *Odyssée*, v, 153 la vitalité d'Ulysse s'épand en larmes, « parce que la nymphe ne lui plaisait plus *(epeì oukéti héndane Númphê)* ».
52. Le soir, Ulysse rejoint Calypso, par contrainte, *anánkêi* ; contre son gré, parce qu'elle le veut : v, 154, 155.
53. I, 59.
54. « C'est une maxime chez les hommes que, quand un exploit a été accompli, il ne doit pas rester caché *(kalúpsai)* dans le silence. Ce qu'il lui faut, c'est la divine mélodie des vers louangeurs. » (PINDARE, *Néméennes*, IX, 13-17.)

VIII

Un, deux, trois : Éros

> [...] il existe [...] une théorie
> d'après laquelle ceux qui sont en
> quête de la moitié d'eux-mêmes,
> ce sont ceux-là qui aiment, mais
> ma théorie à moi c'est que l'objet
> de l'amour n'est ni la moitié ni
> l'entier, à moins qu'ils ne soient
> chose bonne.
>
> (PLATON, *Le Banquet*,
> 205 *d* 9-*c* 3.)

Dans un livre récent[1], Jean Rudhardt rappelle qu'on trouve dans les cosmogonies grecques deux formes du dieu Éros dont les fonctions sont différentes, pour ne pas dire opposées, suivant qu'il s'agit du plus ancien, l'Éros primordial, vieux comme le monde, bien antérieur par conséquent à Aphrodite, et du jeune Éros, plus tardif puisqu'il est, d'après la tradition courante, l'enfant d'Aphrodite, elle-même fille de Zeus et, selon Homère, de Dioné. Un Éros donc qui fait son apparition

---

1. Jean RUDHARDT, *Le Rôle d'Éros et d'Aphrodite dans les cosmogonies grecques*, Paris, 1986.

Une première version de ce texte a fait l'objet d'une communication au colloque organisé par l'université de Princeton sur Éros, en 1986. Il paraîtra en anglais dans le volume *Before Sexuality*. Il constitue, dans la version française, la contribution de l'auteur au volume d'hommage à Pierre Lévêque.

dans un monde déjà tout formé, organisé, soumis à l'ordre immuable que lui impose Zeus roi.

Regardons le vieil Éros dans la *Théogonie* d'Hésiode. « D'abord vint à l'être *(géneto) Kháos*, mais ensuite *Gaîa* [...] et Éros le plus beau des dieux immortels[2]. » Que vient faire Éros dans ce trio ? Il ne préside pas, chez les dieux, à l'accouplement des deux sexes pour enfanter une nouvelle génération d'êtres divins. *Kháos* et *Gaîa*, quand ils produisent à la lumière d'autres entités cosmiques, n'ont personne à qui s'unir. Ils n'ont pas de partenaire sexuel. Sont-ils même véritablement sexués ? *Kháos* est un nom neutre. Il n'enfante pas. « À partir de lui viennent à l'être *(Ek Kháeos* [...] *egénonto) Érebos* et *Núx*[3]. » *Gaîa* est un terme féminin. Elle enfante *(geínomai)*, elle met bas : *(tíktō)*[4]. Mais le sexe masculin n'existant pas encore, *Gaîa* n'est pas confinée dans la pure féminité. Au reste, quand elle engendre, c'est « *áter philótētos ephimérou* »[5], sans cette « tendresse amoureuse qui relève d'Aphrodite, comme son privilège, sa *timḗ*, le lot qui lui a été réservé, sa *moîra*, pour accoupler les deux sexes. Non seulement *Gaîa* ne saurait s'unir à un mâle qui n'existe pas encore mais elle tire de son propre fond ses deux futurs partenaires masculins, *Ouranós* et *Póntos*. Elle devait donc les contenir virtuellement dans l'intimité de sa nature féminine. Quelle est alors l'action d'Éros ? Elle ne consiste pas à rapprocher et à conjoindre deux êtres différenciés par leur sexe pour en créer un troisième s'ajoutant aux premiers. Éros pousse les unités primordiales à produire au jour ce qu'elles cachaient obscurément dans leur sein. Comme le dit Rudhardt, Éros explicite dans la pluralité distincte et nombrée de la descendance ce qui était implicitement contenu dans l'unité confuse de l'ascendant. Éros n'est pas principe de l'union du

---

2. *Théogonie*, 116-117, 120.
3. *Théog.*, 123.
4. *Théog.*, 126, 129, 131, 139.
5. *Théog.*, 132 ; cf. 213 : Nuit, elle aussi, enfante seule, « sans coucher avec personne ».

couple ; il ne réunit pas deux pour en faire un troisième ; il rend manifeste la dualité, la multiplicité, incluses dans l'unité.

Même quand *Gaîa*, ayant tiré d'elle-même son pendant masculin, *Ouranós*, s'unit sexuellement à lui, cette copulation obéit à une sorte de désir à l'état brut, de pulsion cosmique aveugle et permanente. Elle ignore encore l'attrait amoureux qui suppose entre les deux partenaires cette séparation et cette distance qu'Aphrodite seule aura mission de combler en mettant en œuvre toutes les rouéries de la séduction, en faisant de la relation érotique une stratégie amoureuse mobilisant, à l'initiative de l'un ou de l'autre, le charme de la beauté et la douceur des mots en vue d'un accord mutuellement désiré.

Gaîa a produit *Ouranós* comme son complément, son double masculin. Elle l'a fait égal à elle-même pour qu'il la couvre exactement en son entier, qu'il la cache complètement sous lui[6]. *Ouranós* est vautré sur *Gaîa* ; il la recouvre en permanence et s'épanche en elle sans arrêt dans la copulation qu'il lui impose incessamment. Il n'y a entre eux ni distance spatiale ni intermède temporel : pas de pause dans cette union. *Ouranós* et *Gaîa* ne sont pas encore vraiment séparés ; ils forment moins un couple d'unités distinctes qu'une unité à deux faces, un ensemble fait de deux strates superposées et accouplées. C'est pourquoi leur union sexuelle n'aboutit pas. Les enfants que *Gaîa* conçoit d'*Ouranós* restent enfermés dans ses entrailles comme l'était autrefois leur père[7] : ils ne peuvent émerger à la lumière en tant qu'êtres individualisés. L'*un* a produit le *deux* mais dans des conditions de proximité telles que la série demeure bloquée, sans pouvoir se multiplier. Les douze Titanes et Titans, les trois Hécatonchires, les trois Cyclopes restent bloqués au lieu même où ils ont été conçus : le giron de *Gaîa*. Paradoxalement, c'est la castration d'*Ouranós* qui en éloignant le ciel de la terre, en mettant fin à la carrière de l'Éros primordial, va disjoindre le masculin du féminin et conférer au dieu du désir un statut nouveau, lié à la dichotomie, désormais définitive et tranchée, entre les sexes.

6. *Théog.*, 126-127.
7. *Théog.*, 156-160.

Posté en embuscade dans le sein de *Gaîa*, *Kronos*, armé en sa main droite de la *hárpē*, attrape de la main gauche les parties génitales d'*Ouranós* ; il les tranche d'un coup de serpe, les jette derrière lui sans se retourner[8]. Les gouttes de sang tombent sur la terre ; elles vont donner naissance, au cours des années, à ces puissances de guerre, de conflit, de division qui vont réaliser la malédiction qu'*Ouranós* prononce contre ses fils : un jour, il leur faudra payer le prix de la vengeance, la *tísis*, que leur attentat contre la personne du père a déclenchée. Ces puissances sont de trois sortes : les Géants redoutables et belliqueux, les Nymphes méliennes, Nymphes guerrières avec leurs javelots de frêne, les Érinyes enfin, déesses impitoyables dont la fonction est de faire expier les crimes commis contre des proches. *Ouranós* mutilé, arraché de *Gaîa*, c'est donc d'abord, se profilant dans cette première déchirure, l'apparition sur le théâtre du monde de la division, du conflit, de la guerre entre ceux-là mêmes que leur intime parenté, leur consanguinité assimilent entre eux au point de faire de chacun le double, la réplique exacte de tous les autres[9]. Mais c'est aussi et corrélativement la naissance d'Aphrodite qui unit et rapproche des êtres que sépare leur pleine individualité et que leur sexe oppose[10]. Le sang d'*Ouranós* est tombé sur la terre ; son sexe est tombé dans le Flot, *Póntos*, et au cours d'un long temps, de l'écume qui est à la fois sperme et mousse marine, émerge la gracieuse déesse qui préside à tous les sortilèges, à toutes les tromperies de la séduction[11]. Le même geste qui en émasculant Ciel l'a fixé au sommet du monde, loin de Terre,

8. *Théog.*, 178-187.

9. Sur la définition du proche parent, du *philos*, comme un *alter ego*, cf. ARISTOTE, *Éthique à Nicomaque*, 1166 *a* : « le *philos* est un autre soi-même, (*állos autós*) ». En 1161 *b* 27-30 Aristote développe l'idée que parents et frères « sont en quelque sorte un même être encore que subsistant en des individus séparés ».

10. J.-P. VERNANT, « Œdipe sans complexe », dans J.-P. VERNANT et P. VIDAL-NAQUET, *Mythe et tragédie en Grèce ancienne*, I, Paris, 1986, p. 86 (1re éd., 1972) ; et surtout : « Cosmogoniques (mythes). La Grèce », dans *Dictionnaire des mythologies*, sous la direction de Yves BONNEFOY, Paris, 1981, t. I, pp. 258-260.

11. HÉSIODE, *Théogonie*, 188-206.

donne ainsi naissance à Aphrodite dont Éros et Himéros sont dès lors les assistants. Éros ne joue plus comme cette pulsion qui, à l'intérieur de l'*un*, provoque la fission en *deux*, mais comme l'instrument qui, dans le cadre de la bi-sexualité désormais établie, permet à *deux* de s'unir pour engendrer un troisième et ainsi de suite, indéfiniment.

Qu'est-ce qui change encore dans la puissance d'Éros quand son statut est ainsi modifié et que, de divinité primordiale, il devient l'associé ou le serviteur ou l'enfant d'Aphrodite ? Quand il opérait au-dedans d'une entité cosmique primordiale en l'absence de tout partenaire sexuel, Éros traduisait la surabondance d'être dont l'*un* se trouvait porteur, le mouvement par lequel ce trop-plein, se répandant au dehors, donnait naissance à des entités nouvelles. Éros n'impliquait donc pas manque, défaut, dénuement (ce que Platon nommera *penía*), mais pour certains plénitude, selon d'autres excès de plénitude.

Plénitude de l'*Un* : c'est l'Éros orphique, cet Éros Phanès dont quelques fragments des *Rhapsodies*[12] précisent qu'il a deux paires d'yeux, ce qui lui permet de voir de tous les côtés, deux sexes placés au haut des fesses, plusieurs têtes, qu'il est à la fois mâle et femelle. Il figure l'unité parfaite réalisée dans l'harmonie du Tout ; à cette unité s'oppose la dispersion dans la multiplicité des existences particulières, ce que les néo-platoniciens nommeront « la chute dans le miroir de Dionysos », ce miroir où l'Être un, en se mirant, en s'admirant, est attiré par l'image qui le redouble, qui le fait deux, pour se trouver finalement multiplié à l'infini en une myriade de reflets.

On connaît l'histoire de Dionysos enfant : pour déjouer la méfiance du petit dieu, capter son attention, le fasciner, les Titans lui offrent, à côté d'une toupie, d'un *rhómbos*, d'osselets, de poupées articulées, un miroir où « pendant qu'il examinait son apparence mensongère au reflet du miroir, ils le frappèrent d'un couteau infernal »[13]. Plus tard, Zeus apprit

---

12. *Orphicorum Fragmenta* (Otto Kern, Berlin, 1922), fr. 76, 80, 81, 98.
13. NONNOS, *Dionysiaca*, VI, 169 *sq.*

l'épisode de « l'image reflétée au miroir frauduleux »[14]. Le petit Dionysos est donc, dans le miroir où il se dédouble, séduit par son image, diverti. Il projette son reflet ailleurs qu'en lui-même, se divise en deux, se contemple non là où il est et d'où il regarde, mais dans une fausse apparence de lui-même localisée là où il n'est pas en réalité, et qui lui renvoie son regard. Cette duplication qui le détourne de lui-même est aussi l'occasion pour les Titans de le découper en morceaux, de le hacher menu, faisant avec l'un du multiple, du dispersé.

Les néo-platoniciens ont utilisé ce motif du miroir de Dionysos pour traduire sur le plan cosmologique le passage de l'un au multiple. Dans son commentaire au *Timée*, Proclus rappelle que suivant les théologiens, c'est-à-dire les orphiques, « Héphaistos a fabriqué un miroir pour Dionysos et que c'est après y avoir jeté les yeux et y avoir contemplé son image que Dionysos a été porté à la création de tout ce qui est particulier »[15]. « Quand Dionysos eut encadré son reflet dans le miroir, écrit Olympiodore, il s'est précipité à la poursuite de ce reflet et ainsi s'est trouvé fractionné à l'intérieur du tout[16]. »

Concernant le statut du vieil Éros et sa fonction dans la genèse du monde, Hésiode développe une perspective inverse : l'origine *(arkhê)* n'est pas plénitude accomplie, mais excès chaotique. Par leur immensité même, leur puissance sans limite, les unités primordiales relèvent en effet de l'imprécis, du confus, de l'informe. En contraignant cette surabondance à se manifester, Éros déclenche un processus cosmogonique qui aboutit à faire apparaître des êtres bien individualisés, aux contours de plus en plus précis, dont la place, les domaines d'action, les formes de pouvoir sont clairement délimités conformément à un ordre général. Mais qu'il serve à valoriser la pleine unification du tout ou au contraire la progressive distinction des multiples individualités, cet Éros primordial se

---

14. *Ibid.*, 206.
15. *Orphicorum Fragmenta, op. cit.*, fr. 209 (= PROCLUS *in* Plat. *Tim.*, 33 *b*).
16. *Orphicorum Fragmenta, op. cit.*, fr. 209 (= OLYMPIODORE, *Phaedon*, B = p. 111, 14 Norv.).

démarque du jeune fils d'Aphrodite dont l'action joue toujours
entre deux termes, dans une relation binaire de caractère
problématique puisqu'elle met en œuvre, chez chaque partenaire, une stratégie sophistiquée de séduction, de conquête, où
la vue et le regard ont un rôle essentiel. Dès lors qu'on est
deux, une relation spéculaire s'instaure dans le face à face
amoureux : chacun cherche dans l'autre ce qui lui manque, ce
dont il a besoin parce qu'il en est privé. Comme le dit Platon,
Éros est fils de *Penía*, Pauvreté. Ce qui est complet et parfait
n'a que faire d'Éros. Le divin ne connaît pas l'amour.

Couple amoureux, dichotomie sexuelle ou au moins dualité
des partenaires et de leur rôle, la relation érotique institue pour
chacun, dans l'élan qui le porte vers un comparse, un autre que
soi, l'expérience de sa propre incomplétude ; elle témoigne de
l'impossibilité où l'individu se trouve de se limiter à lui-même,
de se satisfaire de ce qu'il est, de se saisir dans sa particularité,
son unité singulière, sans chercher à se dédoubler par et dans
l'autre, objet de son désir amoureux. J'ai parlé de relation
spéculaire. La vision, le regard, le miroir, l'amoureux quêtant
chez l'aimé son propre reflet, *Antérōs* répondant nécessairement à Éros comme sa contrepartie pour que puisse se nouer le
dialogue érotique —, tels sont les thèmes que Platon met en
pleine lumière, dans son analyse d'Éros, pour illustrer les
rapports du réel et de l'image, de l'individu et de son double,
de la connaissance de soi et du détour par l'autre, du mortel et
de l'immortel, du demi, de l'un, du deux et du trois.

Pour Platon le délire érotique constitue une forme particulière de folie divine, de possession par une puissance surnaturelle, d'initiation mystérique avec ses étapes successives et sa
révélation finale [17]. Quand elle invite Socrate à poursuivre sous
sa conduite la *múēsis*, l'initiation préalable dans les mystères de
l'érotique, la Diotime du *Banquet* ne manque pas d'ajouter :
« Quant à l'initiation parfaite et la révélation *(tà dè télea kaì
epoptiká)* [...] je ne sais si elles sont à ta portée [18]. » Et elle

---

17. Cf. *Phèdre*, 249 *b* 9 *sq.*
18. PLATON, *Banquet*, 210 *a*.

précise un peu plus loin que le but ultime, le terme final auquel aura accès celui qui aura été droitement instruit dans les choses d'amour, consiste en une vision soudaine, une brusque épiphanie : « il apercevra subitement une certaine beauté d'une nature merveilleuse *(exaíphnēs katópsetaí ti thaumastòn tḕn phúsin kalón)* » [19]. Éros ouvre la voie qui mène à la révélation bouleversante du beau en soi, « en ce point de la vie qui pour un homme vaut la peine de vivre : quand il contemple la beauté en elle-même *(theōménōi autò tò kalón)* » [20]. Vision, contemplation, révélation : ce qui caractérise en effet l'expérience érotique, c'est qu'elle privilégie la vue, qu'elle repose tout entière sur l'échange visuel, la communication d'œil à œil. Elle implique, dans le croisement des regards, un face à face avec l'aimé, comparable à l'épiphanie du dieu quand, au terme des mystères, dans l'*epopteía*, il manifeste sa présence par une vision directe aux yeux de l'initié. Le flux érotique, qui circule de l'amant à l'aimé pour se réfléchir en sens inverse de l'aimé vers l'amant, suit en aller et retour le chemin croisé des regards, chacun des deux partenaires servant à l'autre de miroir où, dans l'œil de son vis-à-vis, c'est le reflet dédoublé de lui-même qu'il aperçoit et qu'il poursuit de son désir. Au texte de l'*Alcibiade* (132 *e*-133 *a*) répond celui du *Phèdre* (225 *d*). Le premier énonçait comme une vérité d'évidence : « Quand nous regardons l'œil de quelqu'un qui est en face de nous, notre visage *(tò prósōpon)* se réfléchit dans ce qu'on appelle la pupille *(kórē)* comme dans un miroir ; celui qui y regarde y voit son image *(eídōlon)*. — C'est exact. — Ainsi, quand l'œil considère un autre œil, quand il fixe son regard sur la partie de cet œil qui est la meilleure, celle qui voit, c'est lui-même qu'il y voit. » Le second lui fait écho, affirmant de l'aimé entraîné à son tour dans le flux érotique, « dans son amant, comme dans un miroir, c'est lui-même qu'il aime [...] ayant ainsi un contre-amour qui est une image réfléchie d'amour *(eídōlon érōtos antérōta ékhōn)* ».

19. *Ibid.*, 210 *e* 4-5 ; cf. aussi *Phèdre*, 245 *c* 7-*d*.
20. *Banquet*, 211 *d* ; *Phèdre*, 250 *b* 6-*c* 6 et 250 *e* sq.

Faut-il en conclure que Platon fait sienne la thèse qu'Aristophane soutient dans *Le Banquet* ? Selon le mythe que raconte avec verve le poète comique, le désir d'amour traduit l'état d'incomplétude dans lequel nous nous trouvons depuis que nous avons été, sur l'ordre de Zeus, coupés en deux. Éros, c'est la nostalgie de notre unité perdue. Chacun recherche cet autre lui-même, cette moitié symétrique, ce double exact de soi qui, accolé de nouveau à la demi-portion que nous sommes devenus — comme si le spectateur devant la glace parvenait enfin à rejoindre son reflet au miroir pour coïncider avec lui —, nous restituerait cette entière complétude, cette totalité achevée que nous avons connues à l'origine.

Reprenant les analyses de François Flahaut[21], on peut montrer que tout au contraire la position de Platon, telle que Diotime l'expose au Socrate du *Banquet*, s'oppose point par point à celle dont Aristophane se fait l'interprète. Dire qu'amour est une folie divine, une initiation, un état de possession, c'est reconnaître qu'au miroir de l'aimé ce n'est pas notre visage d'homme qui apparaît, mais celui du dieu dont nous sommes possédés, dont nous portons le masque et qui, transfigurant notre face en même temps que celle de notre partenaire, les illumine toutes deux d'un éclat venu d'ailleurs, d'un autre monde. Sur le visage aimé où je me mire moi-même, ce que je perçois, qui me fascine et me transporte, c'est la figure de la Beauté. Dans le jeu de miroir auquel il préside, Éros n'opère pas à l'horizontale, comme l'imaginait Aristophane ; il n'unit pas, à ras de terre, deux individus mutilés pour en recoller, nombril contre nombril, les morceaux épars[22]. Il

---

21. *L'Extrême Existence*, Paris, 1972, pp. 23-63.

22. *Banquet*, 189 *d sq.* Suivant le récit d'Aristophane chaque homme revêtait à l'origine l'aspect d'un tout circulaire, de forme ovoïdale, qui se déplaçait en faisant la roue : en miniature, l'œuf cosmique primordial des orphiques. Chacun avait quatre mains, quatre jambes, deux visages, l'un devant, l'autre derrière la tête, deux sexes fixés à l'extérieur, de chaque côté, à la façon d'Éros Phanès. Pour punir ces êtres de leur arrogance Zeus décide de les couper en deux par le milieu. L'homme naturel ainsi tranché en deux moitiés par sectionnement, Apollon parachève l'opération : il retourne

pointe vers le haut en direction du ciel, il redresse amant et
aimé, à la verticale, dans le sens de ce qui constitue, pour tous
deux, au sommet de leur crâne, là où les os et la peau se
suturent, le seul nombril authentique, les rattachant, non l'un à
l'autre, mais à leur commune patrie, à ce lieu originel dont ils
ont été retranchés à la façon d'une « plante céleste » arrachée à
sa matrice pour être jetée ici-bas[23].

d'abord le visage vers le plan de la coupure, il tire ensuite la peau, vers ce qui
s'appelle aujourd'hui le ventre, en la serrant et la couturant « comme on fait
d'une bourse à coulisse », sur le nombril, cicatrice que les hommes ont
désormais sous les yeux et qui leur rappelle à la fois leur ancien état d'unité et
la coupure que Zeus leur a imposée. Apollon déplace enfin le sexe de l'arrière à
l'avant pour que l'accouplement des deux moitiés soit rendu possible. Situé
juste sous le nombril, le sexe constitue ainsi une sorte de compensation, de
palliatif de la mutilation dont le nombril garde la trace. S'unir sexuellement,
c'est en rentrant le plein de l'un dans le creux de l'autre, réajuster les nombrils,
effacer momentanément la coupure, se retrouver au stade où l'on ne faisait la
qu'un avec son partenaire, reformer, en serrant sur soi sa moitié, l'œuf
matriciel dont on est sorti par division.

23. Comme François Flahaut l'a bien montré (pp. 32-33), l'anthropogonie
platonicienne du *Timée* rappelle jusque dans certains détails celle d'Aristophane, dans *Le Banquet*, mais c'est pour en inverser systématiquement le sens.
En faisant de la tête le seul « corps sphérique » (*sphairoeidès sôma*, 44 d 4),
imitant la figure du Tout et ses révolutions circulaires, mais en la plaçant au
sommet d'un support (*ókhêma*, 44 c 2) allongé pour qu'elle n'ait pas à rouler
par terre (*kúlindoúmenon epi gês*, 44 d 9), comme faisaient la roue (*Kubistôsi
kúklôi*, Banquet, 190 a 8) les hommes arrondis avant d'être coupés en deux
moitiés, Platon confère à la tête un statut et une fonction privilégiés. Dressée
en l'air au plus haut de son mât elle est la demeure de ce qui en nous est le plus
divin et sacré : l'âme immortelle dont l'ensemble du corps est précisément le
véhicule et le support (*ókhêma*, 69 c 6).
Dans cette tête ronde, l'encéphale façonné en figure sphérique devait
recevoir en lui, à la façon d'un sillon (*ároura*), la semence divine (*tò theîon
spérma*, 73 c 7-8), comme le ventre féminin reçoit en son sein, à la façon d'un
sillon, la semence du mâle. Chez la créature humaine, à l'engendrement
sexuel (au niveau horizontal des ventres) s'ajoute un engendrement spirituel
(suivant un axe vertical). Contrairement au récit d'Aristophane, la divinité n'a
pas coupé en deux le corps humain ; il lui a adjoint une âme, il a fait cadeau à
chacun de nous, pour s'unir à nous, d'un « génie divin » (*daimôn*). « [...] cette
âme nous élève au-dessus de la terre en raison de son affinité avec le ciel, car
nous sommes une plante, non point terrestre, mais céleste. Et en effet c'est du
côté du haut, du côté où eut lieu la naissance primitive de l'âme que le dieu a
suspendu notre tête qui est comme notre racine (*rhiza*), et de la sorte il a donné
au corps tout entier la station droite » (90 a 2-b 1, trad. A. Rivaud, Paris,
1925).
Notre vraie racine, notre seul nombril authentique, se trouve, non sur le

On pourrait résumer le point de vue d'Aristophane en disant que, pour lui, déchiffrer Éros, c'est poser : 1/2 + 1/2 = 1. Tout homme n'étant qu'une demi-part d'être, s'il lui arrive de rencontrer sa seconde moitié, le voilà comblé autant qu'il est possible ; pour lui, plus rien à désirer : devenu un entier parfait, il le dispute en félicité à la béatitude des dieux. C'est ce bonheur qu'Héphaistos propose aux deux amants couchés corps contre corps : « Je peux vous fondre ensemble [...] de telle sorte que, deux comme vous êtes, vous deveniez un [...] que vous viviez comme ne faisant qu'un et qu'après votre mort, là-bas chez Hadès, au lieu d'être deux, vous soyez un *(antì duoîn héna eînai)*[24]. » Aussi l'amour est-il d'autant meilleur qu'il parvient à réunir deux moitiés parfaitement homologues, complètement semblables, aussi symétriques l'une de l'autre que peut l'être d'un personnage le reflet qui le dédouble au creux d'un miroir. L'auto-érotisme, sous-jacent au thème du miroir dans le récit mythique d'Aristophane, s'accomplit en homosexualité. Le plus bel amour, c'est celui qui s'écrit : un demi de mâle plus l'autre demi de ce mâle font un homme totalement homme, entièrement lui-même en sa virilité[25].

---

ventre, mais au sommet du crâne. C'est là que figure la cicatrice, la marque du cordon ombilical qui nous relie, par la présence en nous de l'âme inséminée dans l'encéphale, au monde céleste dont nous sommes séparés mais que la mission d'Éros est de nous faire rejoindre par la réminiscence de notre lieu originel.

Sur le rapport nombril-sommet du crâne, on comparera *Banquet*, 190 c : Apollon « serrant les bords de la peau, *comme avec une bourse à coulisse*, autour d'une ouverture unique vers le milieu du ventre : le nombril », et *Timée* 76 a 2-8 : « Cette peau parvint à rejoindre ses bords, à les unir par bourgeonnement circulaire, à revêtir ainsi toute la tête ; l'humidité qui suintait par les sutures du crâne a humecté cette peau, l'a refermée sur le sommet de la tête *comme par un nœud coulissé*. »

24. *Banquet*, 192 e 1-4.

25. *Ibid.*, 192 a sq. « Parmi les enfants et les adolescents il n'y en a pas de plus distingués, parce qu'ils ont une nature au plus haut degré virile [...] ils sont résolus, ils ont le cœur d'un homme et l'allure d'un mâle, empressés à rechercher ce qui leur ressemble. Rien ne le signale plus fortement que ceci : c'est que, leur formation achevée, les individus de cette espèce sont seuls à se révéler hommes par leurs aspirations politiques. » (Trad. L. Robin, Paris, 1929.)

Le point de vue de Platon s'exprime, à l'inverse, dans une formule du type : 1 + 1 = 3, valable aux deux niveaux où opère Éros. Sur le plan de la vie physique, l'amour consiste pour deux êtres à en engendrer un troisième, différent de chacun d'entre eux et qui cependant les prolonge. L'érotique selon le corps vise à produire, au sein même de l'existence terrestre, passagère et périssable, un substitut d'immortalité. Aussi le plus bel amour, ou plutôt le seul amour justifié selon le corps, est celui qui unit un homme et une femme « pour engendrer dans la beauté »[26]. L'Éros homosexuel, disqualifié du point de vue de la chair puisque lui fait défaut cet élan vers l'immortel dont il doit être traversé, ne retrouve sa justification que transposé, déplacé sur le plan spirituel où il récupère sa finalité, c'est-à-dire sa transcendance. D'homme à homme, Éros cherche à enfanter dans l'âme d'autrui de beaux discours, de belles vertus : toutes valeurs qui échappent à l'ordre du mortel. Cet Éros mâle emprunte le masque de Socrate : Silène à la face bestiale, au nez camus, accoucheur comme sa mère de ce que chacun porte en soi mais qui ne peut venir à terme que dans ce courant d'échange, ce face à face avec l'autre, cette réciprocité du flux amoureux qui, comme au cours d'une initiation, vous arrachent au monde sensible, au devenir, vous transportent ailleurs et rendent votre vraie personne, dans et par le commerce avec l'autre, semblable au divin. À travers l'élan qui de toute son âme l'entraîne vers les beaux jeunes gens, Socrate, figure d'Éros, se fait (pour eux) miroir, un miroir où en se regardant eux-mêmes, les aimés se voient avec les yeux de qui les aime, rayonnant d'une autre lumière, une lumière lointaine, celle de la Vraie Beauté.

Si Socrate peut affirmer qu'il est le seul véritable amoureux *(erastēs)* d'Alcibiade, c'est qu'en se mirant dans les yeux du jeune homme comme le jeune homme se mire dans les siens, chacun cherche à se voir soi-même, à se connaître par les yeux de l'autre. Mais, pas plus que l'œil ne peut se voir sans regarder un autre œil, l'âme ne peut se connaître elle-même sans

26. *Ibid.*, 206 e *sq.*

regarder une âme et, en elle, la partie où réside la faculté *(areté)* propre à l'âme. Celui qui la regarde y découvre ce qu'il y a en elle de divin, « un dieu et une pensée »[27]. Le jeu de miroir entre l'aimé et l'amant (par lequel le *un* se fait *deux* pour se retrouver) aboutit à une coïncidence de soi, de l'âme et du dieu. « Comme les vrais miroirs sont plus clairs, plus purs et plus lumineux que le miroir de l'œil, de même le dieu est plus pur et plus lumineux que la partie la meilleure de notre âme [...] C'est donc le dieu qu'il faut regarder : il est le meilleur miroir des choses humaines en ce qui concerne l'*areté* de l'âme, et c'est en lui que nous pouvons le mieux nous voir et nous connaître nous-mêmes[28]. » À travers l'Éros qui la pousse vers autrui, l'âme se rejoint dans la coïncidence de sa nature authentique avec le divin.

En mettant ainsi en place le miroir dans le champ de l'érotique platonicienne, nous nous trouvons introduit d'emblée au cœur du mythe de Narcisse. Après J. Pépin et P. Hadot dont les études nous ont guidé[29], nous voudrions évoquer à notre tour les deux ordres de problèmes auxquels nous devons, dans la perspective qui nous est propre, tenter de répondre. D'abord, pourquoi le mythe de Narcisse est-il presque toujours présenté, qu'il s'agisse d'images ou d'écrits, dans un contexte dionysiaque ? En d'autres termes qu'est-ce qui associe, aux premiers siècles de notre ère, dans l'esprit des peintres, des poètes, des philosophes, l'histoire de Narcisse et l'univers religieux du dionysisme ? Seconde question : entre le thème de Narcisse et, le « miroir de Dionysos », chez les auteurs que nous avons évoqués, Plotin tout spécialement, quels rapports peut-on établir, de correspondance ou d'opposition ?

---

27. *Alcibiade*, 133 c 2 *(théos kai phrónēsis)*.
28. *Ibid.*, 133 c 4-10 (trad. M. Croiset, Paris, 1925).
29. J. Pépin, « Plotin et le miroir de Dionysos », *Revue internationale de philosophie*, XXIV, (1970); P. Hadot, « Le mythe de Narcisse et son interprétation par Plotin », *Nouvelle Revue de psychanalyse*, XIII (1976).

Rappelons d'abord quelques traits marquants dans la carrière amoureuse de Narcisse. À la nymphe Écho, éprise de lui, Narcisse déclare : « Plutôt mourir que d'être possédé par toi[30]. » L'amant dont il dédaigne un peu plus tard les avances réclame son châtiment en ces termes : « Puisse-t-il aimer, lui aussi, et ne jamais posséder l'objet de son amour[31]. » Face à celui dont il est tombé amoureux et qui, dans la transparence des eaux d'une fontaine, répond à chaque regard par le même regard, à chaque geste par un geste symétrique (« quand je tends les bras, tu me tends les bras de toi-même, quand je te souris, tu me souris »), que fait Narcisse dès lors qu'il comprend que cet autre est lui-même ? En même temps qu'il s'écrie : « *Iste ego sum* »[32] il exprime ce regret et ce vœu : « Que ne puis-je me séparer de mon corps [...] Je voudrais que ce que j'aime soit distant de moi[33]. » À la formule qui avait repoussé Écho et que nous avons rappelée : « *Emoriar quam sit tibi copia nostri* », répond exactement celle qui le condamne lui-même : « *Inopem me copia fecit*, la possession que j'ai de moi fait que je ne puis me posséder[34]. » Dans *Les Fastes*, Ovide résumera les malheurs du jeune homme par cette phrase que Pierre Hadot, avec raison, place en exergue de son article : « Narcisse, malheureux de n'être pas différent de lui-même. »

Le miroir où Narcisse se voit comme s'il était un autre, s'éprend follement de cet autre sans d'abord s'y reconnaître, le poursuit dans le désir de le posséder, traduit le paradoxe, en nous, d'un élan érotique qui vise à nous unir à nous-même, à nous retrouver dans notre intégralité, mais qui ne peut jamais y parvenir que par un détour. Aimer, c'est tenter de se rejoindre dans l'autre.

Le reflet de Narcisse, le miroir de Dionysos, figurent l'un et l'autre la tragédie des retrouvailles impossibles de l'individu avec soi : l'aspiration à se rejoindre suppose du même coup

30. OVIDE, *Métamorphoses*, III, 391.
31. *Ibid.*, 405.
32. *Ibid.*, 463.
33. *Ibid.*, 467-468.
34. *Ibid.*, 466.

qu'on s'éloigne de soi, qu'on se dédouble et qu'on s'aliène. Mais il est deux façons bien différentes de s'aliéner, de se dédoubler, suivant que le détour par l'autre se fait au plus court ou emprunte, vers le lointain, les chemins les plus écartés. Pour se retrouver, s'unir à soi, il faut d'abord se perdre, se dépouiller, se faire soi-même entièrement autre, au lieu de se dédoubler simplement, de se projeter, tout en restant « soi-même », dans la position qui est celle d'un autre particulier. Si je fais de moi, à la façon de Narcisse, un certain autre, tel autre déterminé — y compris moi-même —, je ne peux ni *le* rejoindre ni *me* retrouver. Au lieu de me poser, dans mon ipséité, comme un autre, je dois me faire autre du dedans, me voir transfiguré en autre grâce à une vision où le miroir, au lieu de mon reflet, me renvoie la figure du dieu dont je dois être illuminé afin que, dépris de moi-même par sa présence en moi, je puisse enfin me retrouver, me posséder parce que lui me possède. Dans la distance qui se creuse entre le miroir de Narcisse et celui de Dionysos resurgissent les mêmes thèmes qui déjà faisaient l'enjeu des récits opposés d'Aristophane et de Diotime. À travers l'élan vers l'autre, Éros se révèle amour de soi. Mais s'il vise l'autre comme double de soi-même, sa parfaite moitié, il n'obtient rien. Dans l'autre qui est mon prochain, mon semblable et mon vis-à-vis, la figure que j'ai à déchiffrer est celle de l'extrême autre, du lointain radical ; dans ce qui, en face de moi, me dévisage comme un autre moi-même, mon reflet, je dois apercevoir l'étranger divin qui se cache au plus haut. Seul cet « autre » extrême peut fonder la valeur érotique de mon prochain comme la mienne, nous faire beaux l'un pour l'autre et chacun pour soi parce qu'éclairés tous deux d'une même lumière, celle que projette la source inépuisable de toute beauté.

Dans la droite ligne de l'érotique platonicienne mais en rupture complète avec le maître de l'Académie et tout le classicisme grec en ce qui concerne le statut de l'image (Plotin marque le début du tournant par lequel l'image, au lieu d'être définie comme imitation de l'apparence, sera interprétée philosophiquement et traitée plastiquement comme expression de l'essence)[35], Plotin confère au miroir une dimension métaphysique en exprimant, par son moyen, le statut des âmes, après qu'elles se sont incarnées. Le destin de chaque âme individuelle se joue entre les deux pôles auxquels prête le modèle du miroir. Ou bien l'âme se place au point de vue de la source qui émet la lumière, c'est-à-dire d'elle-même en tant qu'elle demeure tournée vers le soleil de l'Être et de l'Un, qu'elle le contemple, qu'unie à lui dans cette vision elle se confond avec lui ; dans ce cas le reflet n'est rien. Ou bien l'âme regarde vers le reflet, elle se détourne de la source d'où le reflet émane ; alors elle vit « comme si » le reflet était la réalité même ; elle se particularise et se localise dans les limites du corps ; elle tombe dans le miroir à la façon de Narcisse, elle se fragmente comme dans le miroir de Dionysos[36].

Mais l'histoire de Narcisse ne correspond qu'à un des deux aspects qu'exprime le « miroir de Dionysos », dans le mythe et dans le rituel. Ce qui caractérise ce miroir, c'est la présence en lui des deux pôles opposés, la réciprocité et l'alternance de la dispersion dans le multiple et la réunification dans le divin. En se reflétant dans le miroir, Dionysos se voue à la multiplicité ; il préside à la création du divers et du changeant, à la genèse des particuliers ; mais en même temps il reste un par le cœur heureusement préservé. Toute âme individuelle, tout être particulier aspirent, à travers le reflet de Dionysos réfracté dans le multiple, à retrouver l'unité dont ils émanent. Le miroir de Dionysos, comme son démembrement par les Titans, exprime *à la fois* et solidairement la dispersion et le rassemblement. La réunification exige qu'on fasse en sens inverse le chemin du miroir, du reflet (ou du démembrement), que, par un changement complet de mode de vie, une transformation

35. Cf. sur ce point A. GRABAR, « Plotin et les origines de l'esthétique médiévale », *Cahiers archéologiques*, I (1945), pp. 15-31.

36. PLOTIN, *Ennéades*, IV, 3, 12 : « Et les âmes humaines ? Elles voient leurs images comme dans le miroir de Dionysos, et d'en haut, elles s'élancent vers elles. Elles ne tranchent pourtant pas leurs liens avec leurs principes et l'intellect [...] ; elles vont jusqu'à la terre mais leur tête reste fixée au-dessus du ciel. » Cf. aussi IV, 8, 4 sq. ; IV, 3, 17 (trad. É. Bréhier, Paris, 1927).

intérieure au terme de l'initiation et de la vision qui l'accompagne, on fasse retour à Dionysos comme source unique, on se perde en lui pour se retrouver soi-même, au lieu de se chercher dans une des images fragmentaires où il s'est réfracté. Il faut que l'initié regardant le miroir s'y voie lui-même en masque dionysiaque, transformé dans le dieu qui le possède, déplacé de là où il se tient en un lieu différent, transmué en un autre qui le renvoie à l'unité. Dans le miroir où Dionysos enfant se regarde, le dieu se disperse et divise. Dans le miroir initiatique, notre reflet se profile comme une figure étrange, un masque qui, en face de nous, à notre place, nous regarde. Ce masque nous fait signe que nous ne sommes pas où nous sommes, qu'il nous faut nous chercher ailleurs, pour enfin nous rejoindre.

Évoquant, contre des interprétations trop faciles, l'aspect anti-Narcisse de Plotin, P. Hadot écrit en conclusion : « L'essentiel ne consiste pas dans une expérience de soi, mais dans l'expérience d'un autre que soi ou dans l'expérience de devenir autre. En ce sens Plotin aurait pu dire que, dans cette expérience, le rêve de Narcisse est exaucé : devenir autre en restant soi-même. » Si notre analyse est exacte, dans le double fond du miroir de Dionysos il n'y a pas seulement la figure de Narcisse. Pour qui sait voir, pour l'initié, il y a aussi la promesse de son rêve exaucé : échapper à la division, à la dualité, s'évader du multiple, s'accomplir dans les retrouvailles avec l'Un.

Mais ce n'est plus, comme chez Platon, dans le face à face avec un autre, un second qui vous regarde, c'est-à-dire dans la relation érotique avec un partenaire, que s'obtient en une progression par étapes l'expérience du Beau en soi : on ne part plus d'un corps particulier, dont la vue vous émeut, vous bouleverse — tel beau garçon, telle belle fille — pour passer à la multiplicité de tous ceux qui sont beaux, de tout ce qui participe du Beau, et accéder enfin à la vision de la Beauté, pure et authentique dans sa permanence et son unité. Chez Plotin, c'est désormais dans un retour à soi, par une conversion vers soi-même que l'âme se détourne de son propre corps et que, dans la solitude de sa méditation intérieure, unie à l'Être et à l'Un, elle se retrouve elle-même en se perdant dans le divin.

Au moment, écrit Plotin, où l'être qui voit Dieu se voit lui-même, « il se verra semblable à son objet ; dans son union avec lui-même, il se sentira pareil à cet objet et aussi simple que lui [...] L'objet qu'il voit [...], il ne le voit pas en ce sens qu'il le distingue de lui et qu'il se représente un sujet et un objet ; il est devenu un autre ; il n'est plus lui-même *(állos genómenos kaì ouk autós)* [...] tout à son objet il est un avec lui comme s'il avait fait coïncider son propre centre avec le centre universel »[37].

Transposé dans le cadre d'une expérience intime du divin, d'une ascèse spirituelle où l'intellect se fait amour, *noûs erôn*[38], le fantasme aristophanesque d'une érotique de l'unité resoudée, du tout reconstitué se réalise, non par accouplement de deux moitiés de corps, superposition des nombrils, mais par arrachement de l'âme au corps, réintégration de la partie dans la Totalité, coïncidence du centre propre à chacun avec le

---

37. *Ibid.*, VI, 9, 10, 9-17 (trad. É. Bréhier, Paris, 1938) ; cf. VI, 7, 34, 7 *sq.* : L'âme amoureuse va recevoir son aimé seule à seul *(móne mónon)* ; « alors elle le voit subitement apparaître en elle ; rien entre elle et lui ; ils ne sont plus deux, mais les deux ne font qu'un ; plus de distinction possible tant qu'il est là (voyez-en l'image ici-bas chez l'amant qui veut se confondre avec l'aimé) ; elle ne sent plus son corps parce qu'elle est en lui... » ; VI, 9 11, 4 sq. : « [...] comme le sujet qui voit ne fait qu'un avec l'objet qui est vu (ou uni à lui plutôt que vu), si l'on se souvient après coup de cette union avec lui, on aura en soi-même une image de cet état. L'être qui contemplait était alors lui-même un ; il n'avait en lui aucune différence avec lui-même [...] ; arraché à lui-même et ravi par l'enthousiasme, il se trouve en état calme et paisible ; ne se détournant pas de l'être de l'Un il ne tourne plus autour de lui-même. » Quand l'âme monte vers l'être, « elle ne va pas à un être différent d'elle, mais elle rentre en elle-même, et elle n'est alors en nulle autre chose qu'en elle-même ; mais, dès qu'elle est en elle seule et non plus dans l'être, elle est par là même en lui [...]. Telle est la vie des dieux et des hommes divins et bienheureux ; s'affranchir des choses d'ici-bas, s'y déplaire, fuir seul vers lui seul *(phugè mónou pròs mónon)* » (VI, 9, 11, 38-51).

38. *Ibid.*, VI, 7, 35, 24-5 : « Hors d'elle-même et enivrée de nectar, elle devient intelligence aimante en se simplifiant pour arriver à cet état de plénitude heureuse : et une telle ivresse est pour elle meilleure et plus digne que la sobriété. »

centre universel, fusion du moi et de dieu[39]. Il n'y a plus alors ni moitié ni double : seulement l'un, « embrasé d'amour ».

---

39. *Ibid.*, VI, 9, 9, 45-61 : « Le véritable objet de notre amour est là-bas et nous pouvons nous unir à lui, en prendre notre part et le posséder réellement en cessant de nous dissiper dans la chair. Quiconque a vu sait ce que je dis ; il sait que l'âme a une autre vie, quand elle s'approche de lui, est près de lui et y participe [...] alors [...] nous nous replions sur nous-mêmes et nous n'avons aucune part de nous-mêmes qui ne soit en contact avec Dieu. Ici même l'on peut le voir et se voir soi-même, autant qu'il est permis d'avoir de telles visions ; on se voit éclatant de lumière et rempli de la lumière intelligible ; ou plutôt on devient soi-même une pure lumière, un être léger et sans poids ; on devient ou plutôt on est un dieu, embrasé d'amour. »

IX

Entre la honte et la gloire :
l'identité du jeune Spartiate

> Vous ne parviendrez jamais à
> faire des sages si vous ne faites
> d'abord des polissons : c'était
> l'éducation des Spartiates ; au
> lieu de les coller sur les livres, on
> commençait à leur apprendre à
> voler leur dîner.
>
> Jean-Jacques ROUSSEAU
> (*Émile*, livre II, p. 362,
> éd. de la Pléiade.)

L'idéal de l'honneur héroïque, celui qui anime les guerriers de l'épopée jusqu'à leur faire affronter la mort, qu'advient-il de lui quand, avec l'émergence de la cité, c'est la participation à la vie politique qui devient un des éléments essentiels ou, pour mieux dire, constitutifs de l'*areté*, l'excellence humaine, et que l'intérêt commun du groupe, plus encore que le prestige de la naissance ou l'éclat des hauts faits personnels, tend à prendre la première place dans l'appréciation de la vertu, à s'imposer comme critère de la valeur authentique ?

Sur le plan militaire le contraste entre la figure du héros de

Sous une forme abrégée, ce texte a fait l'objet d'une communication aux Rencontres internationales de Genève, en 1987, sur le thème « Normes et déviances ». Il a paru intégralement dans *ΜΗΤΙΣ, Revue d'anthropologie du monde grec*, II, 2, 1987, pp. 269-300.

l'*Iliade* et celle du citoyen soldat est à cet égard trop marqué pour qu'il soit nécessaire d'insister[1]. L'exemple bien connu d'Aristodamos à Platées, tel qu'il nous est transmis par Hérodote[2], montre assez que pour l'hoplite, en campagne au service de sa patrie, l'exploit individuel, aussi extraordinaire qu'il soit et même s'il conduit à une mort héroïque sur le champ de bataille, n'a pas de valeur s'il échappe à la discipline collective de la phalange. Le prix de l'*aristeía* revient à qui a su le mieux contribuer à la victoire commune en gardant tout au long du combat la place qui lui revient dans le rang, à côté de ses compagnons d'armes. Pour être « le meilleur », il faut l'avoir emporté sur les autres mais en demeurant avec eux, solidaire d'eux, semblable à eux.

De façon plus générale, on se demandera comment, dans une société de « face à face », compétitive, agonistique, où les vieilles valeurs aristocratiques restent dominantes, l'ancien modèle de l'honneur héroïque, toujours prisé, toujours célébré, peut composer dans la recherche du *kléos*, de la gloire, avec les normes d'une morale civique.

Une des voies d'accès à la résolution de ce problème consiste sans doute à examiner le système éducatif que les cités ont mis en place pour donner aux jeunes une formation qui, faisant d'eux des citoyens accomplis, leur ouvre du même coup la voie officielle des *timaí*, des honneurs. Si nous choisissons Sparte comme terrain d'enquête c'est que son cas nous paraît, dans sa singularité, exemplaire. Pour les Anciens eux-mêmes, Sparte a la réputation d'être la cité où, d'une part, le sens de l'honneur est systématiquement développé, dès le plus jeune âge, par une pratique constante, publique, institutionnalisée, du blâme et de la louange, du sarcasme et de la glorification, mais où, d'autre part, l'individu se trouve dressé depuis l'enfance à se soumettre en tout et entièrement aux intérêts de l'État. Xénophon exprime bien cette double orientation de l'*agōgé* lacédémo-

---

1. Cf. Marcel DETIENNE, « La Phalange : Problèmes et controverses », in *Problèmes de la guerre en Grèce ancienne* (sous la direction de J.-P. VERNANT), Paris-La Haye, 1968, pp. 119-142.
2. HÉRODOTE, VII, 231 et IX, 71.

nienne : chacun entrant en guerre contre les autres pour l'emporter sur eux, tous s'accordant pour défendre au mieux la cité — sans que cette dualité d'objectifs, dont on peut penser qu'elle devait au moins poser quelques problèmes, ne semble à ses yeux comporter la moindre antinomie. Il écrit[3] : « Ainsi s'établit la rivalité *(éris)* la plus agréable aux dieux et la plus civique *(politikōtátē* : celle qui convient le mieux à des citoyens) ; par elle est rendu manifeste ce que l'homme de bien *(agathós)* doit faire ; les uns et les autres, chacun de son côté *(hekáteroi)* s'exercent séparément *(khōrís)* afin d'être toujours les meilleurs et de pouvoir, quand il le faudra, défendre la cité, chacun pour sa part *(kath'héna)*, de toutes leurs forces. » Pourtant à lire la remarque que Xénophon ajoute aussitôt, on ne se sent guère enclin à partager son optimisme concernant cette prétendue convergence naturelle entre la quête singulière de l'honneur et l'entier dévouement de tous au bien public. Xénophon enchaîne en effet sur ces mots : « C'est aussi une nécessité pour eux de se maintenir en bonne forme physique car, en raison de cette rivalité, partout où ils se rencontrent ils se battent à coups de poing[4]. »

Le problème se complique en raison de deux traits qui caractérisent la *paideía* grecque. Elle vise à faire du jeune un adulte, ce qui implique une transformation, un véritable changement d'état, l'accès à une condition d'existence nouvelle. En inculquant au jeune tout ensemble le souci de sa gloire personnelle et le sens civique, elle lui apporte ce dont il était au départ dépourvu et qui, par nature, appartient exclusivement à l'adulte exerçant de plein droit l'ensemble des activités liées à son statut de citoyen. En ce sens tant qu'il n'a pas franchi le seuil qui le fait sortir de l'adolescence pour entrer dans l'âge mur, le jeune est considéré comme un être différent et traité comme tel. Cette altérité se marque aussi bien sur le plan des conduites qui lui sont imposées que sur celui des valeurs éthiques qu'on estime appropriées à son âge. L'hon-

---

3. *République des Lacédémoniens*, IV, 5.
4. *Ibid.*, IV, 6 ; cf. aussi IV, 4.

neur du jeune doit donc se démarquer de celui de l'adulte dans la mesure même où il a pour fin d'y conduire.

D'où un second aspect de la *paideía*. Parce qu'elle constitue une véritable intronisation du jeune, une sorte d'initiation progressive à la vie publique, elle revêt la forme d'un système organisé d'épreuves auxquelles le jeune est soumis et qu'il doit subir du début à la fin pour devenir lui-même, c'est-à-dire pour acquérir cette identité sociale qu'il ne possédait pas auparavant. Pendant toute la durée de la période probatoire, pour démontrer qu'il est digne d'entrer le jour venu dans le corps des citoyens, le jeune est mis en situation d'affronter tous les dangers, toutes les vilenies, toutes les bassesses qui menacent l'honneur de l'homme de bien et qui risquent de le vouer au mépris public *(óneidos)*, à l'infamie *(atimía)*. C'est de la familiarité même qu'il aura acquise avec les diverses formes du « honteux », de sa proximité avec elles, qu'il tirera la capacité de les vaincre, de s'en écarter à jamais, de s'attacher à l'honneur et à la gloire authentiques [5].

Platon se montre sur ce point aussi précis qu'on peut l'être. Ses remarques constituent un préalable d'autant plus précieux à une réflexion sur le système de formation des jeunes à Sparte que le philosophe a évidemment l'*agōgē* lacédémonienne en tête quand il expose, dans *La République*, ce que doit être, dans la cité idéale, l'éducation des futurs gardiens [6]. Il s'agit d'opérer parmi eux un tri afin de déceler ceux qui sont le plus

---

5. Cf. PLATON, *Les Lois*, 635 c-d. Il est évident, observe l'Athénien du dialogue, que si on habitue les jeunes à fuir dès l'enfance les souffrances et les peines, on les expose, quand ils se trouveront à l'âge adulte confrontés à d'inévitables douleurs, à devenir les esclaves de ceux qui s'y seront entraînés. Ce qui est vrai des dangers et des souffrances ne l'est pas moins des plaisirs : « Si, dès leur jeunesse, les citoyens s'habituent à être sans expérience des plaisirs les plus grands, s'ils ne s'exercent pas à y résister et à ne pas se laisser contraindre à faire rien de honteux, ils subiront, par suite de la pente qui les porte au plaisir, le même sort que ceux qui cèdent à la peur ; ils seront esclaves d'une autre façon, plus honteuse encore, de ceux qui peuvent demeurer forts au milieu des plaisirs, qui sont maîtres dans l'art d'en user, si complètement pervers que ces hommes puissent être parfois. » (Trad. Éd. des Places, Paris, 1951.)

6. *République*, III, 413 c-414 a.

aptes à demeurer fidèles à la maxime dont ils doivent sans cesse s'inspirer : faire en toutes circonstances ce qui est le meilleur pour la cité. Pour obtenir ce résultat, « il faut les éprouver dès l'enfance en les engageant dans les actions les plus propres à leur faire oublier ce principe et à les induire en erreur, puis choisir celui qui en garde mémoire et qui est difficile à tromper, rejeter au contraire celui qui ne l'est pas » [7]. Mais il ne suffit pas de mesurer ainsi leur résistance à l'oubli et à la séduction de l'erreur. Il faut encore les violenter en les soumettant à des travaux pénibles, à de dures souffrances, à des luttes sans merci, où l'on pourra observer leur comportement. Enfin, mettant en œuvre la puissance de fascination d'une sorte de magie, il faudra « les soumettre [...] à une troisième espèce d'épreuve, celle qui consiste à les enchanter par des sortilèges et à les regarder concourir entre eux ; et de même qu'on mène les poulains dans le bruit et le vacarme pour voir s'ils sont peureux, il faut transporter nos guerriers, quand ils sont jeunes, au milieu d'objets terrifiants, puis de là les rejeter au milieu des plaisirs et les éprouver avec plus de soins qu'on n'éprouve l'or par le feu, pour savoir s'ils résistent aux enchantements séducteurs et gardent en toute circonstance une bonne tenue [...] s'ils sont tels enfin qu'ils doivent être pour se montrer les plus utiles et à eux-mêmes et à la cité » [8].

Platon est un philosophe. Il présente, dans ce texte, une théorie de l'éducation, telle que les Grecs la concevaient, comme dressage des jeunes et sélection des meilleurs à travers un cursus d'épreuves adaptées à la psychologie de leur âge et répondant aux besoins d'une cité parfaitement juste. Les jeunes sont incapables encore de posséder la science de ce qui est honorable, beau et bon. On peut seulement leur inculquer à ce sujet une opinion droite et vérifier, pour chacun d'eux, dans quelle mesure elle est solide, stable, enracinée. Or il y a, pour

---

7. *Ibid.*, III, 413 c-d.

8. *Ibid.*, III, 413 d-e. Sur la nécessité de ne pas dresser seulement les jeunes à résister à la crainte et à la douleur, mais tout autant « au désir, aux plaisirs et à leurs caresses si terriblement séduisantes », cf. *Lois*, I, 633 c 9-d 3, et tout le développement qui suit.

l'opinion vraie, trois façons d'être modifiée ou effacée suivant qu'on est victime, en ce qui la concerne, d'un vol *(klopē)* qui vous la dérobe, d'une violence *(bía)* qui vous en détourne, d'un ensorcellement *(goēteía)* qui vous aveugle à son sujet[9]. La *paideía* va donc instituer trois types différents d'épreuves pour évaluer la constance et la fermeté des jeunes dans leur attachement à l'honneur et au bien public. L'épreuve du vol d'abord : c'est le temps lui-même, dans son écoulement, qui risque de dérober aux futurs gardiens, en les effaçant de leur mémoire, les maximes qui doivent diriger leur action. Enfance et adolescence sont périodes de jeu, d'amusement, d'insouciance et aussi bien de crédulité à l'égard des fables racontées par les poètes comme des mensonges débités par les sophistes. Pour déceler ceux qui sont sujets à l'oubli et à l'erreur, l'éducation ne les plonge pas dans l'étude, les sciences, la philosophie : les jeunes ne sont pas mûrs pour ces disciplines. Au contraire elle les voue pendant toute cette période aux divertissements et aux festivités, dans les chœurs, les danses, les chants, les concours. C'est en les observant dans les activités ludiques auxquelles ils consacrent leur temps qu'on distingue ceux qui, au milieu des jeux et des rires, ne cessent pas de se souvenir et de garder opinion droite. — L'épreuve de la violence ensuite. On impose aux jeunes un régime marqué par l'effort pénible *(pónos)*, la souffrance *(algēdṓn)*, les combats *(agônes)*. Cette existence à la dure, brutale, sauvage, sordide, dans le dénuement, les pugilats, la douleur, révélera ceux qui ne sont pas prêts, pour s'adapter et survivre dans ces conditions difficiles, à abandonner leur sens de l'honneur, leur dignité, le souci du bien public. — L'épreuve des sortilèges en dernier lieu. Il faut dresser autour des jeunes un décor qui tantôt leur présentera, comme s'il s'agissait de dangers réels, des êtres terrifiants, des figures horribles, tantôt leur offrira

---

9. *République*, 412 *e*-413 *d*. Bien entendu, quand une opinion fausse nous sort de l'esprit et que nous sommes, d'une façon ou d'une autre, détrompés, c'est avec notre assentiment. Au contraire, dans le cas de l'opinion vraie, sa perte se produit toujours malgré nous, sous forme de vol, de violence, d'ensorcellement.

toutes les séductions du plaisir, toutes les tentations de la
sensualité. En provoquant l'épouvante qui dénonce la faiblesse
des lâches, en excitant les désirs qui révèlent la bassesse des
impudiques, la mise en scène éducative sélectionne ceux qui,
résistant à la peur comme à la lubricité, gardant en toute
circonstance, ainsi qu'il convient à l'homme d'honneur,
décence et contrôle de soi, se montreront dans le futur « les
plus utiles à eux-mêmes et à la cité ».

Si le premier genre d'épreuve, portant sur l'oubli et l'erreur,
se rattache de façon directe à la théorie platonicienne de la
connaissance et aux rapports qu'elle établit entre opinion
droite et savoir, les deux autres sont étroitement liés aux
pratiques de l'*agōgế* à Sparte. Celle qui éprouve les jeunes par
la violence en leur imposant une vie de paria, dure, fruste,
précaire, trouve son meilleur commentaire dans les propos du
Lacédémonien Mégillos exposant, dans *Les Lois*[10], les quatre
espèces d'« inventions » instituées par Lycurgue pour donner
aux jeunes une formation qui fasse d'eux à l'âge adulte des
guerriers accomplis. À côté des syssities, des exercices physiques *(gumnásia)*, de la chasse, Mégillos insiste sur l'importance
de la quatrième invention. Il s'agit de « l'endurcissement
contre la douleur qui se pratique sous tant de formes chez
nous, dans les pugilats à mains les uns contre les autres et dans
certains vols qui ne vont pas chaque fois sans beaucoup de
coups ; et encore on appelle cryptie un merveilleux exercice
d'endurance, et il y a, en plein hiver, la marche pieds nus, le
coucher sur la dure, le service où l'on se passe de domestiques,
les courses errantes de jour et de nuit à travers tout le pays »[11].
La cryptie, les pugilats dont parlait Xénophon et dont nous
savons que certains étaient rituellement organisés, chaque
année, au Platanistas, les coups *(plēgaí)* associés à un vol,
comme celui des fromages lors de la flagellation à l'autel
d'Orthia — tels sont bien les éléments typiquement lacédémoniens qui composent le deuxième genre d'épreuves, par

10. *Lois*, I, 633 *a-d*.
11. *Ibid.*, I, 633 *b-d*.

violence, auquel se réfère *La République*. On est alors tenté de
rapprocher le troisième genre, si énigmatique puisqu'il s'agit
d'une *goēteía*, d'une procédure ensorcelante, d'une action
fascinatoire, des documents que nous ont livrés les fouilles de
l'École anglaise sur les rites d'initiation des jeunes garçons dans
le sanctuaire d'Artémis Orthia[12], en particulier l'usage de
masques, tantôt horribles et effrayants, tantôt grotesques et
ridicules, associés à des danses dont certaines terrifiantes,
d'autres indécentes, lascives, obscènes. Dans le cadre de ces
jeux rituels on retrouve la polarité de la *goēteía* éducative
platonicienne : d'un côté une mimétique de l'épouvante, de
l'autre, une mimétique de la sensualité et du plaisir[13].

Que nous apporte, pour la compréhension du statut du
jeune à Sparte, au cours de l'*agōgé*, ce détour par *La
République* ? Au moins ceci. L'éducation visant à « éprouver »
le jeune, elle procède avec lui à la manière de cette épreuve du
vin que Platon entend appliquer aux hommes d'âge pour voir
s'ils gardent la maîtrise d'eux-mêmes ou sombrent dans
l'ivresse[14]. L'homme ivre est ignoble. C'est la sobriété qui
possède valeur et vertu, mais pour qu'on puisse dire de
quelqu'un qu'il est sobre il faut qu'il ait fait l'expérience du

12. *The Sanctuary of Artemis Orthia at Sparta*, R.M. DAWKINS (éd.),
Londres, 1927.

13. Dans un passage des *Lois*, l'Athénien interroge Clinias, le Crétois, et
Mégillos, le Lacédémonien, sur les mesures qui ont été prises, dans leur
législation éducative, pour faire goûter les jeunes aux plaisirs au lieu
d'apprendre à les fuir : « De même que, loin d'enseigner à fuir les souffrances,
elles y jetaient en plein, utilisant la persuasion des honneurs pour obliger à en
triompher, où trouve-t-on, dans vos lois, semblable règlement à l'égard des
plaisirs ? Quelle est cette disposition qui rend chez vous les mêmes citoyens
également courageux contre la douleur et contre le plaisir ? » Mégillos
répond : « À vrai dire, tandis que je pouvais citer nombre de lois dirigées
contre la douleur, je n'aurai pas, avec le plaisir, facilité à donner des exemples
grands et manifestes ; mais je le pourrais tout aussi bien sur des points plus
limités. » (634 *a b-c l.*)

14. Engagée en 637 *b*-642 *b*, reprise en 645 *d* jusqu'à la fin du livre I, en
650 *b*, la discussion sur le bon usage des beuveries et l'épreuve du vin *(hē
en oínōibásanos)* en vue de l'*aidōs* et de l'*aiskhunē*, le sens de l'honneur et le
respect de soi, trouve sa conclusion, après la parenthèse de 666 *a*-667 *b*, dans le
long développement de 671 *a* jusqu'au terme du livre II. Le passage le plus
important pour nous est 671 *b* 7-*d* 3.

vin. De la même façon, pour former les jeunes au sentiment de l'honneur, la *paideía* doit les mettre en contact intime, en constant commerce, pendant toute cette phase marginale qui prépare la maturité, avec ce que l'éthique de l'honneur stigmatise comme bassesse, indécence et vilenie.

Tournons-nous maintenant, pour éclairer certains aspects de l'honneur du jeune à Sparte, vers le sanctuaire d'Artémis Orthia.

Quelques remarques préliminaires sont, à ce sujet, indispensables. Sur la chronologie d'abord. Si on accepte la datation basse de J. Boardman[15] qui situe les structures les plus anciennes du sanctuaire, pavement et autel (cet autel que la légende associe à la réunion des *obaí* de Pitana, Mesoa, Kynosoura et Limnai, sans mentionner encore Amyclées) vers 700 on sera conduit à souligner l'importance de la construction du nouveau temple, vers 600-590. Elle correspond, comme date, à ce que M. I. Finley a appelé « la révolution du VIᵉ siècle »[16], avec la mise en place d'une nouvelle constitution[17] où le système de l'*agōgē* occupe une place centrale. C'est en ce tournant décisif de l'histoire de la Sparte archaïque que le culte d'Orthia a dû être, jusque dans les pratiques rituelles qui s'y perpétuaient, sinon remodelé du moins resémantisé pour répondre aux fonctions qui lui étaient dès lors dévolues dans le cadre de l'éducation des jeunes garçons.

On notera à cet égard que le nombre des masques votifs exhumés au cours des fouilles est multiplié par dix quand on passe du VIIᵉ au VIᵉ siècle, comme si, entre 600 et 550, la pratique s'était généralisée, les types différents de masques fixés[18]. C'est également au VIᵉ siècle que les figurines de

---

15. J. BOARDMAN, « Artemis Orthia and Chronology », *Annual of the British School of Athens*, LVIII (1963), pp. 1-7.

16. M. I. FINLEY, « Sparta », in *Problèmes de la guerre en Grèce ancienne, op. cit.*, p. 143 sq.

17. Cf. HÉRODOTE, I, 65-66.

18. « For the grotesque masks we may note that the series may not in fact begin before 600 », écrit J. Boardman, *op. cit.*, p. 6.

plomb, dont plus de cent mille ont été dégagées, se trouvent en plus grand nombre et qu'apparaissent, dans le caractère des offrandes, ces changements significatifs relevés par Wace. Est-il enfin nécessaire de rappeler que les inscriptions sur les stèles découvertes dans le sanctuaire (même si, à deux exceptions près, elles s'échelonnent entre le Ier siècle avant et le IIIe de notre ère, période au cours de laquelle le *paidikòs agốn* a déjà pris forme de spectacle) soulignent la complète intégration du culte au système de l'*agốgế* avec ses classes d'âge, ses concours, ses épreuves.

Sur les masques ensuite. L'examen des sept types distingués par G. Dickins [19] : *1)* vieilles femmes ; *2)* jeunes gens imberbes ; *3)* guerriers barbus ; *4)* portraits dits réalistes ; *5)* satyres ; *6)* gorgones ; *7)* caricatures — quelles que soient les réserves que suscite en elle-même cette classification — impose un premier constat : une ligne de partage nette sépare deux genre de masques et les oppose clairement. D'un côté, des figures d'hommes, adolescents ou mûrs, imberbes ou barbus, représentant des guerriers dans leur aspect « normal » de *koûroi* et d'*ándres* (nous rangeons dans ce cadre, à côté des types 2 et 3, les prétendus portraits réalistes) ; de l'autre, des figures qui, contrastant avec ces modèles réguliers du jeune et de l'adulte, présentent une gamme variée d'écarts ou de déviations traduisant la laideur, la vieillesse, la monstruosité, l'horreur, le grotesque — qu'il s'agisse de vieilles ridées et édentées, à la façon de sinistres nourrices, sorcières ou Grées (*Graîai*), de satyres, plus risibles encore qu'inquiétants, de gorgones, avec leur face de terreur, ou enfin des diverses formes de grotesques, aux visages enlaidis, déformés, caricaturés. Les trois catégories de masques les plus significatifs, parce que massivement représentés et même quasi exclusifs après 550 sont : *1)* celle du guerrier adulte (l'idéal visé par le jeune à travers l'*agốgế*) ; *2)* celle des grotesques (exprimant les multiples façons d'altérer ce modèle viril adulte) ; *3)* celle des vieilles

---

19. C. DICKINS, « The masks », in *The Sanctuary of Artemis Orthia at Sparta*, *op. cit.*, chap. V, pp. 163-186.

(marquant l'extrême écart, l'altérité maximale sur le triple plan du sexe, de l'âge, du statut).

Il semble qu'une polarité comparable se trouve dans la série des figurines de plomb représentant des hommes. Il s'agit pour la plupart de combattants, du type hoplite, ou d'archers, ou de musiciens, figurés debout et en marche. Mais il en est aussi qui sont représentés nus, sautant, gambadant, avec une gestuelle désordonnée, très éloignée de la tenue et des postures du guerrier dans la phalange. Des observations analogues peuvent être faites pour les figurines humaines de terre cuite, moulée ou modelée : quelques-unes, ithyphalliques, touchent à l'obscène, au grotesque. Même chose pour certaines intailles d'ivoire.

Les masques votifs et celles des figurines qui leur font écho posent le problème des rapports entre danses, déguisements, mascarades, pratiques rituelles, au sanctuaire d'Orthia. L'essentiel sur ce point a été dit par Bozanquet, Dawkins, Pickard-Cambridge et d'autres. Il n'est pas nécessaire de revenir sur les rapprochements qu'ils ont justement soulignés entre les masques d'Orthia, les noms de certains concours, les témoignages d'Aristophane, de Pollux, d'Athénée sur plusieurs danses laconiennes masquées ou mimétiques.

Il faut seulement répondre à l'objection de portée générale formulée par quelques auteurs. Ces danses vulgaires, nous dit-on, ces mimiques ridicules, parfois obscènes, n'ont ni le sérieux ni la solennité que devait requérir l'éducation des futurs Égaux ; elles étaient du type de celle qu'on réservait aux seuls hilotes pour en éloigner, par le dégoût et le mépris qu'elles inspiraient, les jeunes qu'on destinait à l'état de citoyens. Quand Platon, ajoute-t-on, rejette, dans *Les Lois*, pour l'éducation de la jeunesse, toute forme de danse qui n'imite pas les mouvements nobles et beaux mais simule, de façon triviale, des attitudes vulgaires et laides, quand il interdit à toute personne libre d'apprendre à mimer par la danse ce qui relève du ridicule et du malséant, qu'il en abandonne l'exécution aux seuls esclaves et étrangers [20], le philosophe s'inspirerait directe-

20. PLATON, *Lois*, VII, 816 *d* 2-*e* 10.

ment de l'exemple lacédémonien ; son témoignage nous interdirait de supposer que le culte d'Orthia, dans sa fonction pédagogique, ait pu faire une place à des mascarades bouffonnes ou à des gesticulations incongrues.

Accepter ce point de vue, ce serait d'entrée de jeu s'interdire de comprendre la présence des masques au sanctuaire et leur rôle dans le cadre de l'*agōgē*. L'idéal éducatif de Platon est une chose, les réalités institutionnelles de Sparte en sont une autre. Quand Aristophane évoque la *dipodía*, le *móthōn*, le *kórdax*, quand il campe, dans *Lysistrata*, la jeune femme lacédémonienne rompue, par l'exercice du gymnase, « à se taper les fesses du talon en sautant » suivant la technique d'entrechat nommée *bíbasis* [21], quand Pollux, Athénée, Hésychius ou Photius donnent des indications sur des danses laconiennes « terrifiantes » (*deimaléa*), où l'on mimait toutes sortes d'animaux (*morphasmós*), sur celles où l'on simulait l'effroi de satyres (*hupótroma*), sur les danses indécentes (*lambróteron, kallabís, sobás*), violentes et paroxystiques (*thermaustrís, túrbē, turbasía, sikinnotúrbē*) masquées et mimées (*barullikha, kurittoí, deikēlistaí*), rien ne nous laisse supposer que ces pratiques faisaient l'objet d'un quelconque interdit pour les citoyens et que leur apprentissage était exclu des jeux collectifs de l'*agōgē*. Au contraire, pour certaines d'entre elles, le rapport est explicitement établi, sinon avec Orthia, du moins avec Artémis et ses cultes.

Au reste, pour se convaincre que l'élite des jeunes Grecs ne devait pas trouver ce genre d'exhibition si déplacée ni juger ces danses indignes d'eux, il suffit de lire, au livre VI, d'Hérodote [22] le récit du comportement d'Hippocleidès, d'Athènes, le jour où Clisthène de Sicyone doit choisir, parmi tous les prétendants qu'il a, pour les mieux jauger, hébergés chez lui pendant une année, celui qu'il estime le plus digne d'épouser sa fille. Les jeunes gens, venus de toutes les cités de la Grèce, font étalage de leur compétence « musicale » ; chacun rivalise en

---

21. ARISTOPHANE, *Lysistrata*, 82 ; POLLUX, IV, 1 & 2.
22. HÉRODOTE, VI, 129.

propos piquants. L'Athénien entreprend de danser. Il
demande une table pour s'y exhiber ; il exécute d'abord des
danses mimétiques laconiennes, puis athéniennes ; enfin, mettant la tête sur la table, il « gesticule » les jambes en l'air.
Scandalisé et dégoûté par cette « gesticulation » indécente,
Clisthène annonce alors au jeune homme « qu'il avait, en
dansant, jeté son mariage par-dessus bord »[23]. Gesticuler, c'est
kheironoméō, la gesticulation, c'est *kheironomía*. Or dans le
long passage qu'il consacre à la pyrrhique, que tous les
Lacédémoniens, précise-t-il, doivent apprendre à partir de cinq
ans pour se préparer à la guerre, Athénée signale que si elle a
pris de son temps un caractère plus modéré et convenable, la
pyrrhique ne s'en apparente pas moins à l'origine, par sa
gestuelle rapide, heurtée, violente, à la danse satyrique dite
sikinnis. Et il nous livre du coup un autre nom de la pyrrhique,
très parlant : *kheironomía*, gesticulation[24].

Ajoutons que si l'auteur des *Deipnosophistes* rapproche
d'une part la *gumnopaidikế*, en raison de son caractère grave et
solennel, de la danse tragique et de l'*emméleia*, d'autre part la
pyrrhique, en raison de son rythme précipité, de sa vivacité et
de sa brusquerie, de la danse satyrique et de la *sikinnis*, il lie
très étroitement l'hyporchématique, pratiqué par les Laconiens, garçons et filles aussi bien, à la danse comique et au
kórdax. Comme le *kórdax*, l'hyporchématique est aux anti-
podes du digne et du sérieux ; elle est pleine de plaisanteries ;
c'est une danse vulgaire, débridée, pour ne pas dire licen-
cieuse[25].

Que ce type de danse ait eu dans le culte une place à certains
égards privilégiée, Platon nous en fournit indirectement la

23. HÉRODOTE, VI, 129-130 ; ATHÉNÉE, XIV, 628 *d* ; PLUTARQUE, *De la malignité d'Hérodote*, 867 *b*.

24. ATHÉNÉE, *Deipnosophistes*, XIV, 631 *c*.

25. *Ibid.*, 630 *e*. Dans *De la danse*, 10-11, Lucien note qu'à Sparte « les jeunes gens, se suivant à la file, exécutent des figures de toute sorte en observant la mesure ; ce sont tantôt des figures guerrières, tantôt, un instant après, des figures de danse chères à Dionysos et Aphrodite. En effet la chanson qu'ils chantent en dansant est une invitation à Aphrodite et aux Amours de s'ébattre et danser avec eux ».

preuve. Il distingue, dans sa classification des danses, deux formes opposées d'*ókhēsis*[26]. La première, sérieuse et digne, imite le beau ; la seconde, frivole et vulgaire, mime le laid. La « bonne » danse se subdivise elle-même en deux espèces : guerrière, simulant et stimulant l'*andreía* ; c'est la pyrrhique. Pacifique, exprimant la *sōphrosúnē*, c'est l'*emméleia*. Toutes deux sont recommandées : elles concourent à la formation du bon citoyen alors que toute forme de danse vulgaire et frivole est condamnée. Cependant il y a un « reste » : il existe un type de danse qu'on ne saurait ranger dans la catégorie du vulgaire sans qu'on puisse pour autant l'accepter dans une des deux formes de danse sérieuse et digne. « Toute danse bacchique et les autres danses qui s'y rattachent, où sous les noms de nymphes, de pans, de silènes et de satyres, on mime, dit-on, des gens ivres et où l'on accomplit des purifications et des initiations, — tout ce genre n'est facile à définir ni comme pacifique ni comme guerrier, ni de quelque façon qu'on voudra. La plus juste manière de le définir serait, à mon avis, de le mettre à part tant de la danse guerrière que de la pacifique et de déclarer que ce n'est pas là un genre de danse qui convienne à des citoyens ; puis, la laissant là sans y toucher désormais, nous tourner vers la danse guerrière et la danse pacifique, lesquelles, sans contestation possible sont nôtres[27]. »

Ces danses qui, par leur place dans le culte et leurs implications religieuses, se situent en marge des critères moraux et esthétiques sur lesquels Platon entend fonder sa dichotomie entre bonnes et mauvaises danses, contraignant ainsi le philosophe à les mettre entre parenthèses pour les écarter sans avoir à justifier sa condamnation, ce sont précisément celles dont l'usage s'est maintenu au sanctuaire d'Orthia comme dans bien d'autres lieux de culte. L'embarras qu'elles inspirent à Platon constitue un témoignage précieux. Il nous permet de mesurer, si nous étions tentés de l'oublier, la

---

26. *Lois*, VII, 814 *e* sq.
27. *Ibid.*, VII, 815 *c-d* (trad. A. Diès modifiée).

distance qui sépare la théorie d'un philosophe, avec son projet de *paideía* idéale, de la réalité de l'*agōgē* lacédémonienne, avec ses comportements ritualisés à l'autel d'Orthia.

Mais venons-en au problème de fond. Si ces masques votifs rappellent ceux qui étaient effectivement portés au cours des mascarades ou de danses mimétiques, quels rapports entretiennent ces pratiques avec Artémis, dans sa fonction de courotrophe — quelle place, quel rôle faut-il leur reconnaître dans le « dressage » qui vise à transformer les jeunes en citoyens de plein droit, faisant de chacun d'eux, au terme d'un parcours marqué d'épreuves, un *Hómoios*, un Égal parmi les Égaux ?

Après les travaux de H. Jeanmaire, A. Brelich, P. Vidal-Naquet, on serait porté à répondre que ces masques — satyres, gorgones, vieilles, grotesques — traduisent l'appartenance des jeunes à cette sphère du sauvage où, sous le patronage d'Artémis, ils demeurent relégués aussi longtemps qu'ils n'ont pas franchi, avec l'*hébē*, le cap qui les fait entrer dans le monde des adultes.

Qu'il y ait dans cette interprétation une part de vérité, nous ne le contesterons pas. Mais elle laisse subsister, nous semble-t-il, des zones d'ombre et sur plusieurs points elle fait problème. Le rôle d'Artémis n'est-il pas, à travers l'*agōgē*, de désensauvager les jeunes, de les acculturer pour en faire des adultes accomplis ? Qu'en est-il à cet égard des masques « normaux » ? Plutôt qu'une maîtresse de la nature sauvage, Artémis doit être, selon nous, interprétée comme une puissance des marges, intervenant aux frontières du sauvage et du cultivé pour autoriser le passage du premier au second sans que soit irrémédiablement remise en cause leur nécessaire — et fragile — distinction[28]. S'il en est ainsi ne risque-t-on pas de

28. Cf. Pierre ELLINGER, « Le gypse et la boue, I. Sur les mythes de la guerre d'anéantissement », *Quaderni urbinati di cultura classica*, XXIX (1978), pp. 7-35 ; « Artémis », in *Dictionnaire des mythologies*, sous la direction de Y. BONNEFOY, Paris, 1981, vol. 1, p. 70 ; « Les ruses de guerre d'Artémis », *Recherches sur les cultes grecs et l'Occident*, 2, Cahiers du Centre Jean-Bérard, IX, Naples, 1984, pp. 51-67 ; J.-P VERNANT, *Annuaire du*

simplifier les choses si l'on pose le jeune et l'adulte comme
deux figures en tout point inverses, dont l'une représenterait le
sauvage, l'autre le civilisé ? Par son genre de vie, son aspect, sa
conduite, le jeune se présente effectivement, d'après l'ensemble
des témoignages qui nous sont parvenus, sous des traits faisant
de lui, à bien des égards, un anti-hoplite, le contraire du
guerrier — citoyen adulte[29]. Mais son statut, plus complexe, ne
se définit pas seulement par son écart ou son contraste avec le
petit groupe des *Hómoioi*. Sa sélection dès la naissance par les
Anciens à la *Leschè*[30], par les nourrices lors de l'épreuve du vin
pur[31], l'éducation qui lui est réservée, son admission à sept ans
dans les rangs d'une *agélé*, son appartenance, de quatorze à
vingt ans, aux diverses classes d'âge soumises à la dure
discipline de l'éphébie[32] — tout fait de lui, dans la société
lacédémonienne, un élu, choisi dès le départ, distingué et
perfectionné pendant toute la durée de l'*agōgé*, de façon à
devenir, s'il s'en montre continûment digne, ce à quoi il est

Collège de France, 1980-1981, pp. 391-405 ; 1981-1982, pp. 407-419 ; 1982-
1983, pp. 443-457 ; *La Mort dans les yeux. Figures de l'Autre en Grèce
ancienne*, Paris (1ʳᵉ éd., 1985), 1986.

29. Cf. Pierre VIDAL-NAQUET, « Le chasseur noir et l'origine de l'éphébie
athénienne », *Le Chasseur noir. Formes de pensée et formes de société dans le
monde grec*, Paris, 1983 (dernière éd. revue et corrigée), p. 161 sq.

30. « Quand un enfant lui naissait, le père n'était pas libre de l'élever : il le
prenait et l'apportait dans un lieu appelé *leschè*, où siégeaient les plus anciens
de la tribu. Ils examinaient le nouveau-né. S'il était bien conformé et robuste,
ils ordonnaient de l'élever et lui assignaient un des neuf mille lots de terre. Si,
au contraire, il était mal venu et difforme ils l'envoyaient en un lieu appelé les
Apothètes qui était un précipice du Taygète. » PLUTARQUE, *Vie de Lycurgue*,
16, 1-2, trad. R. Flacelière, Paris, 1957.

31. « [...] Les femmes ne lavaient pas le nouveau-né avec de l'eau, mais avec
du vin : elles voulaient ainsi éprouver *(básanón tina poioúmenai)* leur
constitution. On dit, en effet, que ceux qui sont sujets à l'épilepsie et maladifs,
sous l'effet du vin pur, meurent de convulsions, tandis que ceux qui ont une
complexion saine en reçoivent une meilleure trempe et une vigueur plus
grande. » *(Vie de Lycurgue*, 16-3, trad. citée.) Autre façon d'appliquer la
básanos en *oinōi* dont parle Platon ; sur ce point, cf. *supra*, note 14.

32. Sur l'organisation en classes d'âge, le jeune étant successivement
rhōbidas, promikkiddómenos, mikizómenos, própais, paîs, melleirēn, eírēn, cf.
K.M.T. CHRIMES, *Ancient Sparta, A re-examination of the evidence*, Man-
chester, 1949, chap. III : « The ephebic organisation », pp. 84-136.

destiné et qui l'oppose à la multitude des « autres » : un Spartiate authentique. En ce sens, d'entrée de jeu, il se sépare de la masse de tous ceux qui, exclus de l'*agōgḗ*, tenus à l'écart de l'autel d'Orthia, ne pourront jamais prétendre au statut de citoyens et resteront toute leur vie confinés dans l'état subordonné et méprisé d'hilote. Le jeune occupe donc, entre l'hilote et le citoyen de plein droit, une position intermédiaire. Il n'incarne pas le « sauvage » ; il se tient, pour grandir, à la frontière de deux états contrastés. Par rapport aux hilotes, ces sous-hommes, ces sortes de bêtes[33], il est proche des *Hómoioi* dont sa vocation est de faire un jour partie. Mais par rapport aux *Hómoioi* auxquels il s'oppose aussi longtemps qu'il n'est pas encore « dressé » à leur pleine similitude, il est proche des hilotes dont il partage certains aspects de bassesse et d'ensauvagement.

Statut équivoque, ambigu, qui oscille, bascule et change de sens, suivant qu'on se place à l'un ou l'autre des deux pôles extrêmes de la société lacédémonienne, laquelle au reste, comprend, comme on sait, toute une série d'échelons intermédiaires.

Face aux hilotes, la frontière tend à s'effacer entre les adolescents groupés dans l'*agélē* et les hommes faits, réunis en convives des syssities ; jeunes et adultes forment sur ce plan comme les deux aspects complémentaires d'un même corps social s'opposant en bloc à tout ce qui n'est pas lui ; face aux *Hómoioi*, c'est avec les hilotes que la frontière tend à se brouiller — les jeunes devant, pour se démarquer des citoyens accomplis, endosser des traits d'altérité les rejetant en deçà du corps civique, hors de ses normes, sur les marges de l'honneur et de la vie civilisée.

On comprend mieux alors que les masques incarnent tantôt le modèle avec lequel le jeune doit s'identifier ; tantôt, sous les formes du sauvage et du grotesque, de l'horrible et du ridicule,

---

33. Selon le témoignage de Théopompe, les hilotes se comportaient « de façon extrêmement sauvage et rude *(pantápasi ōmôs kaì pikrôs)* », *Fragmente der griechischen Historiker* (= *FGr Hist*) 115 F 13 Jacoby (= Athénée, VI, 272 *a*).

ces zones extrêmes de l'altérité qu'il faut avoir explorées pour s'en détacher tout à fait ; tantôt enfin, sous la forme du masque de Gorgô, cette forme dernière et radicale de l'Autre, cette menace de chaos et de mort, qu'il faut avoir été capable de regarder en face pour devenir un homme.

Les glissements et les ambiguïtés dans le statut du jeune Lacédémonien sont renforcés par le fait qu'à aucun moment au cours de l'*agôgê* l'*aristeía* n'apparaît comme un état stable, où demeurer une fois atteint. Elle constitue un pôle idéal, une exigence d'autant plus impérative qu'elle reste toujours liée potentiellement à son contraire, l'opprobre, le déshonneur, menace sans cesse suspendue au-dessus de chacun. La noblesse n'est pas, à Sparte, pour le jeune, une qualité qu'il possède de naissance mais le prix d'une victoire qu'il lui faut indéfiniment confirmer s'il veut que sa valeur soit reconnue. De même que, dans l'*agôgê*, l'adolescent doit endurer une série d'épreuves probatoires pour obtenir le droit à une carrière adulte d'honneurs, de *timai*, le Spartiate peut toujours en être lui-même, au cours de sa vie, exclu et, dans sa déchéance, retomber, comme « trembleur » ou comme célibataire, au-dessous du seuil qui définit l'authentique membre de la Cité [34]. Seul l'hilote, encore qu'il puisse lui aussi, parfois, comme dans le cas des *neodamôdeix*, s'élever au-dessus de sa propre condition [35], se trouve, au moins dans le principe, voué par état, par nature, à ne pas franchir la frontière qui sépare les Égaux, les Semblables, de toute la masse inférieure des « autres ». Aussi ne lui faut-il pas

---

34. Sur la honte qui s'attache au qualificatif de *trésas*, cf. HÉRODOTE, VII, 231, 4-5. Sur le statut infamant des *trésantes*, confinés dans une existence pénible et malheureuse, cf. PLUTARQUE, *Lycurgue*, 21, 2 ; sur leur exclusion des magistratures, leur dégradation civique : THUCYDIDE, V, 34, 2 ; PLUTARQUE, *Agésilas*, 30, 2-4. Sur le caractère infamant du célibat, le mépris réservé aux hommes non mariés les humiliations qu'ils devaient subir, cf. *Lycurgue*, 15, 2-4.

35. Sur la participation des hilotes aux forces armées de Sparte, non seulement pour assurer le service personnel de chaque hoplite, mais comme auxiliaires, voire, en cas de besoin, comme hoplites et sur le statut des *neodamôdeis*, c'est-à-dire des hilotes émancipés, cf. Pavel OLIVA, « Heloten und Spartaner », *Index*, 10, 1981 (publié en janvier 1983), pp. 43-54.

seulement porter, inscrits sur sa personne, bien visibles, les
marques de son indignité, exhiber en quelque sorte aux yeux
de tous son infériorité congénitale ; il doit encore, comme J.
Ducat l'a compris[36], intérioriser cette dégradation au point de
se sentir incapable, lorsqu'on le lui demande, de prononcer les
paroles, de chanter les poèmes, d'effectuer les mouvements de
danse — en bref d'adopter les façons qui sont, en propre, le
privilège et la caractéristique de l'homme pleinement homme,
du citoyen accompli[37].

  Dans l'espace dont Artémis est la patronne, le jeune n'est
pas, au cours de sa formation, réduit au même état d'avilissement ; il y touche cependant : ses cheveux rasés font
contraste[38], comme le bonnet infamant des hilotes (la *kunéē*)[39]
avec la chevelure qu'au sortir de l'éphébie le Spartiate a le droit
et le devoir de garder longue et sans coiffe[40]. Ses pieds nus,

-----

36. J. DUCAT, « Le mépris des hilotes », *Annales*, VI (1974), pp. 1451-1464.
  37. PLUTARQUE, *Vie de Lycurgue*, 28, 10 (trad. citée) : « On raconte que,
lors de l'expédition des Thébains en Laconie, les hilotes qu'ils avaient faits
prisonniers, ayant été invités à chanter les poèmes de Terpandre, d'Alcman et
du Laconien Spendôn, s'y refusèrent, en disant que leurs maîtres ne le
permettaient pas. »
  38. *Ibid.*, 16, 11.
  39. Sur la *kunéē* ou *kunê̄*, la coiffe en peau de chien ou le bonnet en peau de
bête, comme marque distinctive d'une condition servile, inférieure, infamante,
cf. J. DUCAT, *op. cit.* Selon MYRON DE PRIÈNE (*FGr Hist* 106 F 2,
Jacoby = ATHÉNÉE, XIV, 657 d), « on force les hilotes à porter un bonnet en
peau de chien ». Même usage, à Athènes, pour les esclaves : ARISTOPHANE,
Les Guêpes, 445 sq ; également pour les paysans les plus démunis : *Nuées*, 268.
Ce type de coiffure est attribué aussi aux barbares, comme les Milyens :
HÉRODOTE, VII, 77. Chez Homère déjà, en *Iliade*, X, 333 sq., Dolon, coiffé
d'une *kunéē* en peau de martre « a l'aspect d'un vilain (*kakós*) » comme Laerte,
en *Odyssée*, XXIV, 231, avec sur sa tête une *kunéē* en peau de chèvre, ferait
penser à un esclave, n'étaient sa figure et sa prestance.
  40. « À ceux qui sortaient de l'éphébie Lycurgue enjoignit de porter les
cheveux longs dans l'idée qu'ils paraîtraient ainsi plus grands, plus nobles, plus
terribles », XÉNOPHON, *République des Lacédémoniens*, XI, 3 ; cf. aussi
HÉRODOTE, I, 82 ; PLATON, *Phédon*, 89 c ; PLUTARQUE, *Lycurgue*, 22, 1 ;
Lysandre, 1, 2. À l'opposition jeune-adulte, marquée par le contraste : tête
rasée-cheveux longs répond l'opposition hilote-citoyen marquée par le
contraste : *kunê̄*-tête nue. Il est bien significatif, à cet égard que dans les trois
traditions différentes de la fondation de Tarente, après le complot des
Parthénies (cf. sur ces traditions, P. VIDAL-NAQUET, « Esclavage et gynéco-

l'interdit de tunique qui le frappe *(khitôn)*, son manteau unique, usé toute l'année et en toute saison *(himátion)*, la crasse *(aukhmērós)* dont il est couvert, faute de bains et de soins[41], visent, comme les peaux de bêtes que les hilotes ont obligation de porter *(diphthéra, katōnákē)*[42], à « enlaidir » son

cratie », *Le Chasseur noir, op. cit.*, p. 278 sq.), les Parthénies, ces « fils de jeunes filles » dont les pères ne sont pas vraiment des hommes, soit parce qu'ils sont des « trembleurs », soit parce qu'ils sont des « jeunes », soit parce qu'ils sont des hilotes — trois catégories qui en quelque façon se recoupent — décident de déclencher l'attaque contre les citoyens de Sparte, à la fête des Hyacinthies, sur le signal que donnerait l'un d'entre eux. Or ce signal, d'après Antiochos, c'est « le moment où Phalanthos [l'un des conspirateurs] coifferait sa *kunê*. Les citoyens libres, composant le *dêmos*, se reconnaissaient en effet à leurs cheveux » (STRABON, VI, 3, 2, 13-15). Le même détail se retrouve dans la version d'Éphore : « Les Parthénies, faisant alors cause commune avec les hilotes, ceux-ci conspirèrent contre leurs compatriotes et convinrent entre eux qu'un bonnet laconien hissé sur l'épaule donnerait à tous le signal de l'attaque. » (STRABON, VI, 3, 3, 19-22, trad. R. Flacelière, Paris, 1957.)

41. PLUTARQUE, *Vie de Lycurgue*, 16, 12-14.

42. Comme le rappelle J. DUCAT, *op. cit.*, p. 1455, les textes concernant cet « uniforme » infamant, à Sparte et dans d'autres cités, ont été rassemblés par Jacoby (II B, pp. 382-383, en commentaire à 115 F 176). Rapprochant la *katōnákē*, portée par des dépendants ruraux à Sicyone, de la tenue des hilotes lacédémoniens, POLLUX (VII, 68) note que cette vêture obligatoire pour certaines catégories d' « inférieurs » visait « à ce qu'ils aient honte de descendre en ville ». L'opposition entre la *khlaîna*, le manteau de laine, marque d'un statut civilisé, et la *katōnákē*, faite de la peau d'un animal écorché, marque de « sauvagerie » ou de « rusticité », est spécialement nette en ARISTOPHANE, *Lysistrata*, 1150-1156. Lysistrata s'adresse aux Athéniens pour leur rappeler que les Lacédémoniens les ont assistés pour les débarrasser d'Hippias et de la tyrannie. « Ne savez-vous pas que les Laconiens, quand vous portiez la casaque servile *(katōnákē)* vinrent en armes [...], qu'ils vous rendirent la liberté et, au lieu de la *katōnákē*, firent reprendre à votre peuple le manteau de laine *(khlaîna)* » ; cf. encore *Assemblée des femmes*, 721-724. Sur la *diphtéra*, vêture elle aussi brute, non tissée, comme marque d'un statut inférieur, juvénile, servile, rustique ou barbare, cf. ARISTOPHANE, *Nuées*, 68 sq. ; *Guêpes*, 445. Entre la tenue du jeune, celles de l'esclave, du chevrier, du barbare, Scythe ou autre, il y a des interférences : il s'agit toujours de se démarquer, d'entrée de jeu, par son apparence, du citoyen et de l'homme de la ville ; cf. *Théognis*, I, 54 sq., avec les remarques de Françoise FRONTISI-DUCROUX, « L'homme, le cerf et le berger », *Le Temps de la réflexion*, IV, 1983, pp. 72-73. Sur la *baitê*, la *sisúra* ou les *sísurnai*, vêtures de peaux écorchées, dans l'usage scythe cf. HÉRODOTE, IV, 64 et 109. Sur ces glissements ou recoupements, dans la représentation figurée, entre l'image du jeune éphèbe et celle du « barbare », cf. François LISSARRAGUE, *Archers*,

corps, à déprécier sa personne, à lui donner l'apparence sordide d'un vilain. Deux exemples caractéristiques à ce sujet : la description de Laerte, dans l'*Odyssée* d'abord ; avec ses haillons sordides *(aeikéa heimáta)* son bonnet de peau *(kunéê)*, sa saleté *(aukhmeîs)*, on dirait un esclave[43]. La tenue imposée aux *trésantes*, aux trembleurs, ensuite, comme signe de leur déchéance, comme marque d'un statut qui les rapproche désormais aussi bien des jeunes que des hilotes : « Ils doivent se résigner à sortir sales *(aukhmēroi)* et en tenue humiliante, à porter des manteaux rapiécés et de couleur sombre, à ne se raser qu'une partie de la barbe en laissant pousser le reste[44]. » Comment faut-il comprendre cette barbe à demi rasée ? Serait-ce — au sens fort — qu'ils ont une joue rasée, l'autre barbue ? Ou — au sens faible — qu'ils laissent leur barbe pousser sur les deux joues, mais à moitié seulement, de sorte que sans être imberbes comme les jeunes gens ils ne sont pas non plus complètement barbus, comme les vieillards ? Un passage d'Hérodote, que nous a rappelé Ann Carson, prouve sans ambiguïté qu'il faut l'entendre au sens fort et qu'en imposant

---

peltastes, cavaliers. *Aspects de l'iconographie attique du guerrier*, thèse de 3e cycle, E.H.E.S.S., 1983, pp. 205-210. Notant l'étrangeté de la coiffure des Abantes d'Eubée (cheveux longs, comme les adultes de Sparte, sur le derrière de la tête, mais rasés, comme les jeunes, par-devant), Denise Fourgous y repère un des signes d'une marginalité qui les rapproche à la fois de certains peuples barbares, des courètes et des adolescents d'Athènes au cours de l'éphébie. Leur coiffure anomique et la robe longue dont ils sont vêtus traduisent, écrit D. Fourgous, « l'indétermination du statut ethnique, culturel, sexuel de ces peuples qui oscillent entre Grecs et Barbares, civilisés et sauvages, masculin et féminin » (« Gloire et infamie des seigneurs de l'Eubée », *MHTIΣ*, II, 1, 1987).

43. *Odyssée*, XXIV, 227 sq.

44. PLUTARQUE, *Agésilas*, 30, 4 (trad. R. Flacelière, Paris, 1973). Saleté, haillons, comme les jeunes. La différence consiste en ceci : les jeunes ont le crâne rasé quand les citoyens portent les cheveux longs ; les « trembleurs » doivent rester à demi barbus (ce qui ajoute au ridicule et les distingue des authentiques vieillards) alors que les citoyens, menton et joues rasés, sont entièrement imberbes. Ajoutons qu'à Sparte la jeune épousée, au jour de ses noces, a aussi le crâne rasé, ce qui la démarque à la fois de la *parthénos*, la vierge, à la chevelure flottante, et de son époux, non moins chevelu dans sa condition d'adulte que la jeune fille avant le mariage.

aux « trembleurs » cette obligation, on entend défigurer leur
visage, imprimer sur leur face la marque visible de l'infamie qui
frappe leur personne. En II, 121, Hérodote raconte comment
un des voleurs du trésor de Rhampsinite réussit à récupérer le
cadavre de son frère et complice, dont il avait coupé la tête
pour qu'on ne puisse l'identifier : il enivre et endort les
gardiens que le roi a chargés de veiller sur la dépouille. Mais
avant de filer en emportant le corps avec lui, par dérision à
l'égard des gardes dont il veut se venger, il leur rase à tous la
joue droite, *epì lúmēi*, par insulte. *Lúmē, lumaínomai* sont les
termes qui désignent les sévices qu'on fait subir à un vivant ou
à un mort, pour le déshonorer et l'outrager.

Les hilotes, quand ils servent dans l'armée, n'ont pas droit,
en règle générale, à la tenue hoplitique ; équipés à la légère
(psiloí) ils ne disposent que d'épée courte, poignard et dague
(enkheirídion, xuélē, drépanon)[45] : l'armement réservé aux
jeunes pendant le temps de l'éphébie[46]. Sur d'autres chapitres,

---

45. Sur ces armes courtes, impliquant un mode de combat tout autre que
dans l'affrontement hoplitique, adaptées au coup de main, à l'embuscade, à
l'attaque par surprise, à l'égorgement de l'adversaire dans le corps à corps, cf.
par exemple HÉRODOTE, I, 12 ; THUCYDIDE, IV, 110, 2 ; III, 70, 6 ; en ce qui
concerne les *enkheirídia*. La *xuélē* est glosée par Hésychius : « une épée courte
que certains nomment *drépanon* ». Dans l'*Anabase*, IV, 7, 16, parlant des
Chalybes belliqueux, Xénophon rapproche l'arme de ces hommes, qui
égorgent l'ennemi avant de lui couper la tête, de la *xuélē* spartiate. En IV, 8, 25
il évoque le cas d'un Lacédémonien exilé pour avoir, enfant, tué un autre
enfant, avec sa dague, *xuélē*. *Enkheirídia* et *drépana* sont souvent associés
comme armes des *psiloí*, des troupes légères, et des barbares Cariens et
Lyciens, cf. HÉRODOTE, IV, 92 et 93. Dans le combat qui oppose Onésilos au
général perse Artybios, combattant à cheval, c'est l'écuyer d'Onésilos, un
Carien, qui, d'un coup de *drépanon*, tranche les jarrets du cheval (HÉRODOTE,
V, 111-112).

46. Sur les stèles qui, au sanctuaire d'Orthia, commémorent la victoire d'un
jeune au *paidikòs agón* figure, avec le nom du vainqueur, une petite faucille
de fer fixée à la pierre, à la fois dédicace à la déesse et récompense consacrant
le succès de l'heureux concurrent. Cette petite faucille, le *drépanon*, a été parfois interprétée comme un instrument agricole, évoquant Artémis comme
déesse de la fécondité. Le lien, souligné par plusieurs textes et confirmé
par Hésychius entre *drépanon, xuélē, enkheirídion*, montre qu'il s'agit, au
contraire, d'une arme, d'une de ces épées, courtes et courbes, du type de la
mákhaira (cf. LYCURGUE, 19, 4), dont se servaient les jeunes, en particulier

la confrontation n'est pas moins instructive. Hilotes et jeunes sont également soumis à d'incessants et durs travaux, *pónoi*. Ceux qui sont imposés aux hilotes rentrent dans le cadre général des mesures prises à leur égard pour consacrer leur *atimía*, leur indignité. Mais si l'on en croit Xénophon, dès l'*agélē*, le petit garçon est lui aussi dressé à peiner le ventre vide ; quant à l'adolescent il doit supporter de continuels travaux, ignorer le loisir[47]. Cependant des hilotes aux jouvenceaux, la finalité s'inverse de cette existence livrée aux *pónoi*. Pour les premiers, elle est, comme de porter sa charge pour un âne ou de tirer l'araire pour un bœuf, la manifestation d'un état sous-humain, d'une nature faite pour la servitude. Pour les seconds, une épreuve temporaire au cours de laquelle ce qui constitue, pour les hilotes, comme la signature définitive de leur *atimía* leur opprobre devient la condition indispensable pour accéder dans le futur aux honneurs et à la gloire[48].

Il n'en va pas autrement pour le fouet. L'homme libre, le citoyen, pour un Grec, ne peuvent être fouettés. L'hilote y est soumis, sans raison, sans justification, selon le bon plaisir des maîtres, moins pour le punir que pour lui prouver, pour le convaincre qu'il est né et fait pour le fouet[49]. Le fouet accompagne aussi, tout au long de sa carrière de jeune, le futur citoyen de Sparte. À l'horizon de sa première enfance surgissent, aux côtés du pédonome les *mastigophóroi*, les porteurs de fouet[50]. On châtie les jeunes du fouet, quand ils ont commis une faute, pour leur apprendre à obéir, à respecter ce qui est au-dessus d'eux : leur chef, leurs aînés, la loi. Fouetter ainsi

---

dans la cryptie, pour égorger par surprise les hilotes. Plutarque précise que les cryptes, envoyés dans la campagne, pour cet égorgement *(apospházō)* n'avaient sur eux pour toute arme que des *enkheiridia* (*Lycurgue*, 28, 3). Nous avons, à la note précédente, noté les rapports entre *enkheiridia* et *drépana*.

47. *République des Lacédémoniens*, II, 5, et III, 2.
48. Pour les hilotes, MYRON DE PRIÈNE, *FGrHist* 106 F 2 Jacoby (ATHÉNÉE, XIV, 657 *d*) ; pour les jeunes, XÉNOPHON, *Rép. Lac.*, III, 3.
49 MYRON DE PRIÈNE, *loc. cit.*
50. XÉNOPHON, *Rép. Lac.*, II, 2. Quant aux « trembleurs », « qui les rencontre peut les frapper à volonté ». PLUTARQUE, *Vie d'Agésilas*, 30, 3.

l'élite de la jeunesse libre, appliquer un traitement infamant à
ceux qu'on prépare aux plus hautes dignités de l'État, c'est, du
point de vue grec, plus qu'un paradoxe ou une contradiction
logique : un scandale[51]. Aussi les récits plus ou moins fabuleux
ne manquent-ils pas pour prétendre, tantôt que les matrones
fouettent les garçons encore célibataires en les forçant à
tourner autour d'un autel[52], tantôt que les jeunes gens devaient
tous les dix jours comparaître nus, en public, devant les
éphores : ceux qu'on jugeait trop gras, mous et flasques,
étaient frappés à coups de fouet, les autres comblés d'éloges[53].
Les quelques témoins plus fiables, comme Xénophon, Pausanias, Plutarque, donnent des indications plus précises et, dans
leur limitation, plus instructives. Ils retiennent, pour l'essentiel, deux occurrences en ce qui concerne la flagellation des
jeunes. En premier lieu on leur donne le fouet quand ils sont
pris en train de voler. Non pour les punir d'avoir, en volant,
violé un interdit, pour leur apprendre à respecter ce à quoi ils
n'ont pas droit, comme on ferait pour un hilote. Au contraire,
on les fouette pour s'être laissés prendre, pour n'avoir pas su
remplir avec succès ce rôle de voleur dont on leur fait, en tant
que jeunes, obligation[54]. C'est sur ordre de l'irène que les
adolescents affamés, tels des bêtes de proie, des animaux
sauvages, se glissent dans les syssities pour y ravir sans qu'on
les voie, leur nourriture, dérobant ainsi, pour manger, ce que
chaque adulte doit apporter avec soi en écot comme contribution au repas commun des citoyens[55]. À cet égard, les jeunes
vont donc bien au-delà des hilotes, sinon dans la bestialité, du
moins dans la sauvagerie. Vivant de rapines, il leur faut faire

51. Cf. Philostrate, *Vie d'Apollonius de Tyane*, VI, 20 : « Les Grecs
n'ont-ils pas honte de voir fouetter publiquement ceux qui seront un jour leurs
chefs ou d'avoir pour chefs des gens qui ont été fouettés en public ? [...] Tu ne
traites pas les dieux des Grecs en sage si tu leur attribues la responsabilité du
fouet dans la formation de la liberté. »

52. Cléarque de Soles, *in* Athénée, XIII, 555 c.

53. Élien, *Histoires variées*, 7.

54. Xénophon, *Anabase*, IV (6), 14-15 ; Isocrate, *Panathénaïque*, XII,
211-215.

55. Xénophon, *Rép. Lac.*, II, 6-9 ; Plutarque, *Lycurgue*, 17, 5-7 ;
Coutumes des Spartiates, 12, 237 e.

preuve de ruse et de dissimulation autant que de vigueur, de rapidité et de sang-froid. En eux, le fouet ne châtie pas la faute du vol et sa bassesse ; il dénonce l'indignité de l'échec, la maladresse ou la pusillanimité de celui qui n'a pas su acquérir, comme on l'exige de lui, les dangereuses qualités d'un prédateur. A l'hilote la peine de la flagellation rappelle, avec son infamie, qu'il doit toujours rester à sa place. Au jeune, qu'il est passible d'un traitement d'infamie tant qu'il n'a pas fait siennes cette férocité, cette roublardise, cette détermination brutale dont il a besoin s'il veut qu'on l'accepte un jour au nombre des hommes.

En second lieu on fouette les jeunes à l'autel d'Orthia. Le vol semble, cette fois encore, avoir eu, au moins à l'origine, son rôle à jouer en cette occasion. Le texte de Xénophon [56] évoque en effet un *agôn* rituel entre deux groupes de jeunes : le premier, en embuscade à l'autel [57] met son point d'honneur à ravir le plus grand nombre possible de fromages parmi ceux qui ont été déposés sur l'autel d'Orthia ; le second, à grands coups de fouet, frappe les voleurs pour les empêcher de réussir [58]. La victoire — et la gloire — revenait à celui qui était parvenu, malgré les coups de fouet, à dérober à la déesse plus d'offrandes de fromages que ses compagnons. Dans ce contexte, contrairement au précédent, le fouet ne sanctionne plus, pour stigmatiser sa nullité, le voleur maladroit incapable d'opérer sans se faire prendre ; il joue comme un obstacle à vaincre, une douloureuse épreuve d'infamie qu'il faut accepter d'affronter pour obtenir, avec le butin dérobé, la récompense

---

56. *Rép. Lac.*, II, 9.

57. Sur la *bômolokhía* dans ses rapports avec l'embuscade à l'autel, cf. Françoise FRONTISI-DUCROUX, « La *Bomolochia* : autour de l'embuscade à l'autel », *Recherches sur les cultes grecs et l'Occident*, 2, Cahiers du Centre Jean-Bérard, IX, Naples, 1984, pp. 29-49.

58. Cf. au sanctuaire d'Artémis, à Samos, un scénario comparable de vol rituel de nourriture par un groupe de jeunes garçons, réfugiés dans le lieu saint. Des chœurs de garçons et de filles ont obligation de leur apporter des gâteaux de sésame et de miel que les reclus doivent dérober pour se nourrir (HÉRODOTE, III, 48). Le rapprochement est fait par Herbert Jenning ROSE, « Greek Rites of Sealing », *Harvard Theological Review*, XXXIV, January, 1941, pp. 1-5.

d'une célébrité durable. Le dessein de Lycurgue, en instituant
cette pratique à l'autel d'Orthia, était, précise en effet Xénophon, « de montrer qu'une brève souffrance peut apporter la
joie d'une longue gloire » [59]. Encore faut-il ajouter, et Xénophon n'y manque pas, que les jeunes gens les plus rapides,
adroits et audacieux — les mieux doués pour le vol —, ont
précisément toute chance de recevoir le moins de coups. Si le
fouet menace chacun de façon égale, il atteint surtout les mous
et les lents : les mauvais voleurs. Tant qu'à jouer les hors-la-
loi, il vaut donc mieux, tout compte fait, endosser le rôle du
Renard rusé, du Loup féroce, deux bêtes qui ont le vol dans le
sang. On retrouve ainsi le premier cas de figure.

Ni Pausanias, ni Plutarque, ni aucun autre auteur ne
reprennent cette tradition du vol des fromages à l'autel. La
flagellation est présentée par ces témoins comme une épreuve
d'endurance (le *karterías agón* d'une des inscriptions,
concours dont les *bōmoníkai* mentionnés sur six autres
pourraient être les vainqueurs), imposée à tous les jeunes gens
au cours ou au terme de l'éphébie. La cérémonie avait un
caractère suffisamment dramatique et impressionnant, dans
son étrangeté, pour qu'à l'époque romaine on édifie, face à
l'autel, un théâtre dont les gradins permettaient à un vaste
public d'assister au spectacle. Selon Pausanias [60], c'est la
prêtresse d'Artémis Orthia qui préside à la cérémonie et veille
à son bon déroulement. Tenant à deux mains l'antique idole de
la déesse, le fameux *xóanon* ramené par Oreste des contrées
barbares et abandonné sur place à Sparte pour être découvert
par les fondateurs du culte, Astrabacos et Alôpecos, la
prêtresse dirige et ordonne en personne la flagellation. L'idole
qu'elle brandit, taillée dans le bois et de petite taille, est légère.
Mais s'il arrive qu'au cours de l'épreuve rituelle les fouetteurs,
émus par la beauté d'un des adolescents ou intimidés par la
haute naissance d'un autre, en viennent à les ménager, le
xóanon s'alourdit et la prêtresse fait grief aux fouetteurs de ce

59. *Rép. Lac.*, II, 9.
60. Pausanias, III, 16, 7-9.

que sa charge la contraint à ployer sous le poids en direction du bas. La fonction d'Orthia n'est-elle pas, comme son nom l'indique, de faire, quand elle est satisfaite, « lever droit sur leurs pieds les jeunes »[61] de les faire croître en hauteur, légers et sveltes, le corps grandissant avec l'âge sans s'épaissir ni s'alourdir[62] ? Le fouet ne devait donc épargner personne ; le concours n'était pas de la frime ni les coups distribués pour rire. Épreuve d'endurance, de fermeté. C'est peu dire. Plutarque explique que de son temps encore, « on a vu beaucoup d'éphèbes expirer sous les coups à l'autel d'Orthia »[63]. Comme ce jeune garçon qui avait préféré se faire déchirer les entrailles plutôt que de laisser voir le petit renard qu'il avait, pour le voler, dissimulé sous son manteau, les éphèbes devaient montrer assez de force d'âme pour supporter la douleur jusqu'à en mourir. « Ils étaient déchirés à coups de fouet *(xainómenoi mástixi)*, pendant toute la journée à l'autel d'"Artémis Orthia, souvent jusqu'à en mourir, précise encore Plutarque ; ils le supportaient joyeux et fiers *(hilaroì kaì gaûroi)*, rivalisant pour la victoire à qui d'entre eux supporterait le plus longtemps et davantage d'être frappé. Et celui qui l'emporte a le plus grand renom. Cette compétition est appelée *diamastígōsis* ; elle a lieu chaque année[64]. »

Telle qu'elle est ainsi décrite, la cérémonie a pris une signification sans équivoque. Le vainqueur n'est plus celui qui parvient, en dépit du fouet et en tâchant de l'éviter à ravir le plus de fromages. C'est celui qui, sous le fouet, sans broncher, s'offre le plus longtemps aux coups les plus durs. La victoire, la gloire et peut-être, s'il s'agit du concours final clôturant l'éphébie, l'entrée dans le monde des adultes, dans la voie des honneurs s'obtenaient donc au prix d'un traitement public que son caractère ignominieux réservait normalement aux hilotes et dont l'infamie se donnait directement à lire sur le corps des

61. CALLIMAQUE, *Hymne à Artémis*, 128 sq. ; scholie à PINDARE. *Olympiques*, III, 54 ; *Et. Mag.*, 631, 2 sq.
62. XÉNOPHON, *Rép. Lac.*, II, 5 ; PLUTARQUE, *Lycurgue*, 17, 7-8.
63. *Lycurgue*, 18, 2.
64. *Coutume des Spartiates*, 40 239 d.

jeunes par les stigmates qu'en déchirant leur peau y laissait inscrits la griffe des fouets[65].

Comment rendre compte de ce paradoxe ? Les mots clefs, pour le comprendre, sont *hilaroi*, et *gaûroi*. Rire sous le fouet, se gausser de ses coups, mettre son point d'honneur à en redemander, tirer fierté et orgueil d'un traitement ignominieux, c'est inverser le sens de la flagellation, en apportant la preuve qu'on est au-delà de l'humiliation et de l'infamie, qu'elles ne sauraient vous atteindre, qu'on s'est séparé de ceux qui subissent le fouet dans la passivité et la honte comme un châtiment fait pour eux et à leur mesure. La victoire à l'épreuve du fouet accomplit le jeune en adulte, non seulement parce qu'elle marque l'exceptionnel courage qu'il a su acquérir dans l'*agōgé*, mais parce qu'elle confirme sa rupture avec cette longue période de maturation où, proche encore de l'hilote, il relevait comme lui du fouet. De sorte qu'en triomphant à l'épreuve du fouet, en désamorçant sa charge d'ignominie pour en faire un exploit dans un concours de valeur, le jeune assure aussi sa victoire sur l'hilote dont il se démarque à jamais. En ce sens cette épreuve en rappelle une autre, non moins singulière. Chaque année, lors de la cryptie, les éphèbes doivent tuer des hilotes. Ils ne les mettent pas à mort en les affrontant en combat régulier. Dispersés et dissimulés pendant le jour, avec pour seule arme un poignard, ils les égorgent en attaquant de nuit, par traîtrise, ceux qu'ils pouvaient surprendre à l'improviste sur les chemins ou en exterminant, dans les champs, les plus forts et les meilleurs d'entre eux[66]. Se couvrir les mains du sang des hilotes, non à la loyale, comme il conviendrait à un adulte, à un citoyen, à un hoplite, mais à la façon d'un hors-la-loi ou d'une bête sauvage, c'est bien entendu démontrer que les hilotes sont réellement des inférieurs, qu'on l'emporte sur

---

65. On notera que le verbe *xaínō*, « déchirer, griffer », est celui qui, dans les récits étiologiques de l'*árkteia*, au sanctuaire attique de Brauron, désignait les griffures opérées par l'ourse sur le visage de la petite fille impudente.

66. PLUTARQUE, *Lycurgue*, 28, 3-8 ; cf. aussi PLATON, *Lois*, 633 *b*, et la scholie à ce passage ; HÉRACLIDE DE PONT, in *Fragmenta Historium Graecorum*, C. Müller, Paris, 1873, t. II, p. 210.

l'élite d'entre eux jusque dans leur domaine, en employant leurs armes et leurs méthodes mais c'est aussi, c'est surtout tracer entre eux et soi une frontière désormais infranchissable, rompre avec toutes les connivences qui unissaient encore votre statut au leur, sauter le pas, basculer de l'autre côté[67].

Masques, déguisements, danses, prêtent, croyons-nous, à des remarques analogues. La laideur de ces faces grotesques ridicules et horribles, la bassesse de danses vulgaires, débridées, licencieuses, c'est le lot qui appartient en propre aux hilotes. Ils n'ont pas à se masquer de laideur, à mimer la bassesse, elles leur collent à la peau. Quand on les exhibe en public, saoulés de vin pur, incapables de se contrôler, « chantant des chansons et dansant des danses vulgaires et ridicules »[68], c'est le fond de leur nature qu'ils offrent en spectacle ; dans leur mimique indigne se livre la vérité de leur personne. Aussi, même quand aucun Spartiate n'est là pour les surveiller et les châtier, sont-ils hors d'état de « chanter des poèmes de Terpandre ou d'Alcman », que tout vrai Spartiate connaît par cœur. Dans l'intimité de leur être, ils se sentent trop différents des *Hómoioi*, trop inférieurs, pour envisager même de singer leurs usages.

Ce qui est chez l'hilote un état permanent, la forme normale de son existence, le jeune y participe comme une période probatoire, une phase préliminaire qu'il faut avoir traversée pour s'en détacher entièrement. Dans la position liminale où il est situé, le jeune apprend à la fois les conduites, les danses, les chants, les propos et façons de parler « cultivés » par où se reconnaissent les véritables *Hómoioi*[69] et les comportements inverses, marqués par la déviance, l'anomalie, la laideur, la bassesse, la vulgarité, la sauvagerie. Davantage il pousse ces traits à la limite, jusqu'à la caricature, le grotesque, l'horreur,

---

67. Ces connivences entre hilotes et jeunes apparaissent particulièrement dans l'épisode du complot des Parthénies, STRABON, VI, 3, 2, et 3 ; cf. *supra*, note 40.

68. PLUTARQUE, *Lycurgue*, 28, 9-10.

69. *Ibid.*, 12, 6-8 et 19, 1.

non pour les endosser définitivement pour les faire siens, mais pour les simuler un moment, en un jeu rituel, une mascarade cérémonielle. Il expérimente ainsi tout ensemble l'autre et le même, la différence et la similitude, dans leurs formes extrêmes, leur incompatibilité maximale, de façon qu'en se côtoyant l'écart et la règle, le repoussoir et le modèle, la honte et la gloire, rapprochés et confrontés, se trouvent plus clairement distincts.

Aussi l'*agōgē* ne saurait-elle, si rigoureuse qu'en soit le régime, conduire le jeune comme l'hilote à intérioriser son déshonneur, à vivre son infériorité de statut sur le mode d'une bassesse originelle, d'une déchéance irrémédiable. Certes il est méthodiquement dressé à reconnaître son état de sujétion, à obéir à tous ceux — et ils sont nombreux — qui ont sur lui autorité, le tiennent sans cesse à l'œil, peuvent le châtier à tout moment. Situés au-dessus de lui dans la hiérarchie sociale, le *bouagós*, l'*eírēn*, l'adulte, le vieillard, pour ne pas parler des magistrats, lui imposent une domination qui le place, tout au long de l'*agōgē*, dans un rapport d'inégalité foncière et de quasi-servitude. À l'égard de ces supérieurs le jeune doit éprouver respect et admiration, faire preuve de timidité, réserve et modestie, manifester son entière soumission. Mais la conscience de son infériorité reste liée à une période d'épreuves probatoires au cours de laquelle, à ses propres yeux, il n'est pas encore lui-même ; elle va de pair avec un esprit de compétition développé systématiquement sur tous les plans, une attitude permanente de rivalité. Le caractère du jeune se trouve ainsi façonné à l'inverse de celui de l'hilote. À la passivité de l'un, à son acceptation résignée d'une infamie native, se substitue, chez l'autre, la volonté tendue et tenace de sortir d'un état d'humilité et de bassesse provisoires, d'inverser son statut, de trouver sa revanche en passant du côté de ceux qui incarnent tous les pouvoirs et tous les honneurs. L'habitude de se soumettre est orientée, dans l'*agōgē*, de telle sorte qu'elle débouche sur la résolution de faire mieux que ceux dont on subit la contrainte, de dépasser le jour venu les aînés dans cela même qui vous les fait craindre et respecter quand on est jeune.

Aux Hyacinthies, les Spartiates étaient répartis en trois chœurs, suivant la catégorie d'âge. Les deux premiers, vieillards et adultes, célébraient en leurs chants leur valeur, leurs exploits, passés ou présents, le troisième, celui des jeunes, proclamait à la face des anciens sa certitude d'être un jour « bien meilleur » que ceux auxquels on leur imposait de se rendre « semblables »[70].

La position frontière qu'occupe le jeune Spartiate, entre les hilotes et les *Hómoioi*, oblige à nuancer chaque trait du tableau, à équilibrer une affirmation par son contraire. Nous avons dit que chaque jeune, au cours de l'*agōgé*, est continuellement sous le regard d'autrui, épié, contrôlé, jugé, puni : par le pédonome, le *bouagós*, l'*eírēn*, les adultes, les vieillards, tous ses camarades. Pas un seul endroit, pas un seul instant où le fautif ne trouve quelqu'un prêt à le réprimander et le châtier[71]. L'œil de la cité, multiplié, est sans cesse posé sur lui. Mais en même temps on lui impose une conduite de cache, de dissimulation, de secret, qui s'achève et culmine dans la cryptie : ne pas être vu, voler furtivement, se glisser inaperçu dans les jardins et les banquets, se terrer le jour pour attaquer de nuit, ne jamais se faire prendre, préférer la mort à l'aveu du vol, même si le vol fait partie du rôle obligatoire.

Même tension, même ambiguïté en ce qui concerne l'émulation. Chacun veut l'emporter pour soi, avoir le prix, être le

70. *Ibid.*, 21, 3. Parmi ceux qui « n'étaient pas au nombre des *Hómoioi* » mais dont l'âme était énergique, qu'ils fussent hilotes, *neodamódeis*, périèques, ou *hupomeíones*, certains réagissaient, face à la situation subalterne et humiliante où l'on voulait les maintenir, comme les jeunes ; tel fut le cas de Cinadon. Après son arrestation, quand les éphores lui demandèrent quel était son but en montant sa conjuration, il répondit : « C'était pour n'être à Lacédémone l'inférieur de personne. » Cette réponse convenant à un jeune, non à un hilote ou à quiconque de statut analogue, il ne restait plus qu'à lui faire faire le tour de la ville, avec ses complices, *à coups de fouet* (XÉNOPHON, *Helléniques*, III, 3, 5-11). Dans un passage de *La Politique* consacré aux cités « où les honneurs ne sont le partage que d'un petit nombre » Aristote fait le rapprochement entre Cinadon, forte personnalité « qui n'avait pas de part aux honneurs » et les *Partheníai*, fils des *Hómoioi*, surpris à conspirer avant d'être envoyés coloniser Tarente (V, 7, 2, 1306 *b*).

71. Cf., par exemple, *Lycurgue*, 17, 1.

meilleur dans une lutte où, parfois, comme au Platanistas, tous
les coups sont permis. Il faut donc se distinguer personnellement dans ce concours permanent pour la gloire et l'honneur.
Mais en même temps on forme les jeunes, nous est-il dit, « à ne
vouloir ni savoir vivre en leur particulier *(kat' idían)*, à
toujours faire corps comme des abeilles, comme pelotonnés
tous ensemble autour du chef », à se donner tout entier à la
patrie, à n'avoir d'existence qu'en groupe, par et pour la cité[72].
Cette ambivalence des conduites d'émulation — chacun pour
soi, tous pour l'équipe — se marque jusque dans la bataille
forcenée que se livrent au Platanistas les deux *moîrai*, les deux
groupes concurrents, d'éphèbes : « Ils combattent avec les
mains et en s'élançant sur l'adversaire à coups de pied ; ils
mordent, ils s'arrachent les yeux ; l'homme combat l'homme
de la façon que je viens de dire ; mais c'est en groupe *(athróoi)*
qu'ils foncent violemment pour se pousser et se faire tomber
dans l'eau[73]. »

On les dresse à l'obéissance totale par l'habitude de déso-
béir, sur ordre, aux règles qui définissent dans la vie adulte, la
bonne conduite. Pour se débrouiller tout seuls dans toutes les
situations, ils n'hésitent pas « à utiliser l'audace et la ruse
(tolmân kaì panourgeîn) »[74], à *kakourgeîn*, à faire le mal[75],
comme des vauriens, des hors-la-loi, pour mieux intérioriser le
respect de la loi.

Sont-ils abandonnés à eux-mêmes, libres de céder à toutes
les impulsions du jeune âge ? C'est ce que prétend Isocrate :
selon lui, l'éducation spartiate repose sur une complète *auto-
nomía* des enfants[76]. Ne sont-ils au contraire jamais laissés sans
direction ni directives, jamais désertés par leur chef comme
l'affirme Xénophon[77] ? D'après lui, Lycurgue a fait en sorte
qu'à Sparte, contrairement aux autres cités, les jeunes ne

72. *Ibid.*, 25, 5 (trad. citée).
73. PAUSANIAS, III, 14, 10.
74. *Lycurgue*, 17, 6.
75. ISOCRATE, *Panathénaïque*, XII, 214.
76. *Ibid.*, XII, 215.
77. *Rép. Lac.*, II, 11.

puissent à aucun moment vivre sans maître et à leur guise, *autónomoi*[78].

Dès l'âge de sept ans le jeune Lacédémonien est inclus dans une *agélē*. Il va vivre en bande, en troupeau, dans une *boûa* (Hésychius), sous la conduite d'un *bouagós*, un meneur de bœufs. Il connaît donc une existence grégaire qui l'assimile au bétail domestique, bovins mais aussi chevaux : un des noms du jeune à Sparte, c'est *pôlos* c'est-à-dire poulain. Cependant sous le signe de Lycurgue, bien des traits de son comportement, comme H. Jeanmaire l'a montré, rapprochent les jeunes des loups[79] ; or ces fauves, nous dit Aristote, se combattent les uns les autres, *dià tò mề agelaîon eînai*, parce que ce ne sont pas bêtes d'*agélē*, qu'ils ne sont pas grégaires[80], mais qu'ils vivent *mónioi*, isolés, en solitaire[81]. Bœuf, cheval ou loup ? Surtout renard semble-t-il, animal nocturne qui, contrairement au loup se cache pour attaquer. Une glose d'Hésychius est à cet égard instructive. *Sōmaskeî*, « il exerce son corps », se dit en laconien, selon lui, *phouáddei*. Et il précise que le terme *phoúaxir* désigne « l'entraînement physique de ceux qui, pour Orthia, sont sur le point d'être fouettés » ; or *alópekes*, les Renards (Alôpecos est le nom d'un des deux découvreurs d'Orthia) sont appelés en laconien, *phoûai*. Bœuf, poulain, loup, renard, et cerf aussi bien, ou toute autre bête non plus domestique ni de proie, mais qu'on pourchasse, effrayée et tremblante, comme ces satyres dont certaines danses miment l'épouvante : par leur crasse, leur tête rasée, leur tunique sale, le fouet qui les fustige, les jeunes sont en proximité avec les hilotes, ces vilains qui, pour reprendre l'expression de Théognis, « les flancs ceints de peaux de chèvres, semblables à des cerfs, pâturent les champs hors la ville »[82]. Après tout, il y a,

---

78. *Ibid.*, III, 1.

79. *Couroi et courètes*, Lille, 1939, chap. VII, « Sous le masque de Lycurgue », pp. 463-588, spécialement les pages intitulées « Cryptie et lycanthropie : le couros lacédémonien ».

80. *Histoire des animaux*, VI, 18, 571 *b* 27-30.

81. LUCIEN, *De la danse*, 34 ; *Anthologie palatine*, VII, 289.

82. THÉOGNIS, I, 55-56.

en Laconie, une danse, dite *morphasmós*, où l'on mime toutes sortes d'animaux.

Dernier point. Cette vie en marge, de violence et de ruse, cette existence de sauvageons, dans la frugalité, la faim, le dénuement, ces pratiques déviantes avec leur cortège de vols, de durs châtiments acceptés, de pugilats sanglants et brutaux, de meurtres d'hilotes, forment un apprentissage de l'*andreía*, du courage viril, vertu spécifique du guerrier. Mais cet apprentissage est mené de telle sorte qu'il va trop loin et dépasse son but : vouant l'enfant exclusivement à la violence brutale, cherchant à l'endurcir à tout prix par les exercices et les épreuves physiques, il l'entraîne et le confine, comme l'observe Aristote, dans le domaine du *thēriõdes*, de la sauvagerie[83]. Aristote ajoute que c'est le sens de l'honneur, *tò kalón* et non *tò thēriõdes*, le sauvage, qui doit avoir la priorité dans l'éducation. « Car ce n'est ni un loup, ni quelque autre animal sauvage qui pourrait affronter un noble danger ; c'est seulement, l'homme de cœur, l'homme de bien *(agathòs anḗr)*. Ceux qui laissent les enfants poursuivre trop fortement ces rudes exercices [...] les vouent à n'être pour la cité utiles qu'à une seule chose et même à se montrer pour cette chose unique inférieurs à d'autres[84]. » Par excès, l'*andreía* risque de déboucher dans l'*anaideía* et l'*húbris*, une impudence, une audace sans frein. Faute d'être tempérée et adoucie par la *sōphrosúnē*, la modération, le type d'*aristeía*, d'excellence, que visent dans l'*agōgḗ* les épreuves de ruse, de violence et de brutalité, se profile, dévié et déformé, sous l'aspect d'une sauvagerie bestiale, d'un monstrueux terrifiant.

À l'inverse et pour équilibrer cette tendance — surtout entre quatorze et vingt ans, âge naturellement porté, nous dit Xénophon, à l'*húbris*, l'arrogance, l'appétit des plaisirs[85] — nos petits sauvageons sont astreints à jouer les timides pucelles. Ils marchent les yeux baissés, les mains cachées sous le

83. *Politique*, VIII, 1338 *b* 13 et 31-38.
84. *Ibid.*, VIII, 1338 *b* 31-38.
85. *Rép. Lac.*, III, 2.

manteau, en silence, sans ouvrir la bouche, sages comme des images. Ils sont tenus d'incarner l'*aidós*, la pudeur, la modestie, davantage que ne le fait, dans l'intimité de sa chambre, la plus chaste jeune fille[86]. Notre bande de loups, guettant de nuit dans la campagne les hilotes pour les égorger au couteau, réapparaît dans les rues de Sparte, au détour d'un texte de Xénophon, transmuée en un cortège de doux séminaristes.

Le jeune fait ainsi, dans son parcours, l'expérience de ce que peut comporter d'altérité cette relation polaire entre l'*andreía* et l'*aidós*, la première, par excès de virilité déviant vers le sauvage, la seconde risquant, par excès de féminité, de déboucher sur la couardise. C'est que chacune de ces deux vertus, dont l'indispensable équilibre s'avère déjà bien difficile, recouvre en elle-même une ambiguïté fondamentale. L'*andreía*, c'est l'absence de crainte, mais s'habituer à ne rien craindre, comme Platon le notera[87], c'est ne plus éprouver la crainte qu'on doit ressentir devant certains êtres et certaines actions. C'est ignorer le respect[88], forcer l'audace jusqu'à tomber dans l'impudence[89].

---

86. *Ibid.*, III, 4.

87. La crainte de passer pour pervers quand nous faisons ou disons quelque chose qui n'est pas beau, c'est ce que tout le monde avec nous appelle honte (*aiskhunê*), « le législateur et tout homme digne de ce nom tiennent cette crainte dans la plus haute estime et, de même qu'ils l'appellent pudeur (*aidós*), ils donnent à l'audace *(thárros)* qui lui est opposée le nom d'impudence (*anaideia*) en jugeant qu'elle est le pire mal dans la vie privée et dans la vie publique » (*Lois*, I, 647 *a* 8-11). Chaque homme doit donc être *à la fois* sans crainte *(áphobos)* et craintif *(phoberós)* (647 *b* 9). À la hardiesse *(thárros)* face à l'ennemi doit s'associer la crainte *(phóbos)* d'une mauvaise honte *(aiskhúnês kakês)* devant les amis.

88. Cf. ESCHYLE, *Euménides*, 516-524 : « Il est des cas où l'Effroi *(tò deinòn)* est utile [...] Qui donc, homme ou cité, s'il n'est rien sous le soleil qui fasse trembler son cœur de crainte, garderait le respect envers la justice *(séboi dikan)*. » Cf. aussi 690-691 : « Respect *(sébas)* et crainte *(phóbos)*, sa sœur jour et nuit également, retiendront les citoyens loin du crime » ; et 698-699 : « Que toute crainte surtout ne soit pas chassée hors de la cité ; s'il n'a rien à redouter, quel mortel fait ce qu'il doit ? »

89. Cf. ARISTOTE, *Éthique à Nicomaque*, III, 6, 1115 *a* 7-14 : « Il est des maux qu'il est noble de craindre, honteux de ne pas craindre, par exemple l'infamie ; qui la craint est honnête et modeste, qui ne la craint pas est impudent. »

L'*aidōs* est cette nécessaire réserve sans laquelle il n'est pas de
sage vertu, de *sōphrosúnē*. Mais à trop cultiver l'*aidōs* on finit
par avoir peur de son ombre, par devenir un pudibond que
tout effarouche, comme une femmelette. Pour remettre l'*aidōs*
à sa juste place, l'obscénité, la scatologie, exhibées et mimées,
peuvent avoir leur rôle.

Tout ce jeu s'opère sous le contrôle et l'impulsion du blâme
et de la louange. Mais là encore, par excès ou défaut, les choses
risquent de basculer. Trop de louange à l'égard d'autrui, c'est
la flatterie, la flagornerie, la feinte rusée du renard. Trop de
louange à l'égard de soi, c'est la vantardise, la bravade, quand,
pour jouer les terreurs et faire le surmâle, on mime la férocité
du loup ou la grimace de Gorgô. Trop de blâme à l'égard
d'autrui, c'est le sarcasme, l'invective, l'injure ; au lieu d'une
noble émulation, l'envie malveillante et l'esprit de querelle ;
non plus l'admiration qui vous stimule, mais la dérision pour
rabaisser qui vous dépasse. Trop de blâme à l'égard de soi, c'est
façon de se dégrader dans le champ du laid, du vulgaire, du
ridicule, de se ravaler au niveau ignominieux de l'hilote ou de
la bête[90].

Au sanctuaire d'Artémis, en revêtant les masques, dans leurs
danses et leurs chants, les jeunes ne désignent pas seulement la
figure du guerrier accompli qui, dans son courage viril,
constitue l'idéal de l'*agōgē*. Ils endossent, pour les exorciser en

90. De cette inévitable tension, dans la morale civique de l'honneur, divisée
en quelque façon contre elle-même, Aristote s'efforce de présenter une théorie
cohérente. En dehors des actions qui sont mauvaises en soi et absolument
(comme l'adultère, le vol, l'homicide), pour toutes les autres, l'honneur se situe
chaque fois dans un juste milieu, en position d'équilibre entre des termes
opposés qui conduisent tous deux, l'un par excès, l'autre par défaut, à ruiner
également la vertu. Il écrit dans l'*Éthique à Nicomaque* (éd. R. A. GAUTHIER,
J. Y. JOLIF, t. I, Louvain, Paris, 1958) : « En matière d'honneur et de
déshonneur, la mesure est la magnanimité, l'excès ce qu'on pourrait appeler la
vanité, et le défaut, la pusillanimité » (II, 7, 1107 *b* 21-3). Il ajoute : « Il y a
également, dans le domaine des passions, des justes mesures. Là aussi, en effet,
tel est dit tenir le milieu, tel autre aller trop loin — par exemple le pudibond
que tout effarouche — tandis que tel autre reste en deçà ou est complètement
dépourvu de pudeur — c'est l'impudent. Quant à celui qui tient le milieu, il est
pudique » (1108 *a* 30-5).

les singeant le temps du rituel, les formes de l'altérité qui, dans leur contraste, de l'excessive sauvagerie du mâle à la timidité trop grande de la *parthénos*, de la conduite singulière, solitaire au comportement grégaire et la vie en troupeau, de la déviance, la dissimulation et la fraude à l'obéissance aveugle et au conformisme le plus strict, du fouet reçu à la victoire conquise, de l'opprobre à la gloire, jalonnent le champ où se situe l'adolescence et dont il faut avoir exploré les extrêmes frontières pour s'intégrer au même, pour devenir à son tour un égal *(ísos)*, un semblable, *hómoios* parmi les *ísoi* et les *Hómoioi*.

X

L'individu dans la cité

I. Notre recherche trouve son point de départ dans la distinction établie par Louis Dumont entre deux formes opposées d'individu : l'individu hors du monde, l'individu dans le monde[1]. Le modèle du premier, c'est le renonçant indien qui, pour se constituer lui-même dans son indépendance et sa singularité, doit s'exclure de tous les liens sociaux, se détacher de la vie telle qu'elle est vécue ici-bas. Le développement spirituel de l'individu a pour condition, dans l'Inde, le renoncement au monde, la rupture avec toutes les institutions qui forment la trame de l'existence collective, l'abandon de la communauté à laquelle on appartient, le retrait en un lieu de solitude défini par sa distance à l'égard des autres, de leur conduite, de leur système de valeurs. Suivant le modèle indien, l'avènement de l'individu ne se produit pas dans le cadre de la vie sociale : il implique qu'on en soit sorti.

Le second modèle, c'est l'homme moderne, l'individu qui

1. Louis DUMONT, *Homo hierarchicus. Essai sur le système des castes*, Paris, 1966 ; *Homo Aequalis. Genèse et épanouissement de l'idéologie économique*, Paris, 1977.

Dans sa traduction anglaise, établie par James Lawler, ce texte a été présenté à la Lurcy Lecture de l'université de Chicago, en 1986. Publiée dans le volume *Sur l'individu*, Paris, Éditions du Seuil 1987, pp. 20-37, la version française a été, pour la présente édition, complétée par les notes.

affirme et vit son individualité, posée comme une valeur, à l'intérieur même du monde, l'individu mondain : chacun de nous.

Comment est né ce second type d'individualité ? Pour Louis Dumont, il est dérivé et dépendant du premier. Selon lui, quand apparaissent dans une société traditionnelle les premiers germes d'individualisme, ce serait toujours en opposition avec cette société et sous la forme de l'individu hors du monde. Tel aurait été le cours de l'histoire en Occident. Dès l'époque hellénistique, le Sage, comme idéal d'homme, se définit en opposition à la vie mondaine : accéder à la sagesse, c'est renoncer au monde, s'en détacher. En ce sens et sur ce plan, le christianisme des premiers siècles ne représente pas une rupture avec la pensée païenne mais une continuité, avec déplacement d'accent : l'individu chrétien existe dans et par sa relation avec Dieu, c'est-à-dire fondamentalement par son orientation hors du monde, la dévaluation de l'existence mondaine et de ses valeurs.

Par étapes — et Louis Dumont, dans ses *Essais sur l'individualisme*, marque les jalons de ce chemin —, la vie mondaine sera peu à peu contaminée par l'élément extra-mondain qui va progressivement pénétrer et envahir tout le champ du social. « La vie dans le monde, écrit Dumont, sera conçue comme pouvant être entièrement conformée à la valeur suprême, l'individu hors du monde sera devenu le moderne individu dans le monde. C'est là la preuve historique de l'extraordinaire puissance de la disposition initiale[2]. »

Cette conception, rigoureuse et systématique, des conditions qui permettent à l'individu d'émerger en se dégageant, par la pratique du renoncement, des contraintes sociales, Louis Dumont l'a élaborée en étudiant une civilisation particulière, celle de l'Inde ancienne, et il l'a d'abord appliquée aux seules sociétés qu'il appelle hiérarchiques ou holistes, celles qui

---

2. *Essais sur l'individualisme*, Paris, 1983. Le chapitre : « De l'individu hors du monde à l'individu dans le monde » (pp. 33-67) avait paru dans *Le Débat*, n° 15, 1981.

comportent un système de castes et où chacun n'a de réalité qu'en fonction du tout et par rapport à lui, l'être humain se trouvant entièrement défini par la place qu'il occupe dans l'ensemble social, par sa position dans une échelle de statuts séparés et interdépendants. Mais, par la suite, Louis Dumont a étendu sa conception à toutes les sociétés, y compris celles de l'Occident, et en a fait une théorie générale de la naissance de l'individu et du développement de l'individualisme.

II. C'est la validité de cette explication générale que nous voulons tester en examinant comment les choses se présentent dans la Grèce archaïque et classique, la Grèce des cités, entre les VIIIᵉ et IVᵉ siècles avant notre ère.

II.1. Deux types de remarques s'imposent au préalable. Les premières concernent la religion et la société grecques anciennes. Les secondes la notion même d'individu.

Le polythéisme grec est une religion de type intra-mondain. Non seulement les dieux sont présents et agissent dans le monde, mais les actes cultuels visent à intégrer les fidèles à l'ordre cosmique et social auquel président les puissances divines, et ce sont les aspects multiples de cet ordre qui répondent aux différentes modalités du sacré. Il n'y a pas de place, dans ce système, pour le personnage du renonçant. Ceux qui s'en rapprocheraient le plus, et que nous appelons « orphiques », sont demeurés, à travers toute l'Antiquité, des marginaux, sans jamais constituer, au sein de la religion, une secte proprement dite, ni même un groupe religieux bien défini susceptible d'apporter au culte officiel un complément, une dimension supplémentaire, en y introduisant une perspective de salut.

La société grecque n'est pas, d'autre part, de type hiérarchique, mais égalitaire. La cité définit le groupe de ceux qui la composent en les situant sur un même plan horizontal. Quiconque n'a pas accès à ce plan se trouve hors cité, hors société, à la limite hors humanité, comme l'esclave. Mais chaque individu, s'il est citoyen, est en principe apte à remplir

toutes les fonctions sociales, avec leurs implications religieuses.
Il n'y a pas de caste sacerdotale, pas plus que de caste guerrière.
Tout citoyen, comme il est apte à faire la guerre, est qualifié,
dès lors qu'il n'est pas entaché de souillure, pour accomplir le
rituel du sacrifice, chez lui, dans sa maison, ou au nom d'un
groupe plus large si son statut de magistrat l'y autorise. En ce
sens, le citoyen de la *pólis* classique, plus qu'à l'*homo
hierarchicus* de Dumont, s'apparente à l'*homo aequalis*.

C'est pourquoi, comparant sacrifice indien et sacrifice grec,
du point de vue du rôle de l'individu en chacun d'eux, après
avoir noté que, dans le cas du renonçant indien, l'individu,
pour exister, doit avoir coupé tous les liens de solidarité qui le
constituaient auparavant en l'attachant aux autres, à la société,
au monde et à lui-même, à ses propres actes par le désir,
j'écrivais naguère : « En Grèce, le sacrifiant, en tant que tel,
reste fortement inclus dans les divers groupes domestiques,
civils, politiques au nom desquels il sacrifie. Cette intégration à
la communauté jusque dans l'activité religieuse donne aux
progrès de l'individualisation une allure toute différente : ils se
produisent dans le cadre social où l'individu, quand il
commence à émerger, apparaît, non comme renonçant, mais
comme sujet de droit, agent politique, personne privée au sein
de sa famille ou dans le cercle de ses amis[3]. »

II.2. Deuxième ordre de remarques. Que signifient individu, individualisme ? Dans *Le Souci de soi*, Michel Foucault
distingue, sous ces vocables, trois choses distinctes qui peuvent
être associées, mais dont les liens ne sont ni constants ni
nécessaires[4] :

a) la place reconnue à l'individu singulier et son degré
d'indépendance par rapport au groupe dont il est membre et
aux institutions qui le régissent ;

---

3. Leçon inaugurale au Collège de France, 5 décembre 1975, publiée sous le
titre : « Religion grecque, religions antiques », dans *Religions, histoires,
raisons*, Paris, 1979, p. 26.
4. M. FOUCAULT, *Le Souci de soi* (*Histoire de la sexualité*, t. III), Paris,
1984, pp. 56-57.

b) la valorisation de la vie privée par rapport aux activités publiques ;

c) l'intensité des rapports de soi à soi, de toutes les pratiques par lesquelles l'individu se prend lui-même, dans ses diverses dimensions, comme objet de sa préoccupation et de ses soins, la façon dont il oriente et dirige vers lui-même son effort d'observation, de réflexion et d'analyse : souci de soi et aussi travail de soi sur soi, formation de soi à travers toutes les techniques mentales d'attention à soi-même, d'examen de conscience, de mise à l'épreuve, repérage, élucidation et expression de soi.

Que ces trois sens ne se recouvrent pas, c'est l'évidence. Dans une aristocratie militaire, le guerrier s'affirme comme individu à part dans la singularité de sa vaillance exceptionnelle. Il n'a nul souci de sa vie privée ni d'un travail sur soi par l'auto-analyse. Inversement, l'intensité des rapports de soi à soi peut aller de pair avec une disqualification des valeurs de la vie privée et même avec un rejet de l'individualisme, comme dans la vie monacale.

Pour ma part, et dans une perspective d'anthropologie historique, je proposerai une classification un peu différente dont je reconnais volontiers qu'elle comporte un élément d'arbitraire, mais qui, pour mon sujet, permet de clarifier les problèmes :

a) l'individu, *stricto sensu* ; sa place, son rôle dans son ou ses groupes ; la valeur qui lui est reconnue ; la marge de manœuvre qui lui est laissée, sa relative autonomie par rapport à son encadrement institutionnel ;

b) le sujet ; quand l'individu, s'exprimant lui-même à la première personne, parlant en son propre nom, énonce certains traits qui font de lui un être singulier ;

c) le moi, la personne ; l'ensemble des pratiques et des attitudes psychologiques qui donnent au sujet une dimension d'intériorité et d'unicité, qui le constituent au-dedans de lui comme un être réel, original, unique, un individu singulier dont la nature authentique réside tout entière dans le secret de sa vie intérieure, au cœur d'une intimité à laquelle nul, en dehors de lui, ne peut avoir accès, car elle se définit comme conscience de soi-même.

Si, pour mieux faire comprendre ces trois plans et leurs différences, je risquais une comparaison avec des genres littéraires, je dirais que, très schématiquement, à l'individu correspondrait la biographie, en ce sens que, par opposition au récit épique ou historique, elle est centrée sur la vie d'un personnage singulier ; au sujet correspondrait l'autobiographie ou les Mémoires quand l'individu raconte lui-même sa propre carrière de vie ; et au moi correspondraient les confessions, les journaux intimes, où la vie intérieure, la personne singulière du sujet, dans sa complexité et sa richesse psychologique, sa relative incommunicabilité, forment la matière de l'écrit. Les Grecs, dès l'époque classique, ont connu certaines formes de la biographie et de l'autobiographie. A. Momigliano, récemment encore, en a suivi l'évolution pour conclure que notre idée de l'individualité et du caractère d'une personne trouvait là son origine[5]. En revanche, non seulement il n'y a pas, dans la Grèce classique et hellénistique, de confessions ni de journaux intimes — la chose est impensable —, mais, comme l'observait G. Misch et le confirme A. Momigliano, la caractérisation de l'individu dans l'autobiographie grecque ignore l'« intimité du moi ».

III. Commençons par l'individu. Pour cerner sa présence en Grèce, trois voies d'accès : 1) l'individu valorisé comme tel, dans sa singularité ; 2) l'individu et sa sphère personnelle : le domaine du privé ; 3) l'émergence de l'individu dans des institutions sociales qui, par leur fonctionnement même, en sont venues à lui ménager, dès l'époque classique, une place centrale.

---

5. « Marcel Mauss e il problema della persona », *Gli uomini, la società, la civiltà. Uno studio intorno all'opera di Marcel Mauss*, a cura di R. Di Donato, Pise, 1985 ; « Ancient Biography and the Study of Religion in the Roman Empire », *Annali della Scuola normale superiore di Pisa*, série III, vol. XV, fasc. 2, 1985 ; repris dans le volume intitulé *On Pagans, Jews ans Christians*, Middletown, Wesleyan University Press, 1987, pp. 159-177.

III.1. Je retiendrai deux exemples d'individus « hors commun » à l'époque archaïque. Le héros guerrier : Achille ; le mage inspiré, l'homme divin : Hermotime, Épiménide, Empédocle.

Plus que son statut et ses titres dans le corps social, ce qui caractérise un héros, ce sont la singularité de son destin, le prestige exceptionnel de ses exploits, la conquête d'une gloire qui est bien sienne, la survie à travers les siècles de son renom dans la mémoire collective. Les hommes ordinaires s'évanouissent, dès qu'ils sont morts, dans l'oubli ténébreux de l'Hadès ; ils disparaissent, *nốnumnoi* : ce sont les « anonymes », les « sans-nom ». Seul l'individu héroïque, en acceptant d'affronter la mort dans la fleur de sa jeunesse, voit son nom se perpétuer en gloire de génération en génération. Sa figure singulière reste à jamais inscrite au centre de la vie commune. Pour cela, il lui a fallu s'isoler, s'opposer même au groupe des siens, se retrancher à l'écart de ses égaux et de ses chefs. Tel est le cas d'Achille. Mais cette distance ne fait pas de lui un renonçant, abandonnant la vie mondaine. Au contraire, en poussant à son extrême pointe la logique d'une vie humaine vouée à un idéal guerrier, il entraîne les valeurs mondaines, les pratiques sociales du combattant au-delà d'elles-mêmes. Aux normes usuelles, aux coutumes du groupe, il apporte, par la rigueur tendue de sa biographie, par son refus du compromis, par son exigence de perfection jusque dans la mort, une dimension nouvelle. Il instaure une forme d'honneur et d'excellence qui dépassent l'honneur et l'excellence ordinaires. Aux valeurs vitales, aux vertus sociales propres à ce monde-ci, mais sublimées, transmuées à l'épreuve de la mort, il confère un éclat, une majesté, une solidité dont elles sont dénuées dans le cours normal de la vie et qui les font échapper à la destruction qui menace toute chose sur cette terre. Mais cette solidité, cet éclat, cette majesté, c'est le corps social lui-même qui les reconnaît, les fait siens et leur assure, dans les institutions, honneur et permanence.

Les mages. Ce sont aussi des individus à part qui se démarquent du commun des mortels par leur genre de vie, leur régime, leurs pouvoirs exceptionnels. Ils pratiquent des exercices que je n'ose dire « spirituels » : maîtrise de la respiration — concentration du souffle animé pour le purifier, le détacher du corps, le libérer, l'envoyer en voyage dans l'au-delà —, remémoration des vies antérieures — sortie du cycle des réincarnations successives. Ce sont des hommes divins, des *théoiándres*, qui de leur vivant s'élèvent de la condition mortelle jusqu'au statut d'êtres impérissables. Ce ne sont pas des renonçants, même si, dans leur sillage, prendra naissance un courant de pensée dont les adeptes se proposeront de fuir d'ici-bas. Au contraire, en raison même de leur singularité et de la distance qui les tient à l'écart du groupe, ces personnages vont jouer, dans des périodes de crise, aux VIIe et VIe siècles, un rôle comparable à celui de nomothètes, de législateurs comme Solon, pour purifier les communautés de leurs souillures, apaiser les séditions, arbitrer les conflits, promulguer des règlements institutionnels et religieux. Pour régler les affaires publiques, les cités ont besoin de recourir à ces individus « hors commun ».

III.2. *La sphère du privé.* Dès les formes les plus archaïques de la cité, à la fin du VIIIe siècle et chez Homère déjà, se dessinent corrélativement, l'un dépendant de l'autre et s'articulant avec lui, les domaines de ce qui relève du commun, du public, et de ce qui relève du particulier, du propre : *tò koinón* et *tò idion.* Le commun embrasse toutes les activités, toutes les pratiques qui doivent être partagées, c'est-à-dire qui ne doivent être le privilège exclusif de personne, ni individu ni groupe nobiliaire, et auxquelles il faut prendre part pour être citoyen ; le privé, c'est ce qui n'a pas à être partagé et ne concerne que chacun.

Il y a une histoire des configurations du commun et du propre, et de leurs frontières respectives. À Sparte, l'éducation des jeunes et les banquets restent, sous la forme de l'*agōgé* et des syssities, des repas pris obligatoirement ensemble, rattachés à la sphère du commun ; ce sont des activités civiques. À Athènes, où l'émergence d'un plan purement politique, dans la cité, s'opère à un niveau d'abstraction plus rigoureux (le politique, en ce sens, c'est la mise en commun, pour le partager entre tous les citoyens, du pouvoir de commander, de délibérer et décider, de juger), la sphère du privé, celle qui concerne chacun pour lui-même, va rattacher à la vie domestique l'éducation des enfants et les banquets où l'on convie les hôtes de son choix. Le groupe des parents et des familiers va définir une zone où les rapports privés entre individus pourront se développer, prendre plus de relief et acquérir une tonalité affective plus intime. Le *sumpósion*, c'est-à-dire l'usage, répandu dès le VIe siècle, de se réunir chez soi après le repas, pour boire ensemble, deviser, s'amuser, s'éjouir entre hommes avec des amis et des courtisanes, chanter l'élégie sous le patronage de Dionysos, d'Aphrodite et d'Éros, marque l'apparition dans la vie sociale d'un commerce interpersonnel plus libre et plus sélectif, où l'individualité de chacun est prise en compte et dont la finalité est de l'ordre du plaisir, d'un plaisir maîtrisé et partagé dans le respect de la loi du « bien boire ». Comme l'écrit Florence Dupont : « Le banquet est le lieu et le moyen pour l'homme-citoyen privé d'accéder au plaisir et à la jouissance, parallèlement à l'Assemblée qui sera le lieu et le moyen pour l'homme-citoyen public d'accéder à la liberté et au pouvoir[6]. »

Les pratiques et les monuments funéraires témoignent de l'importance plus grande qu'acquiert, face au domaine public, la sphère privée, avec les liens affectifs qui unissent l'individu à ses proches. Jusqu'à la fin du VIe siècle, en Attique, les tombes sont généralement individuelles ; elles prolongent l'idéologie de l'individu héroïque dans sa singularité. La stèle porte le nom du défunt et s'adresse indistinctement à tous les passants. L'image gravée ou peinte, au même titre que le *koûros* funéraire surmontant la tombe, figure le mort dans sa beauté juvénile comme représentant exemplaire des valeurs, des vertus sociales qu'il a incarnées. À partir du dernier quart du Ve siècle, à côté et en dehors des funérailles publiques célébrées en

6. Fl. DUPONT, *Le Plaisir et la Loi*, Paris, 1977, p. 25.

l'honneur de ceux qui sont tombés au combat pour la patrie et où l'individualité de chaque défunt est comme noyée dans la gloire commune de la cité, l'usage s'établit de tombes familiales ; les stèles funéraires associent désormais morts et vivants de la maisonnée ; les épitaphes célèbrent les sentiments personnels d'affection, de regret, d'estime entre mari et femme, parents et enfants.

III.3. Mais laissons la sphère privée ; entrons dans le domaine public. Nous y voyons une série d'institutions qui ont fait émerger en leur sein l'individu, dans certains de ses aspects. Nous prendrons deux exemples ; le premier concerne les institutions religieuses ; le second, le droit.

À côté de la religion civique existent les mystères, comme ceux d'Éleusis. Leur célébration est bien entendu placée sous le patronage officiel de la cité. Mais ils sont ouverts à quiconque parle grec, étranger comme Athénien, femme ou homme, esclave ou libre. La participation aux cérémonies jusqu'à l'initiation complète dépend de la décision prise par chacun, non de son statut social, de sa fonction dans le groupe. De plus, ce que l'initié attend de son intronisation, c'est, pour lui-même, individuellement, un sort meilleur dans l'au-delà. Libre décision donc pour accéder à l'initiation, et singularité, quand on en sort, d'un destin posthume auquel les autres ne peuvent prétendre. Mais, les cérémonies terminées, la consécration obtenue, rien dans son costume, sa façon de vivre, sa pratique religieuse, son comportement social, ne distingue l'initié de ce qu'il était avant, ni de celui qui ne l'est pas. Il a gagné une sorte d'assurance intime, il est religieusement modifié au-dedans de lui par la familiarité qu'il a acquise avec les deux déesses. Il demeure socialement inchangé, identique. La promotion individuelle de l'initié aux mystères n'en fait à aucun moment un individu hors du monde, détaché de la vie ici-bas et des liens civiques.

Autre manifestation d'individualisme religieux : à partir, semble-t-il, du Ve siècle, on voit se créer des groupements religieux dont un individu a pris l'initiative, qu'il a fondés, et

qui réunissent autour de lui, dans un sanctuaire privé, consacré
à une divinité, des adeptes désireux de se réserver le privilège
de célébrer entre soi un culte particulier en vue, comme le dit
Aristote, « de sacrifier ensemble et de se fréquenter »[7]. Les
fidèles sont des *sunousiastaí*, des coassociés, formant une petite
communauté religieuse fermée, ayant plaisir à se retrouver
dans la pratique d'une dévotion où chacun, pour participer,
doit en avoir fait la demande et avoir été personnellement agréé
par les autres membres du groupe.

En choisissant son dieu pour lui rendre une forme de
dévotion singulière comme en étant lui-même choisi par la
petite communauté des fidèles, l'individu fait son entrée dans
l'organisation du culte, mais la place qu'il occupe ne le met pas
hors du monde, ni hors société. Son apparition marque, par
opposition aux rôles religieux prédéterminés et comme pro-
grammés par le statut civique de chacun, l'avènement, dans la
vie religieuse, de rapports plus souples et plus libres entre les
particuliers, la création, dans la sphère religieuse, d'une forme
nouvelle d'association, relevant de ce qu'on peut appeler une
« socialité sélective ».

Mais c'est surtout à travers le développement du droit qu'on
voit surgir l'individu au cœur des institutions publiques. Deux
exemples : le droit criminel, le testament.

Dans les crimes de sang, le passage du prédroit au droit, de la
vendetta, avec ses procédures de compensation et d'arbitrage, à
l'institution des tribunaux, dégage l'idée de l'individu criminel.
C'est l'individu qui apparaît dès lors comme sujet du délit et
objet du jugement. Entre la conception préjuridique du crime,
vu comme un *míasma*, une souillure, contagieuse, collective, et
la notion que le droit élabore de la faute, qui est celle d'une
personne singulière, et qui comporte des degrés correspondant
à des tribunaux différents suivant que le crime était « justifié »,
qu'il a été commis « malgré soi », ou qu'il a été fait « de plein
gré » et « avec préméditation », il y a une rupture. En effet,
c'est l'individu qui, dans l'institution judiciaire, est mis en

7. *Éthique à Nicomaque*, 1160 a 19-23.

cause dans le rapport plus ou moins étroit qu'il entretient avec son acte criminel. Cette histoire juridique a une contrepartie morale ; elle engage les notions de responsabilité, de culpabilité personnelle, de mérite ; elle a également une contrepartie psychologique : elle pose le problème des conditions, contrainte, spontanéité ou projet délibéré, qui ont présidé à la décision d'un sujet, et aussi celui des motifs et mobiles de son action. Ces problèmes trouveront un écho dans la tragédie attique du Ve siècle : un des traits qui caractérisent ce genre littéraire, c'est l'interrogation constante sur l'individu agent, le sujet humain face à son action, les rapports entre le héros du drame, dans sa singularité, et ce qu'il a fait, décidé, dont il porte le poids de responsabilité et qui pourtant le dépasse.

Autre témoin de la promotion sociale de l'individu : le testament. Louis Gernet a finement analysé les conditions et les modalités de son apparition[8]. Au départ, dans l'adoption entre vifs, l'individu n'est pas concerné en tant que tel. Il s'agit pour un chef de famille, s'il n'a pas d'enfants, de veiller, en adoptant sur ses vieux jours un proche, un parent, à ce que son foyer ne devienne pas désert et que son patrimoine ne soit pas dispersé entre les mains de collatéraux. L'usage de l'adoption testamentaire s'inscrit dans la même ligne ; c'est toujours de la maison qu'il s'agit pour en assurer le maintien : l'*oîkos* est en cause, non l'individu. En revanche, quand, à partir du IIIe siècle, dans le prolongement cette fois de la donation à cause de mort, s'institue la pratique du testament proprement dit, il est devenu une chose strictement individuelle permettant la libre transmission des biens, selon le vouloir, formulé par écrit et qui doit être respecté, d'un sujet particulier, maître de sa décision pour tout ce qu'il possède. Entre l'individu et sa richesse, quelle qu'en soit la forme, patrimoine et acquêts, meubles et immeubles, le lien est désormais direct et exclusif : à chaque être appartient en propre un avoir.

8. L. Gernet, « La loi de Solon sur le testament », *Droit et Société dans la Grèce ancienne*, Paris, 1955, pp. 121-149.

IV. *Le sujet*. L'emploi de la première personne dans un texte peut avoir des sens très différents suivant la nature du document et la forme de l'énoncé : édit ou proclamation d'un souverain, épitaphe funéraire, invocation du poète qui se met lui-même en scène au début ou au cours de son chant comme inspiré des Muses ou détenteur d'une vérité révélée, récit historique au détour duquel l'auteur intervient en personne pour donner son opinion, défense et justification de soi dans les discours « autobiographiques » d'orateurs comme Démosthène et Isocrate.

Le discours où le sujet s'exprime en disant *je* ne constitue donc pas une catégorie bien délimitée et de portée univoque. Si je le retiens cependant, dans le cas de la Grèce, c'est qu'il répond à un type de poésie — en gros la lyrique —, où l'auteur, par l'emploi de la première personne, donne au *je* un aspect particulier de confidence, exprimant la sensibilité qui lui est propre et lui donnant la portée générale d'un modèle, d'un « topos » littéraire. En faisant de leurs émotions personnelles, de leur affectivité du moment, le thème majeur de la communication avec leur public d'amis, de concitoyens, d'*hetaîroi*, les poètes lyriques confèrent à cette part, en nous indécise et secrète, de l'intime, de la subjectivité personnelle, une forme verbale précise, une consistance plus ferme. Formulé dans la langue du message poétique, ce que chacun éprouve individuellement comme émotion dans son for intérieur prend corps et acquiert une sorte de réalité objective. Il faut aller plus loin. Affirmée, chantée, exaltée, la subjectivité du poète met en cause les normes établies, les valeurs socialement reconnues. Elle s'impose comme pierre de touche de ce qui, pour l'individu, est le beau et le laid, le bien et le mal, le bonheur et le malheur. La nature de l'homme est diverse, constate Archiloque ; chacun éjouit son cœur à autre chose[9]. Et Sappho proclame, en écho : « Pour moi, la plus belle chose du monde, c'est pour chacun celle dont il est épris[10]. » Relativité donc des

9. ARCHILOQUE, fr. 36 (éd. Lasserre, Paris, 1958).
10. SAPPHO, fr 27 (éd. Reinach-Puech, Paris, 1960).

valeurs communément admises. C'est au sujet, à l'individu, dans ce qu'il éprouve personnellement et qui fait la matière de son chant, qu'échoit en dernier ressort le rôle de critère des valeurs.

Un autre trait doit être signalé : à côté des cycles du temps cosmique et de l'ordre du temps socialisé, en opposition avec eux, l'apparition du temps tel qu'il est vécu subjectivement par l'individu : instable, changeant, mais menant inexorablement à la vieillesse et à la mort, temps subi dans ses renversements soudains, ses caprices imprévisibles, son angoissante irréversibilité. Le sujet fait, au-dedans de lui, l'expérience de ce temps personnel sous forme du regret, de la nostalgie, de l'attente, de l'espoir et de la souffrance, du souvenir des joies perdues, des présences effacées. Dans la lyrique grecque, le sujet s'éprouve et s'exprime comme cette part de l'individu sur laquelle il n a pas de prise, qui le laisse désarmé, passif, impuissant, et qui est pourtant, en lui, la vie même, celle qu'il chante : *sa* vie.

IV.1. *Le moi.* Bien entendu, les Grecs archaïques et classiques ont une expérience de leur moi, de leur personne, comme de leur corps, mais cette expérience est autrement organisée que la nôtre. Le moi n'est ni délimité ni unifié : c'est un champ ouvert de forces multiples, dit H. Fränkel[11]. Surtout, cette expérience est orientée vers le dehors, non vers le dedans. L'individu se cherche et se trouve dans autrui, dans ces miroirs reflétant son image que sont pour lui chaque *alter ego*, parents, enfants, amis. Comme l'écrit James Redfield, à propos du héros de l'épopée : « Il n'est à ses propres yeux que le miroir que les autres lui présentent[12]. » L'individu se projette aussi et s'objective dans ce qu'il accomplit effectivement, dans ce qu'il réalise : activités ou œuvres qui lui permettent de se saisir, non

11. Hermann FRÄNKEL, *Dichtung und Philosophie des frühen griechentums*, Munich, 1962 ; trad. anglaise sous le titre *Early Greek Poetry and Philosophy*, Oxford, 1975, p. 80 ; cf. aussi Bruno SNELL, *Die Enteckung des Geistes*, Hambourg, 1955, pp. 17-42, trad. anglaise sous le titre *The Discovery of Mind*, Oxford, 1963, pp. 1-22.

12. J. REDFIELD, « Le sentiment homérique du Moi », *Le Genre humain*, 12, 1985 (« Les usages de la nature »), p. 104.

en puissance, mais en acte, *enérgeia*, et qui ne sont jamais dans
sa conscience[13]. Il n'y a pas d'introspection. Le sujet ne
constitue pas un monde intérieur clos, dans lequel il doit
pénétrer pour se retrouver ou plutôt se découvrir. Le sujet est
extraverti. De même que l'œil ne se voit pas lui-même,
l'individu pour s'appréhender regarde vers l'ailleurs, au-
dehors. Sa conscience de soi n'est pas réflexive, repli sur soi,
enfermement intérieur, face à face avec sa propre personne :
elle est existentielle. L'existence est première par rapport à la
conscience d'exister. Comme on l'a souvent noté, le *cogito ergo
sum*, « je pense donc je suis », n'a aucun sens pour un Grec[14].

---

13. Cf. J.-P. VERNANT, « Catégories de l'action et de l'agent en Grèce
ancienne », *Langue, Discours, Société. Pour Émile Benveniste*, Paris, 1975 ;
repris dans *Religions, Histoires, Raisons*, Paris, 1974, pp. 85-95.

14. Cf. Richard SORABJI, « Body and Soul in Aristotle », dans le recueil
Articles on Aristotle, vol. IV (éd. J. Barnes, M. Schofield, R. Sorabji), Londres,
1979, pp. 42-64, spécialement le paragraphe 4 intitulé « The contrast with
Descartes » ; Charles H. KAHN, « Sensation and consciousness in Aristotle's
Psychology », *ibid.*, pp. 1-31. Charles H. Kahn, souligne « the total lack of the
cartesian sense of a radical and necessary incompatibility between thought or
awareness, on the one hand, and physical extension, on the other » ; Jacques
BRUNSCHVIG, « Aristote et l'effet Perrichon », *Hommage à Fernand Alquié :
La Passion de la raison*, Paris, 1983, pp. 361-377. L'auteur écrit, p. 375 : « On
a du mal à admettre qu'Aristote ait pu penser, en psychologue et moraliste,
que l'être actuel du producteur soit l'œuvre elle-même (fût-ce en un sens
seulement) et que l'œuvre de Socrate, selon l'expression de Michel d'Éphèse,
ne soit " rien d'autre que Socrate lui-même en acte ". Mon œuvre (mais aussi
bien mon ami, mon obligé, mon enfant, mon reflet, mon ombre) peut bien être
quelque chose de moi, ma projection, mon expression, mon objectivation ou
mon " extranéation " ; il paraît absurde et sauvage de dire qu'*elle est moi*, que
je suis là où elle est, qu'elle est mon être [...] Mon rapport à moi-même n'est
assimilable à aucun rapport que je puisse avoir avec quelque objet que ce soit ;
tout ce qui est objet pour moi est par principe autre que moi. Je suggérerai,
pour finir, qu'il y a là une sorte d'obstacle épistémologique (disons " carté-
sien ", pour faire court) dont il faut se défaire, si l'on veut comprendre un
certain nombre de pensées grecques. Il serait intéressant à plus d'un égard de
relever les traces, dans la pensée grecque, d'une sorte de *cogito* paradoxal qui
pourrait se formuler ainsi : je me vois (dans mon œuvre ou dans quelque autre
des projections de moi-même qui ont été énumérées ci-dessus) donc je suis ; et
je suis là où je me vois ; je *suis* cette projection de moi que je vois. » Cf., dans le
même sens, Gilbert Romeyer DERBEY, « L'âme est en quelque façon tous les
êtres (Aristote, *De anima*, T 8, 431 *b* 21) », *Elenchos, Rivista di studi sul
pensiero antico*, anno VIII, 1987, fasc. 2, pp. 364-380. « Si l'âme est l'être à qui
se donne le monde, conclut G. R. Derbey, ce qu'il importe de savoir c'est

J'existe puisque j'ai des mains, des pieds, des sentiments, que je marche, que je cours, que je vois et sens. Je fais tout cela et je sais que je le fais [15]. Mais jamais je ne pense mon existence à travers la conscience que j'en ai. Ma conscience est toujours accrochée à l'extérieur : j'ai conscience de voir tel objet, d'entendre tel son, de souffrir telle douleur. Le monde de l'individu n'a pas pris la forme d'une conscience de soi, d'un univers intérieur définissant, dans son originalité radicale, la personne de chacun. Bernard Groethuysen résume ce statut particulier de la personne antique dans une formule, à la fois

---

comment l'âme se donne à elle-même. Ce problème de la subjectivité n'est pas présent en tant que tel chez Aristote ; néanmoins une indication du livre Λ de la *Métaphysique* est susceptible de nous éclairer sur ce point. La pensée divine est, comme on le sait, une " pensée de la pensée ", ce qui revient à dire que le *noûs* divin est à lui-même son propre objet et se pense directement soi-même. Bien au contraire, la sensation ou la connaissance de l'homme sont « toujours d'un autre *(aeì állou)* » et « de soi-même par surcroît *(hautês en parérgôi)* ». L'âme se saisit donc elle-même en plus, par-dessus le marché si l'on peut dire, et cette saisie ne peut se faire que par la saisie d'un autre être, que par l'appréhension du monde. Bref l'âme ne peut être soi-même qu'en étant, de quelque façon, tous les autres êtres. [...] Si la pensée divine est pensée de soi seul, la pensée de l'homme est pensée de soi et des choses, ou plutôt de soi à propos des choses ; l'âme n'est pas ce qu'elle sera chez Descartes, une *mens pura et abstracta*, ou même déjà chez Plotin, ce qui se découvre en " enlevant tout ". C'est donc furtivement que la conscience se glisse dans la philosophie ; nous sommes bien sur le chemin qui mène au cartésianisme, pourtant sur ce chemin le Stagirite n'a pas fait un seul pas. » Soulignant la mutation intellectuelle qu'a constituée, dans le champ de la vision et de la perception en général, la *Dioptrique* de Descartes, Gérard Simon note qu' « en conséquence la sensation cesse d'être préconstituée, possible offert par le monde et attendant l'agent capable de l'actualiser. Le problème de l'aperception ne peut plus désormais être résolu par prétérition, ni sa place occupée par la cascade de facultés qui peu à peu élaboraient jusqu'à l'intellection complète un sensible déjà en puissance dans les choses. Il est devenu impossible de traiter de la perception en troisième personne : l'âme devient pour la première fois par excellence un sujet » (« Derrière le miroir », *Le Temps de la réflexion*, II, 1981, p. 328).

15. Cf. ARISTOTE, *Éthique à Nicomaque*, 1170 a 29-32 (éd. R. A. Gauthier, J.-Y. Jolif, t. I, Louvain, Paris, 1958) : « Celui qui voit sent qu'il voit, celui qui entend qu'il l'entend, celui qui marche, qu'il marche et de même partout ailleurs il y a quelque chose qui sent que nous exerçons une activité, qui sent, par conséquent, si nous sentons, que nous sentons et, si nous pensons, que nous pensons. Mais sentir que nous sentons ou pensons, c'est sentir que nous sommes. »

lapidaire et provocante, en disant que la conscience de soi est l'appréhension en soi d'un *il*, pas encore d'un *je*[16].

IV.2. On me dira : que faites-vous de ces textes où Platon écrit : « Ce qui constitue chacun de nous n'est autre chose que l'âme [...] l'être qui est en réalité chacun de nous, et que nous appelons l'âme immortelle, s'en va, après la mort, rejoindre les autres dieux » (*Lois, 959 a* 6-*b* 4) ? Dans le *Phédon*, Socrate, sur le point de mourir, s'adresse à ses proches en ces termes : « [...] ce que moi je suis, c'est ce Socrate qui s'entretient avec vous (*egṓ eimi hoûtos Sōkrátēs*), non cet autre Socrate dont le cadavre sera tout à l'heure devant vos yeux » (*Phédon*, 115 c). Et, devisant avec Alcibiade, le Socrate platonicien interpelle son vis-à-vis : « Quand Socrate dialogue avec Alcibiade, ce n'est pas à ton visage qu'il parle, mais à Alcibiade lui-même, et, cet Alcibiade, c'est l'âme » (*Alcibiade*, 130 c).

L'affaire ici semble réglée. Ce que sont Socrate et Alcibiade, ce qu'est chaque individu, c'est l'âme, la *psukhḗ*. Cette âme, qui s'en va après la mort rejoindre l'au-delà divin, nous savons comment elle est apparue dans le monde grec. Elle a trouvé son origine chez ces mages que j'évoquais tout à l'heure et qui, rejetant l'idée traditionnelle de la *psukhḗ*, double du mort, fantôme sans force, ombre inconsistante évanouie dans l'Hadès, s'efforcent, par leurs pratiques de concentration et d'épuration du souffle, de rassembler l'âme éparse dans toutes les parties du corps pour qu'il devienne possible, dès lors qu'elle est isolée et unifiée, de la séparer du corps à volonté pour voyager dans l'au-delà. La conception platonicienne d'une âme qui est Socrate trouve son point de départ, sa « disposition initiale », dans des exercices de sortie du corps, de fuite hors du monde, d'évasion vers le divin, dont la visée est une quête du salut par le renoncement à la vie terrestre.

Tout cela est vrai. Encore faut-il préciser un point qui est essentiel. La *psukhḗ* est bien Socrate, mais pas le « moi » de

---

16. B. GROETHUYSEN, *Anthropologie philosophique*, Paris (1952), 2ᵉ éd. 1980, p. 61.

Socrate, pas le Socrate psychologique. La *psukhē* est en chacun
de nous une entité impersonnelle ou suprapersonnelle. Elle est
l'âme en moi plutôt que *mon* âme. D'abord, parce que cette
âme se définit par son opposition radicale au corps et à tout ce
qui s'y rattache, qu'elle exclut par conséquent ce qui relève en
nous des particularités individuelles, de la limitation propre à
l'existence physique. Ensuite, parce que cette *psukhē* est en
nous un *daímōn*, un être divin, une puissance surnaturelle dont
la place et la fonction, dans l'univers, dépassent notre personne
singulière. Le nombre d'âmes dans le cosmos est une fois pour
toutes fixé ; il reste éternellement le même. Il y a autant d'âmes
que d'astres. Chaque homme trouve donc à sa naissance une
âme qui était déjà là depuis le commencement du monde, qui
ne lui est aucunement particulière et qui ira, après sa mort,
s'incarner en un autre homme, ou un animal, ou une plante, si
elle n'est pas parvenue, dans sa dernière vie, à se rendre assez
pure pour rejoindre dans le ciel l'astre auquel elle est attachée.

L'âme immortelle ne traduit pas chez l'homme sa psychologie singulière, mais plutôt l'aspiration du sujet individuel à se
fondre dans le tout, à se réintégrer dans l'ordre cosmique
général [17].

Bien entendu, cette *psukhē* a déjà pris chez Platon et prendra
par la suite un contenu plus proprement personnel. Mais cette
ouverture en direction du psychologique s'effectue à travers
des pratiques mentales engagées dans la cité et orientées vers ce
monde-ci.

Prenons l'exemple de la mémoire. Les exercices de mémoire
des mages ou des pythagoriciens ne visent pas à ressaisir le
temps personnel, le temps fugace des souvenirs propres à
chacun, comme les lyriques, ni à établir un ordre du temps,
comme le feront les historiens, mais à se remémorer, depuis le
début, la série complète des vies antérieures pour « joindre la
fin au commencement » et échapper au cycle des réincarnations. Cette mémoire est l'instrument qui permet de sortir du

17. Cf. J.-P. VERNANT, « Aspects de la personne dans la religion grecque »,
Mythe et Pensée chez les Grecs (Paris, 1965), 10ᵉ éd. revue et augmentée, 1985,
pp. 368-370.

temps, non de le construire. Ce sont les sophistes, en fondant une mnémotechnique toute utilitaire, c'est Aristote, en rattachant la mémoire à la partie sensible de l'âme, qui en feront un élément du sujet humain et de sa psychologie[18].

Mais surtout, ce qui sera décisif pour donner au moi, dans son intériorité, consistance et complexité, ce sont toutes les conduites qui vont mettre en contact l'âme *daímōn*, l'âme divine, immortelle, suprapersonnelle, avec les autres parties de l'âme, liées au corps, aux besoins, aux plaisirs : le *thumós* et l'*epithumía*. Ce commerce de l'âme noétique, impersonnelle, avec le reste est orienté. Il s'agit de soumettre l'inférieur au supérieur pour réaliser, au-dedans de soi, un état de liberté analogue à celui du citoyen dans la cité. Pour que l'homme soit maître de lui-même, il lui faut commander à cette partie désirante, passionnée, que les lyriques exaltaient et à laquelle ils s'abandonnaient. Par l'observation de soi, les exercices et les épreuves qu'on s'impose à soi-même, comme par l'exemple d'autrui, l'homme doit trouver les prises lui permettant de se dominer lui-même ainsi qu'il convient à un homme libre dont l'idéal est de n'être, en société, l'esclave de personne, ni d'autrui ni de soi.

Cette pratique continue d'*áskēsis* morale, elle naît, elle se développe, elle n'a de sens que dans le cadre de la cité. Entraînement à la vertu et éducation civique vous préparant à la vie d'homme libre vont de pair. Comme l'écrit justement Michel Foucault, « l'*áskēsis* morale fait partie de la *paideía* de l'homme libre qui a un rôle à jouer dans la cité et par rapport aux autres ; elle n'a pas à utiliser de procédés distincts »[19].

Même quand, avec les stoïciens, cette ascétique, qui du même mouvement vise à rendre maître de soi et libre à l'égard des autres, aura acquis, dans les premiers siècles de notre ère, une relative indépendance en tant qu'exercice sur soi, quand les techniques d'écoute et de contrôle de soi, d'épreuves qu'on

---

18. ID., « Aspects mythiques de la mémoire et du temps », *ibid.*, pp. 107-152.

19. M. FOUCAULT, *L'Usage des plaisirs* (*Histoire de la sexualité*, t. II), Paris, 1984, p. 89.

s'impose, d'examen de conscience, de remémoration de tous les faits de la journée vont tendre à former les procédures spécifiques d'un « souci de soi-même » qui débouche, non plus seulement sur la domination des appétits et des passions, mais sur la « jouissance de soi », sans désir et sans trouble, on n'a pas quitté le monde ni la société.

Parlant de Marc Aurèle et de cette espèce d'anachorèse en soi-même à laquelle il se livre, Foucault note : « Cette activité consacrée à soi-même constitue, non pas un exercice de la solitude, mais une véritable pratique sociale [20]. »

IV.3. Ce souci de soi, tel qu'il se présente dans le paganisme tardif, quand et comment va-t-il déboucher sur un sens nouveau de la personne conférant à l'histoire de l'individu en Occident ses traits originaux, son faciès caractéristique ? Le tournant s'opère entre les IIIe et IVe siècles de notre ère. Un style inédit se fait jour dans la vie collective, les relations avec le divin, l'expérience de soi. Peter Brown a très finement éclairé les conditions et les conséquences de cette mutation sur le triple plan social, religieux, spirituel. De ses analyses, je retiendrai seulement les points qui intéressent de façon directe le problème de la dimension intérieure des individus, de la conscience qu'ils ont d'eux-mêmes.

Il faut d'abord souligner la brusque disparition du modèle de parité — encore vivant à l'âge des Antonins — qui faisait les citoyens égaux entre eux et les hommes égaux face aux dieux [21]. Certes, la société n'est pas de type hiérarchique, comme en Inde, mais, de plus en plus, dans les campagnes et dans les villes, les groupes humains tendent à déléguer à des individus exceptionnels, que leur genre de vie place en marge de l'ordinaire en les marquant comme d'un sceau divin, la fonction d'assurer le lien de la terre avec le ciel et d'exercer sur

20. ID., *Le Souci de soi, op. cit.*, p. 87.
21. Peter BROWN, *Society and the Holy in Late Antiquity*, Londres, 1982 ; trad. en français par Aline Rousselle sous le titre *La Société et le Sacré dans l'Antiquité tardive*, Paris, 1985, p. 78 sq.

les hommes, à ce titre, un pouvoir non plus séculier, mais spirituel.

Avec le surgissement du saint homme, de l'homme de Dieu, de l'ascète, de l'anachorète, un type d'individu fait son apparition qui ne s'est séparé du commun, désengagé du social, que pour se mettre en quête de son véritale moi, un moi tendu entre l'ange gardien qui le prolonge vers le haut et les forces démoniaques qui marquent, vers le bas, les frontières inférieures de sa personnalité. Recherche de Dieu et recherche du moi sont les deux dimensions d'une même épreuve solitaire.

Peter Brown parle à ce sujet d'« importance féroce » donnée à la conscience de soi, à une introspection implacable et prolongée, à l'examen vigilant, scrupuleux, soupçonneux des inclinations, du vouloir, du libre arbitre, pour scruter dans quelle mesure ils restent opaques ou sont devenus transparents à la présence divine[22]. Une nouvelle forme de l'identité prend corps à ce moment : elle définit l'individu humain par ses pensées les plus intimes, ses imaginations secrètes, ses rêves nocturnes, ses pulsions pleines de péché, la présence constante, obsédante, dans son for intérieur, de toutes les formes de tentation.

Là se trouve le point de départ de la personne et de l'individu modernes. Mais cette rupture avec le passé païen est aussi bien une continuité. Ces hommes n'étaient pas des renonçants. Dans leur quête de Dieu, de soi, de Dieu en soi, ils gardaient les yeux sur terre. En se prévalant d'un pouvoir céleste qui marquait assez profondément leur personne, au-dedans et au-dehors, pour les faire reconnaître sans contestation par leurs contemporains comme de véritables « amis de Dieu », ils se trouvaient qualifiés pour accomplir ici-bas leur mission.

De ce tournant dans l'histoire de la personne, Augustin est un bon témoin quand il parle de l'abîme de la conscience humaine, *« abyssus humanae conscientiae »* quand il s'inter-

---

22. P. Brown, *Genèse de l'Antiquité tardive*, trad. par Aline Rousselle (préface de Paul Veyne), Paris, 1983, p. 176 ; sous le titre *The Making of Late Antiquity*, Cambridge et Londres, l'édition anglaise est de 1978.

roge, devant la profondeur et la multiplicité infinie de sa propre mémoire, sur le mystère de ce qu'il est : « Cela, c'est mon esprit, c'est moi-même. Que suis-je donc, mon Dieu ? Une vie changeante, multiforme, d'une immensité prodigieuse. » Comme l'écrit Pierre Hadot : « Au lieu de dire : l'âme, Augustin affirme : je suis, je me connais, je me veux, ces trois actes s'impliquant mutuellement [...]. Il a fallu quatre siècles pour que le christianisme atteigne cette conscience du moi[23]. »

Sens nouveau de cette personne, donc, lié à un rapport différent, plus intime, de l'individu avec Dieu. Mais fuite hors du monde, certainement pas. Peter Brown, dans le même livre où il signale l'ampleur des changements qui affectent la structure du moi au IVe siècle romain, note que la valeur accordée, dans cette mutation, au surnaturel, « loin d'encourager la fuite hors du monde a impliqué avec plus de force que jamais l'homme dans le monde en créant des institutions nouvelles ou réformées[24] ».

L'homme d'Augustin, celui qui dans le dialogue avec Dieu peut dire _je_, s'est certes éloigné du citoyen de la cité classique, de l'_homo aequalis_ de l'Antiquité païenne, mais sa distance est autrement grande, le fossé autrement profond, à l'égard du renonçant et de l'_homo hierarchicus_ de la civilisation indienne.

23. Pierre HADOT, « De Tertullien à Boèce. Le développement de la notion de personne dans les controverses théologiques », _Problèmes de la personne_, sous la direction de I. Meyerson, Paris et La Haye, 1973, pp. 133-134.

24. P. BROWN, _op. cit._ n. 22, p. 6.

DU MÊME AUTEUR

MYTHE ET SOCIÉTÉ EN GRÈCE ANCIENNE, La Découverte, 1974; Seuil, 1992; parution au format de poche chez La Découverte, 2004 (n° 178).

LA CUISINE DU SACRIFICE EN PAYS GREC, en collaboration avec Marcel Detienne, Gallimard, 1979.

RELIGIONS, HISTOIRES, RAISONS, La Découverte, 1979.

LA MORT DANS LES YEUX, Hachette, 1985.

PROBLÈMES DE LA GUERRE EN GRÈCE ANCIENNE, École des hautes études en sciences sociales, 1985.

MYTHE ET TRAGÉDIE EN GRÈCE ANCIENNE, en collaboration avec Pierre Vidal-Naquet, La Découverte, 1986, parution en deux volumes au format de poche, 2004 et 2005 (n° 101 et 102).

TRAVAIL ET ESCLAVAGE EN GRÈCE ANCIENNE, en collaboration avec Pierre Vidal-Naquet, Complexe, 1988.

LES RUSES DE L'INTELLIGENCE. La *métis* des Grecs, en collaboration avec Marcel Detienne, Flammarion, 1989.

FIGURES, IDOLES, MASQUES, Julliard, 1990.

LA GRÈCE ANCIENNE. I. DU MYTHE À LA RAISON, II. L'ESPACE ET LE TEMPS, III. RITES DE PASSAGE ET TRANSGRESSION, en collaboration avec Pierre Vidal-Naquet, Seuil, 1990, 1991, 1992.

LA MORT, LES MORTS DANS LES SOCIÉTÉS ANCIENNES, s. d., en collaboration avec Gherardo Gnoli, Maison des sciences de l'homme, 1990.

MYTHE ET PENSÉE CHEZ LES GRECS. Étude de psychologie historique, La Découverte, 1990, nouvelle édition, 1996, parution au format de poche, 2005 (n° 13).

MYTHE ET RELIGION EN GRÈCE ANCIENNE, Seuil, 1990.

LES ORIGINES DE LA PENSÉE GRECQUE, PUF, 1992, nouvelle édition, 2004.

L'HOMME GREC, s.d., Seuil, 1993.

ŒDIPE ET SES MYTHES, en collaboration avec Pierre Vidal-Naquet, Complexe, 1994.

LES MYTHES GRECS AU FIGURÉ, Gallimard, 1996 (en collaboration avec Stella Georgoudi).

L'ORIENT ANCIEN ET NOUS, Albin Michel, 1996 (en collaboration avec Jean Bottiro et Clarisse Herrenschmidt).

ENTRE MYTHE ET POLITIQUE, Seuil, 1996 parution au format de poche, 2000 (Points essais n° 430).

DANS L'ŒIL DU MIROIR, Jacob, 1997 (en collaboration avec Françoise Frontisi-Ducroux).

L'UNIVERS, LES DIEUX, LES HOMMES. RÉCITS GRECS DES ORIGINES, le Seuil, 1994.

CORPS DES DIEUX, en collaboration avec Charles Malamoud, Gallimard, 2003 (Folio histoire, n° 120).

ENTRE MYTHE ET POLITIQUE, La traversée des frontières, volume 2, Seuil, 2004.

ULYSSE : PETITE CONFÉRENCE SUR LA GRÈCE, suivi de *Persée*, Bayard, 2004

PANDORA, LA PREMIÈRE FEMME, Bayard, 2005.

Impression CPI Bussière
à Saint-Amand (Cher), le 7 août 2011.
Dépôt légal : août 2011.
1er dépôt légal dans la collection : janvier 1996.
Numéro d'imprimeur : 112576/1.
ISBN 978-2-07-032922-9./Imprimé en France.

237273